博雅汉语

对外汉语教学精品课程书系

总顾问 赵金铭

对外汉语课堂教学行为的理论与实践

HANYU

卢华岩 著

北京大学出版社
PEKING UNIVERSITY PRESS

图书在版编目(CIP)数据

对外汉语课堂教学行为的理论与实践/卢华岩著.—北京:北京大学出版社,2011.3

(对外汉语教学精品课程书系)

ISBN 978-7-301-18023-5

Ⅰ.汉… Ⅱ.卢… Ⅲ.汉语-汉语教学-对外汉语教学-教学研究 Ⅳ.H195.3

中国版本图书馆 CIP 数据核字(2010)第 214995 号

书　　名:对外汉语课堂教学行为的理论与实践

著作责任者:卢华岩　著

责 任 编 辑:贾鸿杰

标 准 书 号:ISBN 978-7-301-18023-5/H·2686

出 版 发 行:北京大学出版社

地　　址:北京市海淀区成府路 205 号　100871

网　　址:http://www.pup.cn

电 子 邮 箱:zpup@pup.pku.edu.cn

电　　话:邮购部 62752015　发行部 62750672　编辑部 62767349
出版部 62754962

印 刷 者:三河市北燕印装有限公司

经 销 者:新华书店

730 毫米×980 毫米　16 开本　18.25 印张　408 千字

2011 年 3 月第 1 版　2013 年10月第 2 次印刷

定　　价:45.00 元 (含 DVD 盘 1 张)

序

汉语作为第二语言教师的自我发展

这是一套为汉语作为第二语言教学师生专门设计的精品课程，也是为已在教学第一线从事教学工作又需要继续提升的教师而编写的教材。汉语作为第二语言教学有着自身特殊的规律和特点，教师的业务水准和教学能力，关乎教学质量，左右着学习效率。刚刚走上教学岗位的新教师，自不待言，就是已有相当经验的教师，也需要把自己"怎样教"，学生"如何学"，加以理论的总结，升华为带有规律性的东西，再用以反馈于教学。

一个教师如果只是日复一日、年复一年地从事教学，不关注教学研究的进展，不了解世界第二语言教学研究的前沿，不能不断地充实和更新自己的知识结构，在这科技日新月异，教学理念、教学方法、教学手段不断创新的时代，正如逆水行舟，不进则退，是要落伍的。因此，汉语作为第二语言教师的基本素质之一，就是要具备对自己的教学进行反思的意识。要能对自己的课堂教学进行研究，用科学的方法分析、反思自己的教学实践，评估自己的教学效果，并据此改进教学。欲达此目的，教师必须具备自我发展的意识，要能根据教学实际与本人业务提高的实际需求，制订长远的与近期的自我发展目标，给自己充电。汉语作为第二语言教师应该具有终身学习的意识，应有不断追求新知识、新理念、新方法的精神。我们的目标是成为研究型的教师，而不仅仅是"教书匠"。

那么，汉语作为第二语言教师进修的方向和内容又如何呢？拟订中的"国际汉语教师标准"将是我们的重要参照。我们认为一个合格、称职的汉语作为第二语言教师应从以下四方面来衡量并提升自己：基础知识、专业知识、教学技能、教师素质。

基础知识包括：合理的知识结构，扎实的汉语与外语知识，较全面的中华文化知识，以及全面的语言应用能力和跨文化交际能力。

专业知识包括：汉语作为第二语言的教学理论，汉语作为第二语言的教学方法、教学途径与教学技巧，第二语言习得与认知等。

教学技能包括：语言教学技能与语言训练技能，诸如熟悉教学大纲与课程计划；精于课堂教学组织和课堂管理，有一套行之有效的课堂教学技巧；善于选择教材、创造性地使用现有的教材，并能自行设计教材；能根据不同的目的，选择适当的测试方法和评估手段；能在教学中熟练运用现代教育技术等。

教师素质包括：高尚的品行操守，良好的职业道德，热爱语言教学工作，关爱学生，具有一定的教育学修养和心理学素质。

这套服务于汉语作为第二语言教师进修的课程体系，正是适应教师自我发展的需要，从教师应具备的合格条件出发，以提升教师素质为目的，为满足教师的需求而面世的。全部课程围绕着汉语作为第二语言教学的"理"与"术"展开。何谓"理"？"理"就是作为第二语言的汉语本体及相关的教学理论。作为第二语言的汉语和作为母语的汉语，虽同为汉语，但在教学中的侧重点和难易点的处理上自然不同，"理"则有异。何谓"术"？"术"是教学技能，即教学方法和教学手段。"理"与"术"的有机结合，理论与实践的融会贯通，是本课程的最大特点。体现如下：一、本课程体系既介绍基本知识、基本原理，相关教学理论，又提供行之有效的教学方法和教学技巧以供教师选择。二、尽量吸取国内外汉语本体研究和汉语教学研究的最新成果，使之转化为教学资源。三、总结几十年来国内外汉语教学界有关汉语本体教学和技能训练的实践经验，结合国外第二语言教学研究的前沿理论和最新动态，结合汉语特点和教学实际，得出带有规律性的、具有指导意义的研究成果。四、从学习者实际出发，适应第二语言习得规律与特点，从不同的角度展示汉语的认知过程和认知特点。五、在教学内容的处理、教学方法和教学手段的采用、课堂教学组织、技能训练办法和测试评估等方面提出建设性意见，因此具有很强的实用性。

北京大学出版社策划了这套教材，并组织全国各大学从事对外汉语教学的资深教师进行编写，他们教学经验丰富，理论素养深厚，学识渊通，文笔流畅。我们相信这批课程的设置与配套教材的编写，泱泱大观，嘉惠学人，定能使人们得窥汉语作为第二语言教学的全豹，也定将有助于学科建设的深入发展。

赵金铭

2007 年 9 月 30 日

目录

第一章

绪 论

经过多年的教学实践和理论摸索，我们对于汉语作为第二语言的听说课课堂教学的认识逐渐清晰起来。对于课堂教学方方面面的细节，也终于有了一个系统的框架。在对课堂教学的诸多问题进行整合、归纳的过程中，我们发现课堂教学的整个过程实际上就是教师对教学语料的处理过程。也就是说，教师对既定教学语料的处理是整个课堂教学的主线。所谓教学法其实也就是对教学语料的不同的处理方法。而对教学语料的不同处理方法具体体现于教师的各种教学行为和教学策略当中。因此，我们把对外汉语课堂教学的观察和研究视角放在了教学语料处理的教学行为和教学策略这两个方面。

在对第二语言教学特点充分认知的基础上，通过对知识与技能关系的思考，我们逐步确立了语料内容为语言形式训练服务的第二语言教学言语技能训练的教学行为原则。在此基础上，本书主要研究以下一些问题：

1. 在现有的教学理论基础之上，我们认为对外汉语教学中不仅存在着教材编写和课堂教学的问题，在二者之间还存在着从静态教学语料到动态课堂教学的有关教材使用方面的语料处理的各种教学行为。因此，本书提出对外汉语课堂教学"语料处理"的教学理念。针对教材使用中的语料处理问题，分析教师的课堂教学行为。把语料处理方面的教师教学行为分为语料静态处理教学行为（课前）和语料动态处理教学行为（课中）。对这两个方面的教学行为加以详细分析并提出教学对策。

2. 在对听力微技能训练提出质疑的同时，我们认为第二语言教学，特别是听力教学中，教学语料有无文字凭借处理教学行为策略是提高学习者第二语言听说技能的重要训练手段。这一点可从学习心理的角度得到论证。因此，本书提出教学语料有无文字凭借处理的课堂教学语料动态处理教学行为策略，并着重从心理学角度对该教学行为策略进行学习心理方面的论证和分析。

3. 多数汉语教材对语言点采用词语搭配处理方式，但大多处理得比较随意。目前对此尚缺乏系统的理论研究。语言点格式化和教学语料补足还原语料处理教学行为研究，就是对汉语词语搭配语言点处理方式的初步理论探讨。因此，本书从教学语法的角度提出语言点格式化教学处理策略，同时提出教学语料补足还原处理教学策略。

4. 在强调第二语言教学模仿的重要性的同时，提出朗读示范、点读、领读、改错等一系列朗读教学行为策略和教学模式，并对此进行了系统的调查和分析。

5. 本着“语言是一套经过反复训练而养成的习惯”的教学理念，在前人论证观点的基础之上，系统分析了课堂练习和教学活动的“重复”策略。

6. 根据课堂提问的功能，从语料动态处理的角度提出对外汉语课堂教学组织管理教学行为的教学理念和相应的教学策略。

7. 从教师培训的角度研究教学技能、课堂教学观摩、集体备课、教学评估等问题。

通过十多年国内留学生初级汉语教学效果的反馈及海外多所大学汉语教学的实践，再加上近年来对外汉语教学专业研究生教学法课程和海内外汉语教师培训，我们也发现基于教师课堂教学语料处理教学行为策略研究的课堂教学行为模式是一套行之有效的对外汉语课堂教学模式。许多汉语教师和准教师们对该教学方法和教学模式有进一步系统了解的愿望，因此，经过一番理论思考和对具体问题的调查分析之后，在掌握大量课堂教学实例的基础上，我们对该课堂教学行为模式进行了细致的分析和研究。这项研究中的某些问题已经以专题论文的形式公开发表（见参考文献）。

第一节 研究的缘起

目前，对外汉语教学研究大多集中在汉语语言本体、教材编写和学习者第二语言习得规律等问题上。在课堂教学方面，学习者汉语学习行为研究较多，教师教学行为研究相对较少；编写教材方面的研究较多，使用和处理教材方面的研究较少；对于教材中语料的认知理解研究较多，语料的言语技能训练研究较少；听力课、会话课等分课型研究较多，课堂教学原则及组织管理研究较少。

从对外汉语师资培训的角度来看，一方面有关语言学、教育学方面的理论性、知识性、原则性的内容较多，而针对课堂教学实践的具有可操作性的教师课堂教学行为方面的内容不足；另一方面，分课型培训侧重强调各自的课型特点，使得教师陷入到对具体的课堂教学技巧的分析当中，而对第二语言课堂教学中具有普遍意义的教学规律和教师课堂教学行为策略，尚缺乏系统的研究和理论认识。

对外汉语教学经过多年发展，在学科理论建设、教材编写、汉语本体研究等方面都取得了丰硕成果。但总的来看，在课堂教学中如何把这些研究成果很好地转化为高质量的教学效果，一直是研究的薄弱环节。正如崔永华先生所说："大量的研究集中在基础理论方面，教学本体的研究（如教学模式/体系、教学方法研究、教学设计研究、课堂教学研究、教师行为研究、教师培训研究）成了薄弱环节，教学中一些亟待解决的问题尚未进入研究视野。"（崔永华，2005）陆俭明先生指出："要提高教学质量，必须具备三个条件，一是要有一支高素质的教师队伍，二是要有高质量的教材，三是要有好的教学方法。"（陆俭明，2004）高质量的教材需要高素质的教师来使用，高素质的教师也需要掌握好的教学方法组织课堂教学。无论是高质量的教材，还是高素质的教师，要提高教学质量，课堂教学是关键。

课堂教学是动态过程，课堂教学的研究涉及教师、学生和教材等三个基本教学要素。在"教师为主导，学生为主体"的课堂教学中，教师是联系教材和学生的纽带。好的教材和汉语本体研究成果都要通过教师的课堂教学行为表现出来。教师的课堂教学行为就是在运用汉语本体研究成果处理教学语料的基础上，把静态的语料处理结果通过符合第二语言教学规律的动态的课堂教学，科学地转化为学习者的言语技能和言语交际技能的一整套教学方法。教师运用有效的教学方法组织课堂教学，说到底是一个体现第二语言课堂教学特点的教学技能的问题。从这个意义上说，陆俭明先生所说的"高素质的教师队伍"和"好的教学方法"实际上是一个问题。

从教师的角度来看，对第二语言课堂教学技能的研究并没有被充分地重视。由于对外汉语教学在很大程度上有别于第一语言的母语教学，其课堂教学的成败关键是教学技能和教学方法。因此，根据对外汉语教学的特点，在强调汉语教师知识结构的同时，教师的课堂教学技能也是不容忽视的重要问题。我们认为在目前的新形势下，不管是对外汉语教学，还是汉语国际推广和海外汉语教学，不管教师是何种专业背景，汉语教师培训工作的重点都应该是课堂教学技能。课堂教学技能由一系列课堂教学行为构成，比如朗读示范、提问、改错、重复、课堂组织管理等。课堂教学技能的问题就是课堂教学行为在操作过程中的科学性问题。这是提高汉语教师教学素质的关键。

崔永华明确指出："当前提高教学质量的关键不在教材，而是要转变观念，改进教学模式，改善办学条件。即使仅从教学操作的技术层面上说，影响教学质量的主要因素也不是教材，而是课堂教学效果，影响课堂教学效果的主要因素又是教师的业务水平，特别是教师对教学原则、教学方法、教学技巧、教学行为的理解和掌握。所以陆俭明把'要有一支高素质的教师队伍'作为提高教学质量的第一个条件。在当前对外汉语教学规模迅速扩大的情况下，教师素质确实是影响总体教学质量的一个主要因素。这需要从教学实践中发现问题之所在，寻找产生问题的原因和解决问题的途径，制订出解决问题的方案。"（崔永华，2005）这段话指出了当前对外汉语教学的症结所在。目前虽然出版了大量的汉语教材，但由于教材的质量良莠不齐，编写者的教学思想也不尽相同，作为教材的使用者，汉语教师在使用教材中常常要面对如何处理教学语料的问题。对外汉语课堂教学语料处理及教师教学行为分析试图围绕课堂教学，从教师使用教材（不是编写教材）的情况入手，研究教师在组织课堂教学的过程中，如何把静态的教学语料处理结果转化为学习者的言语技能和言语交际技能，而这一过程必须通过课堂动态语料处理教学行为才能实现。为此，我们也有必要从语料动态处理教学行为角度重新审视静态的语料处理。

教材在第二语言教学中的作用常常被人们认为是课堂教学成败的关键，教材的问题甚至成了回避课堂教学行为问题的借口。目前的现状是，编写和选用教材语料的主要原则都是一些对语言材料的主观评价，也就是通常所说的语言材料要有"针对性、实用性、科学性、趣味性、系统性"。除了这些原则以外，有关教材中的练习设计、使用和处理课文、言语技能训练的题型设计、语言材料的提问分析、语言点的认定原则、语言材料的教学单元划分等等具体问题几乎没有系统的研究。几条空洞的教材编写和选用原则，不能从根本上解决教学语料的选择和处理问题。这大概就是我们几十年的教材编写中"就质量而言，教材雷同和粗制滥造的现象比较严重"（刘珣，2002）的原因所在。因此，我们认为，目前教材方面的问题，不是编写和选择语料的问题，而是如何使用和处理语言材料的问题。好比做菜一样，菜好吃与否和材料固然有关，但这只是问题的一个方面，重要的是厨师的做菜手艺如何。正像麦基（William Francic Mackey）所说："教学法的全部意义在于必须首先把教师所教的和书本所有的区别开来。把所使用的课本与使用课本的教师混淆起来是不能允许的。"（麦基，1990）本书的教学行为研究正是试图把"书本所有的"和"教师所教的"区别开来。这也是该项研究的意义和价值所在。

有了好的教材，而没有对教学语料的科学处理，也未必就可以上出好的课来。几十年来，国内外编写出版了大量的各类汉语教材。这是十分可喜的事情。"对外汉语教材自 1958 年出版的第一部《汉语教科书》起，至今就已有三四百套。"（刘珣，2002）而日本出版的中国语教科书，仅以《白帝社图书目录 2002》一年出版的"中国语テキスト"来统计，中国语初级、中级及各类相关中国语"テキスト"就有 230 种之多。因此，汉语教材经过几十年的发展，现在的汉语教学面临的不是"无米之炊"的问题，而是如何利用这些"米"，给学生做出可口的"饭菜”来。

从教育学的理论来看，“教学过程是一个包括认识和实践两个方面的活动过程，是一个认识和实践统一的过程”。教学过程的基本功能就是“传授知识、形成技能、培养智能、发展个性”。(李秉德，1997)汉语课堂教学是教师在一定时间内组织学生针对语言材料进行感知、理解、模仿、记忆、巩固、运用、复习，这样一个教学过程在多大程度上符合学习过程？教师如何处理教材语料？教师按照怎样的教学步骤组织教学活动(教师是否有完整系统的组织课堂教学的设计思想)？教师如何公平地组织和实施课堂练习？教师能在多大程度上帮助学生记忆？教师是否能预见到教学语料的语言点和学习难点？语料认知与言语技能训练的关系？如何培养和提高学习兴趣？长期以来，在“怎么教”的问题上，受“教无定法”思想的影响，对外汉语教学法乃至外语教学法都没能很好地回答这些问题。“正如许嘉璐教授所说‘教学法的研究是我们的软肋’。”(崔永华，2005)

尽管自 20 世纪 50 年代末 60 年代初以来，国外第二语言学习理论研究的重点逐步由对“教”的研究转向对“学”的研究，但对于“怎么教”的问题还是远远没有研究清楚。在对外汉语教学中，“怎么教”的问题也始终是研究的薄弱环节。对于课堂教学中的许多问题，我们还是没有从细节和具体做法上把作为第二语言教学的汉语教学同作为第一语言教学的语文课教学区别开来。在许多教师的课堂教学行为中，甚至在教材中都可以轻易地找到语文课的影子。

近年来，在对外汉语教学理论方面，学界似乎更关注于第二语言学习理论。自 1984 年鲁健骥发表《中介语理论与外国人学习汉语的语音偏误分析》一文引入国外的中介语理论之后，以中介语理论和偏误分析为中心的第二语言学习理论的研究在 20 多年内取得了丰富的研究成果。但与此同时，对“怎么教”的研究却一时被冷落和忽视了。“教无定法”的说法也一时成了回避教学法问题的流行的借口。甚至给人一种错觉，好像对外汉语教学中的问题都是学习者自身的问题，只要把学习者出现的问题研究清楚，自然就可以提高教学效果。实际上第二语言学习规律的研究成果需要一个从“实验”到“生产”的转化过程。如何在课堂教学中把第二语言学习理论的研究成果转化为实际的教学效果，这正是“怎么教”所关注的问题。当然，这种转化不是对“实验”和“理论”的照搬。任何“实验”成果和理论都需要“生产”和“管理”行为来具体转化为“产品”。可以说，教师的课堂教学行为研究就是从“实验”到“产品”的转化。

教学行为本身有其自身的内在规律。一方面我们要通过教学行为把学习理论的研究成果应用到课堂教学的实践中，另一方面，教学行为自身规律的研究，也就是对“怎么教”的研究应该与“怎么学”的研究相结合，二者具有同等重要的研究意义。“怎么学”的研究最终还是要靠“怎么教”来体现和实施。我们不能期待学习理论的研究成果会自然地转化为教师的教学行为，当然更不能把学习者的学习行为直接当成教学行为。在目前第二语言学习理论和认知理论蓬勃发展的今天，我们有必要重新回到“怎么教”这个老问题上来，用一种新的视角来重新审视和观察课堂教学及教学行为。也许通过这样的探索，可以为对外汉语教学、汉语国际推广和海外汉语教学找到一条新的发展道路，同时也可能建立起具有中国特色的第二语言教学理论，而不是跟在西方人后面，循着人家的理论亦步亦趋。

对外汉语教学经过几十年的发展，取得了相当大的成绩。正是在此基础上，汉语国际推广工作才有了兴旺发达的今天。我们有理由也有必要在这样的大背景下，重新思考对外汉语教学中的诸多问题。如果说过去的以教授来华留学生为主的对外汉语教学，可以在较长的学期内和良好的语言环境中系统地实现听和说言语技能的提高的话，那么随着中国综合国力的提升和国际交往的需要，世界各国学习汉语的人们迫切需要短时间内在缺乏汉语语言环境的本土会说汉语。在汉语对外传播的历史上，从来没有这么多的人要求在这么短的时间内学会汉语。因此，以往的立足于中国国内的对外汉语课堂教学模式显然在很大程度上不能适应快速发展的形势需要。

加拿大爱德蒙顿孔子学院副院长徐弘先生在2007年底举办的“国际汉语教学新趋势”高层系列讲座中指出：海外汉语教学和对外汉语教学由于最明显的地域不同，所以产生了两种不同的教育体制。首先，海外汉语教学（TCFLO）是说教学任务是在中国本土以外的国家完成的，而对外汉语教学（TCSLC）则主要说教学任务是在中国本土完成的。有时候这两者往往被混用，甚至一些专家、教授、学者也在混用这两个概念。他认为在教学体制、教学大纲、教学管理、课程安排、教学方法、多元文化、教材使用、教师培训、家长沟通、学生背景、环境因素等各个领域，海外汉语教学与对外汉语教学都有本质的不同。因此，针对海外汉语教学的实际情况，重新审视对外汉语教学，从听和说的言语技能训练和教师课堂教学行为及教学技能入手，在短时间内高效率地满足汉语市场的需求，就成为汉语国际推广工作和海外汉语教学在汉语听说课教学方面的一个重要研究课题。

首先，从教材来说，国内各教学机构出版了大量的汉语教材，这些教材基于中国国内对外汉语教学的实际情况，基本上满足了国内汉语教学的需要。但在汉语国际推广的大背景下，这些教材普遍存在的问题是不太适应海外汉语教学的实际。许多国内出版的教材在海外出现“水土不服”的现象。具体表现为课文内容过多过长，生词量较大，语法说明过于烦琐，练习难度较大等。某些海外汉语教师不得不自己动手，编写适合当地实际需要的汉语教材。对于海外以初级水平为主的教学对象来说，在缺乏汉语环境和课时偏少的情况下，如何确保汉语教学效果的最优化，是我们所面临的新课题。在这方面，许多海外汉语教学机构已开发出大量适合当地教学实际的汉语教材，也取得了很好的教学效果，但有些教材由于缺乏系统性和科学性，也存在许多粗制滥造的情况。因此，如何使海外汉语教材实现本土化，同时实现与中国国内汉语教材的有效接轨，是我们必须认真思考的问题。

其次，从师资来看，海外汉语教学从业人员的构成也十分复杂。在海外从事汉语教学的主要是海外华人和中国留学生，其中除少数专职汉语教师，教授汉语语音、语法等语言和文化知识以外，许多人都是担任兼职教师，教授听说课或语言实践课。比如，在美国，许多大学聘请中国留学生做 TA（教学助理）。在日本，许多在日华人以教授汉语的“非常勤（兼职汉语教师）”为职业。在这些人当中，不乏优秀者，但也有许多人没有受过系统的汉语教学知识和教学技能的训练，其教学效果参差不齐。因此，汉语国际推广工作中遇到的汉语师资短缺问题，要求我们能够在较短的时间内培训出大批适应国际汉语市场需求的教授听说课的合格的汉语教师。

无论是中国国内的对外汉语教学，还是海外汉语教学，教师们所面临的共同问题都是如何使用教材和处理教材的问题。而目前教学界对课堂教学中处理教学语料的研究几乎是一个空白。因此，从以上各方面来看，以研究教材使用中语料处理问题为核心的汉语作为第二语言教学听说课课堂教学行为研究具有十分重要的现实意义和实践价值。

第二节 研究的内容及理论基础

《现代汉语词典》对“行为”一词的解释是“受思想支配而表现出来的活动”。所谓对外汉语课堂的教学行为就是教师在一定的教学思想和原则支配下，课前和课中处理教学语料，引导学生对教学语料进行感知、理解、模仿、记忆、巩固、运用、复习等一系列教学活动。包括教学语料的课前静态处理（教学设计）、课堂动态处理（教学设计的实施）、教学组织管理等教学行为。简单地说，就是教师如何处理和使用教学语料，在教学时间内都做了些什么，教师如何组织目的语的言语技能训练等等。“教学语料处理”是对教材使用方面的处理，即根据教学目标和课堂教学的需要，对静态的语言材料进行动态的设计。比如语法项目的认定、提问语的设计、单篇语料的教学单元处理、生词和练习的教学处理等等。这里所说的语料处理不是"对教学内容的难易多寡做出判断取舍"。

本书研究基于这样一种观点:教学内容为语言形式训练服务。这是第二语言教学最根本的出发点。虽然对于第二语言教学有别于第一语言教学的问题学界已达成共识,但在教学的许多具体问题上,用第一语言教学简单比况第二语言教学的做法还大量存在,这表现在教材编写和课堂教学的方方面面,并由此带来有关教师教学行为方面的各种问题。注重语料的语言形式训练还是注重意义内容的理解,是第一语言教学和第二语言教学本质的不同。

本书研究结合教育学和心理学的相关理论,参考外语教学和第一语言教学的相关研究成果,通过对听、说技能的教学语料处理与教师教学行为策略的分析,研究教师处理教学语料的教学行为规律,提出汉语课堂教学教师处理教学语料的教学行为原则。在汉语教学有关教学论和教学法的框架中,就课堂教学语料处理中的静态和动态处理原则,讨论教师课堂教学行为的策略和方法。同时也为对外汉语教师培训提供一些具有可操作性的建议。

根据《外国人学习与使用汉语情况研究》(刘珣,1997)一文的调查显示,在听、说、读、写、译五种基本语言技能中,"'说'最受重视,'听'的地位次之,而'写'大都被列在第五位"。"'说'与'听'这两种最基本的语言技能应成为教学中自始至终的重点和提高外国人汉语水平的突破口,尤其应加强中高级阶段的口语与听力教学。"因此,本书基于听、说两项言语技能的课堂教学展开讨论,不涉及读、写两项技能的教学分析。同时我们从交际的实际情况出发,不主张把"听"和"说"作为两种言语技能在课堂教学训练中区别开来。我们并不否认对第二语言学习者来说,"听"和"说"是两种言语技能,但没有必要从课型上对二者加以区分。严格来说,第二语言教学根本不可能存在只说不听的口语课和只听不说的听力课。实际上,目前"听"和"说"两种言语技能在课型上的严格划分,已使听力教学在某种程度上偏离了言语技能训练的宗旨。听力教学中所谓"听力微技能"的训练,比如联想猜测能力、跳跃障碍能力、边听边记能力等,其实是一些无须加以训练的学习者的自动化学习行为。

在教与学这两种不同的行为关系的研究中,首先要搞清楚学习行为的特点和规律,在此基础上,针对学习行为的特点和规律,研究相应的教学行为对策,这是学习行为研究的真正目的和落脚点。比如:记忆是学生的一种心理行为。以往的研究成果侧重于从学习者角度分析记忆的过程和规律,而我们所关注的是在学习者的记忆过程中,根据学习记忆的规律,如何通过教师的教学行为帮助学习者记忆所学语料并通过技能训练巩固对所学语料的记忆。基于这样的研究思路,我们采用美国心理学家加涅的信息加工模式,"目的不只是为了说明学习是如何进行的，而是要揭示教学过程，使教学中的每项工作都适合于学生的内部加工过程”。（施良方，1994）我们非常同意施良方先生对加涅的“累积学习理论”的评价：“正是由于加涅注重教学工作对学生学习的内部条件的影响，他特别强调教师的指导作用。人们也由此把加涅的模式称为指导教学模式。与布鲁纳和奥苏贝尔相比，加涅不大关注教学内容是如何编排的，因为一般教师很少有可能自己编写教科书，所以，他更关注的是教学方法，即教师如何影响和促进学习过程。与布鲁纳提倡教师少指导，让学生自己去发现对照，加涅提倡教师要提供最充分的指导，以便使教学内容条理化。在加涅看来，学生只有在教师指导下，充分掌握必备的知识技能，才有可能成为一个有效的问题解决者。”根据加涅的教学模式所提供的基本框架来设计教学的具体实施策略，就是本书所论述的“语料处理教学行为策略”。

我们把课文、生词和练习统称为教学语料。按照课堂教学前和课堂教学中两个阶段，本书把语料处理的教学行为分为静态和动态两种。课堂教学前语料处理教学行为是语料静态处理的教学行为，包括教学语料的单元教学划分、提问语设计、语言点格式化教学处理、生词和练习的教学处理等。课堂教学中语料处理教学行为是语料动态处理的教学行为，包括语料认知的动态处理教学行为、言语技能训练的语料动态处理教学行为、教学语料的有无文字凭借动态处理、提问的语料动态处理教学行为、语料动态处理教学行为与学习兴趣的培养等。

本书以直接法和听说法为教学法理论基础，不涉及其他教学法流派的讨论。从对外汉语教学特点出发引述第一语言教学和外语教学的某些观点，无意评价这些观点在各自领域中的优劣。以班级授课制为讨论基点，不讨论历史上的个别教学制，与班级教学的个体化趋势也不相抵触。历史上的各教学法流派几乎都是针对初级水平，因此，我们以初级水平汉语教学为主要研究对象，某些教学行为与中高级水平汉语教学相区别，但其中某些教学行为也同时适用于中高级水平。对于教学语料语言本体，本着从教学语法的角度进行处理的原则，暂不涉及某些相关理论语法的讨论。

对本书使用的几个概念的说明：

(1)教学行为和教学对策

教学行为和教学策略是两个不同层次的概念。教学策略是教学行为的下位概念。在某一个教学行为之下，会有若干教学策略。比如提问行为有检查策略、改错策略、组织管理策略等，朗读行为有示范策略、领读策略、点读策略、改错策略等。

(2)课堂教学组织管理

课堂教学管理指的是教师通过若干教学策略协调学生的课堂学习行为，保证课堂顺利进行的一系列控制手段。比如公平性控制策略、提示控制策略、紧张度控制策略、重复控制策略等。根据组织的对象不同，课堂教学的组织包含两层含义：一是组织的对象是学生，二是组织的对象是课堂活动。

如果组织的对象是学生，那么课堂教学的组织和管理是一个意思。如果组织的对象是课堂活动，那么课堂教学的组织指的是课堂教学行为或教学活动的安排和流程。比如感知、理解、模仿、记忆、巩固、运用、复习等。

(3)语言内容和语言形式

在语言的三要素"形、音、义"中，语言内容是指语言的"义"，语言形式指的是"形"和"音"。

(4)有无文字凭借

有无文字凭借是课堂教学中的一种听和说的训练方式。有文字凭借就是一边看文本材料一边听或说；无文字凭借就是不看文本材料听或说。

(5)格式和格式化

格式是现代汉语词与词搭配的语音逻辑关系的形式标志。比如"快……了"就是词与词搭配形成的一个格式。格式化既是词与词搭配的语音逻辑关系形成的过程，也是汉语教学中格式语言点认定的教学处理过程。

第三节 研究的现状

课堂教学的教学活动有两个行为主体：教师和学生。教师是教学行为主体，学生是学习行为主体，也是教学行为的客体。这两个行为主体的活动构成课堂的教学活动。其中，教师是占主导和支配地位的行为主体，也就是说，教师的教学行为影响和支配着学生的学习行为。因此，调查课堂上教师和学生的实际表现首先应该调查教师的实际表现。课堂教学规律是在对以教师为教学行为主体、第二语言学习者为教学行为客体的调查分析的基础上形成的教学方法的理论概括。第二语言课堂教学研究的重点应是教师的教学行为。这也是提高对外汉语教学水平的关键。对教师课堂教学行为的研究属于教学本体的基础研究。

关于对外汉语教学中教师的作用与教学质量的关系，仲哲明先生说："就当前情况看，影响对外汉语教学效率的主要原因，不是教师汉语知识水平低，而是他们对这门学科的性质、特点和教学规律的认识不明确，教学思路不对头，而又很少下苦功去研究、实验、总结、提高。"（杨惠元，2007）杨惠元先生从多年的教学实践出发，也非常强调教师“教法”的重要性。他说：“如果教师在知识方面出了错误，比如讲错一个词或语法点，以后还有机会弥补，学生也会谅解。但是如果一个教师的教学没有章法，学生就学不到东西，他们就会认为这个教师‘不会教’。对教师来说，最可怕的就是被学生认为‘不会教’，‘不会教’意味着不是合格的教师。这是无论如何都不能原谅的。”(杨惠元，2007)

孙德坤(1992)在谈及第二语言课堂教学活动研究的主要方面时说：当前研究工作者和语言教师的兴趣集中在以下几个方面：教师的言语、学习者的行为、教师与学生的相互应对(包括教师的纠错)。教师的言语受教学行为的控制。教师的言语和教师与学生的相互应对的研究，实际上就是教师教学行为的研究。教师的言语只是外在的、可以观察到的教学行为，教师对课堂教学的组织、教学步骤和环节、语料处理等教学行为才是第二语言课堂教学教师教学行为的重要方面。它对教师的言语有制约作用。教师与学生的相互应对是在教师控制之下，经过事先设计而进行的。其中教师指导下的学生之间的互动也表现为教师的教学行为。

课堂教学的研究大体上有分课型教学研究和语言要素教学研究两类。分课型教学研究有听力课教学研究、会话课教学研究、读写课教学研究等；语言要素的教学研究有汉语语法教学法、汉语语音教学法、汉语词汇教学法、汉字教学法等。这些研究成果有两个显著特点，一是从语言本体角度谈课堂教学，即使是分课型教学也大多是对不同语言材料的不同课型的语言本体教学，缺乏对相同语言材料的不同课型的教学语料处理的分析。另一个是从教学技巧角度谈课堂教学(崔永华、杨寄洲，2002)。虽然教学技巧与教师教学行为有关，但处于技巧层面的研究除了缺乏理论原则的概括以外，也由于技巧的个性化而显得过于琐细。相对来说，对教学语料的课堂教学处理和教师教学行为的研究明显不足。即使是北京语言文化大学出版社 1997 年出版的“对外汉语教学研究丛书”也没有专门研究对外汉语课堂教学的专著。

在这方面，外语教学界的研究也大体如此(张正东，1999)。虽然外语教学界在第二语言课堂教学方面的教学成果值得借鉴，比如加拿大麦基的《语言教学分析》，其中详细分析了语言教学的方方面面，但几乎没有针对课堂教学教师教学行为的系统研究。对教学语料处理问题也缺乏系统论述。

教育学界的课堂教学和教师方面的研究不少，但在语言教学方面，第一语言教学的研究远远多于第二语言教学的研究。即使是 1632 年捷克教育家夸美纽斯(Jan Comennius)的与语言教学有密切关系的现代教育学奠基之作《大教学论》，也没有专门从教师的教学行为角度来论述课堂教学及教学语料的处理问题。虽然教育学的很多教学原则和理论适用于第二语言教学，但第二语言教学言语技能训练的特点决定了在课堂教学方面，教师的多数教学行为不同于知识性课堂教学。比如李秉德主编的《教学论》等教育学著作在很大程度上没有给第二语言教学以足够的关照和重视。由此说来，对外汉语课堂教学语料处理及教师教学行为研究就显得非常薄弱。

第二语言课堂教学与第一语言课堂教学在教学理论、教学原则、教学策略等方面具有共性，我们力图借鉴第一语言教学的相关成果，也试图在教育学的理论指导下研究第二语言课堂教学。《课堂教学技能训练指导》(杨国全，2001)的导论中，把教师课堂教学行为总结为导入新课的行为、讲解行为、创设课堂教学情景的行为、举例行为、提问行为、激疑及答疑行为、反馈与强化行为、组织管理行为、板书行为、演示行为、布置课外作业行为、教态变化行为、结束教学行为等13种教学行为。同时把这13种教学行为对应为13种教师课堂教学技能。该书对教师课堂教学的相关教学行为进行了较为系统的研究分析。在很多方面，比如创设课堂教学情景的行为、提问行为、反馈与强化行为、组织管理行为、演示行为等对第二语言教学行为的研究都具有启发和借鉴意义。但由于研究的视角不同、教学对象不同，教学语料处理方面的教学行为策略也存在许多差异。该书在导论中说"课堂教学技能的基本作用表现为它是保证教师顺利开展教学工作、完成教学任务、促进学生掌握科学文化知识、开发智力、发展能力与体力、形成特定思想品德和良好个性的重要因素"。由于其视角是母语教学和知识教学，这样的结论很难适用于第二语言教学言语技能训练的课堂教学实践。

第二语言教学之所以区别于第一语言教学，其最本质的特点就是它"以培养目的语交际能力为目标……不是让已具备语言运用能力的本族人掌握更多的语言和文化知识，而是让第二语言的学习者掌握用目的语进行听说读写交际活动的能力。以技能训练为中心，将语言知识转化为技能——语言是交际工具，掌握一种语言意味着要学会一种技能。仅仅靠老师讲授、仅仅弄懂理论知识是无法获得运用语言的能力的。技能和能力，只有通过大量的练习、反复的实践才能掌握"。(刘珣，2002)第二语言教学的特点决定了其以技能训练为主的课堂教学行为与第一语言的以知识传授为主的课堂教学行为有很大不同。二者的不同不仅表现在教学语料处理方面，也表现在教师组织课堂教学的原则和策略方面。当前我们所面临的急需解决的问题是在课堂教学中如何"以技能训练为中心，将语言知识转化为技能"，如何把"大量的练习"和"反复的实践"落实到具体的教师教学行为策略当中。在这个问题上，外语教学界对提问、纠错等问题的研究为我们提供了许多借鉴。

教师教学行为的研究是介于理论原则和操作方法之间的教学活动系统的研究。基于学生的学习行为特点，教师处理教学语料的教学行为策略研究使我们可以在原则与技巧之间建立具有共性特点的教学模式。这并不完全是指对教师的职责、知识结构及其主导教学的角色定位（谈振华，2000；方可，2002），也不完全是外语教师的教学能力的分析（朱纯，1994），更不是师生关系与教师素质的评估。从研究的角度、内容、范围和侧重点来看，教师教学行为策略的研究与教师教学主体论的研究不同。教师教学行为策略的研究是根据教师处理指定教学语料的原则与方法，针对学习者的相关学习行为所采取的相关教学策略及言语技能训练中教师组织课堂训练的行为策略分析。我们所关心的是在听、说言语技能训练过程中，教师与教学语料和学习者之间所发生的与言语技能训练有关的一系列静态和动态的课堂教学行为。而教育学中主要以知识教学为研究对象的教学论对技能训练并没有给予足够的关照。

我们依据 CNKI 工程，即中国知识基础设施工程（China National Knowledge Infrastructure）中国学术期刊网数据库，对教师课堂教学行为的研究做了如下统计（统计时间为 2002 年）：

查询范围：语言、文字（全选）

表 1 教师课堂教学行为研究调查表

关键词	教师	课堂教学	教师口语	对外汉语课堂教学	教师培训	对外汉语教师	教学行为	第二语言课堂教学
论文数量（篇）	167 外语类：88(53%) 汉语类：79(47%)	70 外语类：47(67%) 汉语类：23(33%)	25	4	3	0	0	0

在文史哲专辑全选关键词检索中，有关教学行为的论文有 4 篇。其中 3 篇为体育类刊物，1 篇为心理学刊物。仅从网上关键词检索来看，研究对外汉语课堂教学教师教学行为的论文一篇也没有。与此相关的研究也很少。虽然研究教师的论文有 167 篇，但外语类刊物占了半数以上（53%），汉语类刊物比例较少（47%）。即使是在汉语类刊物中，研究第一语言教学（语文教学）的论文又占了大多数。研究对外汉语课堂教学的论文只有 4 篇。虽然关键词检索有一定的局限性，但在一定程度上反映出对外汉语课堂教学有关教师的研究十分不足。

近年来，有学者开始使用“行动研究”的理论和方法研究“教师行动”。在教育学领域把教师行动研究归为应用研究和准实验研究。教师行动研究以解决跟教师有关的教学中的实际问题，改进教学过程，提高教学质量为研究目标。从教学的具体问题入手，发现问题、提出假设、调查研究、制订并实施行动计划、分析对比评价效果。目前对外汉语教学领域的教师行动研究几乎是空白。崔永华先生认为是北京外国语大学的丁安琪在2003年11月召开的北京地区第三届对外汉语教学学术研讨会上提交的《行动研究在对外汉语教学中的应用初探》一文把行动研究的概念引入对外汉语教学领域。（崔永华，2005）崔永华先生根据他对“行动研究”的理解，并参考了王蔷介绍的“行动研究选题参考”，结合对外汉语教学的实践提出了教学中应该研究的几个方面的问题：情感问题、学习策略问题、课程设计问题、课堂活动问题、教学技巧问题、教学评估问题。这些问题涉及课堂教学的方方面面。我们认为对教师的课堂“行动研究”应该是以强调教师的主导性为基础的。教师的主导作用体现在通过一系列的教学行为对学生和课堂的控制和操作上，其目的在于发挥教师控制下的学生的主体作用。由于对外汉语教师的课堂教学语言没有像第一语言教学那样大的自由空间，因此，诸如“如何克服学生避免发言的心理”、“如何推广学习成绩好的学生的学习策略”、“如何组织小组活动”等教学行为方面的问题，就成了一种课堂教学组织与管理方面的问题。从这个意义上说，虽然教师的课堂“行动研究”属于教育学范畴，但它应与现代管理学更为接近。本书有关教师课堂教学行为的研究应属于教师行动研究的范畴，但试图从教育学和管理学两个角度，把课堂教学行为看成是教师对课堂的一系列控制行为来加以观察、记录、统计和分析。这也算是在对外汉语教学领域里对“行动研究”的一种尝试。

我们依据CNKI工程，对教师行动的研究做了如下调查（调查时间为2007年）：

查询范围：文史哲专辑目录（篇名搜索）

关键词：教学行动，18篇，对外汉语教学的只有《商务汉语写作课教学行动研究报告》（丁安琪）和《教学行动研究在对外汉语课堂小组讨论中的应用》（张笑难）两篇。其他均为英语教学的“教学行动”论文。

关键词：教师行动，2篇。对外汉语教学和英语教学各一篇。

崔永华先生总结了自20世纪80年代初开始二十年来对外汉语教学研究的8个热点（2005）：构建学科理论框架、国外语言教学流派介绍、文化与文化教学研究、多媒体和网络教学研究、语言习得研究、汉字教学研究、汉语认知研究、研制教学大纲。从中我们可以看出“课堂教学”并未形成研究热点。因此，正像崔永华先生所说“大量的研究集中在基础理论方面，教学本体的研究（如教学模式/体系研究、教学方法研究、教学设计研究、课堂教学研究、教师行为研究、教师培训研究）成了薄弱环节，教学中一些亟待解决的问题尚未进入研究视野”。

基于以上研究现状，本书主要从教学语料的静态处理教学行为和动态处理教学行为这两个主要方面入手，研究对外汉语课堂教学中语料处理方面的教材使用问题，并对相关问题提出教师教学行为方面的对策与方法。另外，教学语料的处理能力不仅与教师的语言知识水平有关，而且与教师的课堂教学技能、教师的课堂教学组织管理能力和教学控制策略有密切关系。因此，在研究语料处理教学行为的同时，也必须关注课堂教学组织管理教学行为的问题。与教师教学技能问题相关的教师培训和教学评估问题也是我们关注的焦点。总之，围绕教师这个教学主体，课堂教学行为的研究涉及课堂教学的方方面面。

近年来，一些研究者对课堂教学做了“课堂教学实录”方面的观察和研究。其中有关教师教学行为方面的调查和分析，为我们观察教师的课堂教学行为提供了研究思路和研究材料。限于篇幅，本书不能在有关问题的论述中引述其他教师的课堂教学实录，涉及的相关问题主要以作者本人的课堂教学实例为证。

第二章

课堂教学行为与语料处理

对外汉语教学是一个系统工程。正如吕必松先生所说，它包括“总体设计—教材编写—课堂教学—测试”的全过程。教材是教学之本，但编写一套方方面面都十分理想的教材不容易，我们不能把提高教学质量的希望全部寄托在教材上。好的教材是提高教学质量的必要条件，但在教材与教学效果之间并不存在必然联系。因此，提高汉语教学质量，一方面要进一步提高教材的编写质量，另一方面更应该加强教材使用方面的语料处理和教师课堂教学行为策略的研究。

静态的教材语料设计和动态的课堂教学不同。课堂教学包含大量动态因素，比如学生的第二语言水平不同、文化背景不同、学习动机和学习目的不同、学习策略不同、言语技能的要求不同等等。教师处理教学语料时，会受到这些动态的教学因素的影响。在课堂教学语料处理过程中，如何处理静态的教学语料，如何把握和处理教学的动态因素，如何围绕教学语料组织言语技能训练等，是研究动态的教材使用方面语料处理教学行为会面临的重要问题，同时也涉及管理学意义上的汉语课堂教学组织管理行为策略问题。

再好的教材，如果课堂教学方法不当，也不会有理想的教学效果。相反，符合教学规律的课堂教学可以在一定程度上弥补教材的缺欠，如果课堂教学方法得当，也可以取得明显的教学效果。我们不能把教学质量和教学效果的提高简单地归于教材，而不从课堂教学的角度找原因。针对教学的动态因素，不同的教师对静态的语料会有不同的动态教学处理；相反，不同的语料也可能会有相同的教学模式。静态的教学模式又通过不同的学习群体表现为动态的课堂教学。其中，教师是实现这种静态、动态相互转化的关键。教材语料只是提供静态的物质条件。教材的价值需要教师通过一系列符合课堂教学规律的教学行为来实现。这就好比一部汽车，驾驶员不会开或开不好，就不能体现汽车的真正价值。相反，如果驾驶员优秀，即使汽车本身不太好，也能最大限度地实现汽车的价值。对外汉语教材经过几十年的发展，成绩很大。但为什么人们对教材总会有这样或那样的意见呢？除了教材本身的问题以外，更多的还是在教材的使用当中出现的问题。

对大部分对外汉语教师来说，他们的工作不是编写教材，而是如何使用既定教材，他们的教学活动就是对某一教材设计者的教学思想的具体执行和实施。在教材被指定的情况下，汉语教师所考虑的是运用怎样的课堂教学行为处理既定的教学语料，实现既定的教学目标。我们常常发现在几个平行教学班中，教学语料相同，而不同教师的课堂教学效果却差别很大。这是为什么呢？原因是多方面的，其中教师课堂教学行为策略的差异是主要原因。教师处理教材的方式对教学效果的影响要远远大于教材本身对教学效果的影响。因此，如果想通过教材来规范教师的教学行为，就必须研究教师使用教材的问题。

教师使用教材包括教师处理教学语料和组织课堂言语技能训练两个方面，这是对外汉语课堂教学教师教学行为的两个重要内容。目前，对外汉语教学界尚缺乏这种把教材和教师联系起来的有关教师使用教材的动态研究。比如，在对外汉语教师资格认定和出国教师资格审查时，有关教师课堂教学行为的考查很少。虽然有编写教案和试讲，但还没有制订出依据某种教学模式的若干教学行为标准和规范。比如假定朗读是课堂教学中的一个必要环节，那么我们是不是有必要制订出朗读的教学行为标准和模式；如果提问是课堂教学中必要的教学行为，我们是否有必要制订提问语的设计原则和模式。停留在教学技巧层面的课堂教学教师教学行为研究，由于经验多于理论，给人一种“教无定法”的感觉。而多年的对外汉语教师培训经验也告诉我们，从语言教学理论到实际的教师课堂教学技能，从教材编写到教材使用，存在着动态的转化过程。这样的一个转化过程与教学法有关，更与教师的课堂教学行为密不可分。因此，研究教材的使用问题实际上就是在课堂教学的动态过程中对教师的语料处理教学行为进行观察和分析。相对于静态的教学语料来说，教师对语料所做的静态处理也属于教学语料的动态使用问题。下面从教学法与课堂教学行为、语料处理教学行为的结构系统、语料评估和语料处理的原则等三个方面来论述教材使用当中动态处理的某些原则问题。

第一节 课堂教学行为与教学法

行为受方法支配。从认识论和方法论的角度来说，课堂教学行为与教学法、教学思想有密切关系。比如第二语言教学与母语教学在教学法和教学思想方面的差异就决定了第二语言的课堂教学行为与母语课堂教学行为存在诸多不同。这种不同，一方面要靠教学法和教学理论的论证来从认识上加以区分，另一方面，最重要的是需要从每一个具体的课堂教学行为和教学策略出发来分析和区别。这种区别体现在课堂教学的方方面面，体现在课堂教学的每一个细节处理当中。教学法、对外汉语教学基础理论、汉语语言本体研究等都必须结合课堂教学行为和教学策略的分析，才能真正指导课堂教学。比如理论语法的研究提供规则的描写和解释，而教学语法的研究就必须针对教学行为提出教学对策。因此，语言学意义上的汉语教学与教育学意义上的汉语教学是一个问题的两个方面。汉语课堂教学行为的研究也就变成了教育学的方法论与汉语语言本体教学相结合的交叉科学。如果我们把课堂教学看成是由一系列教师处理教学语料的课堂教学行为所组成的一个系统的话，研究汉语课堂教学行为就离不开对教学组织原则和每一个具体的教学行为和教学策略的分析。

一、关于教学法

对于教学法，学界存在两种不同理解，语言教学管理者和规划者从宏观上理解为"语言教学法是有关语言教学的全过程和各个环节的理论、原则和方法，它的研究目的是探索和阐明贯穿于语言教学全过程和贯穿于各个环节的客观规律，它是教学理论的一个完整体系，处理教与学各类关系的一系列指导性原则"。(吕必松，1993)这种理解把语言教学的全过程考虑在内，将教学总体设计、教材编写、课堂教学、测试四个环节统统纳入教学法领域。因此，我们称之为"广义教学法"。这是汉语作为第二语言的教学理论，是在特定历史时期提出的对外汉语教学的指导思想、理论原则和教学体系。我国目前对外汉语教学的研究者和管理者几乎都倾向于这种理解。

教育学家出于课堂教学的实际需要，从微观上把教学法理解为"教学方法是在教学过程中，教师和学生为实现教学目的，完成教学任务而采取的教与学相互作用的活动方式的总称"。(李秉德，1997)这种理解把教学法定位在教师与学生互动的课堂教学过程中，是教师指导并组织学生学习的一系列教学活动方式、教学手段、教学技巧等。我们不妨把这种教学法称为"狭义教学法"，即课堂教学法。

作为第二语言教学的对外汉语教学法严格来说属于教育学的范畴。而现代教育学与第二语言教学有着很深的渊源关系。1632 年捷克教育家夸美纽斯(Jan Comennius)写出了现代教育学的奠基之作《大教学论》，对教育学的研究发展产生了极为深刻的影响。《大教学论》的理论基础直接根植于语言教学，夸美纽斯的教育思想也直接来源于他的语言教学实践。可以说，没有夸美纽斯的语言教学实践，就没有《大教学论》。由此可见，现代教育学与语言教学有着极为密切的关系。

在《大教学论》出版之前，夸美纽斯就已出版了《语言入门》一书，其中运用模仿、重复以及大量的练习等方法，一改传统的以语法形式和语法规则教授语言的方法，提出语法是间接地通过归纳法让学生学到的。第二年，他在《语言入门》一书的基础上写出了源于语言教学而又超出语言范畴的非凡之作《大教学论》，为现代教育学奠定了基础。作为教育学家，夸美纽斯的研究兴趣始终没有离开语言教学。在《大教学论》问世之后，他又写出了《语言的最新教学方法》，进一步尝试使用归纳法进行第二语言教学。夸美纽斯晚年又写了一本《画中世界》尝试用图画来教语言。夸美纽斯的语言教学法至今仍然在第二语言教学中广泛运用。但遗憾的是，夸美纽斯所强调的通过间接归纳学习语法以及模仿、重复的课堂训练方法在对外汉语教学的研究中，并没有得到充分的重视。

广义教学法与狭义教学法从不同角度对第二语言教学法有不同的理解。广义教学法注重理论和原则，狭义教学法注重实践和方法。我们认为"在理论指导下去创造有效的教学方法，有效的教学方法又上升到理论来认识"（张亚军，1990）这一过程，必须靠教师的课堂教学行为原则研究来完成。也就是以课堂教学中教师和学生的实际表现为依据，从教师指导学生学习的一系列教学活动、教学手段和教学技巧等教师课堂教学行为中，总结概括出教学语料处理及教师课堂教学行为模式。通过不同教学行为模式的比较分析，将符合对外汉语教学规律的课堂教学行为模式进行优化，进而为对外汉语师资培训课程提供课堂教学行为模式的选择方案。模式的优化会因教师和学生的差异而不同，因此还要对优化模式进行课堂实际模拟和多次比较鉴别，设计出若干有效模式块，并且模式的优化不可绝对化、简单化，而应具有灵活性和开放性。

对课堂教学的研究一直存在这样两种看法：一种看法认为课堂教学"教无定法"。由于教学变量太多，采用什么样的课堂教学方法，不同的教师可以各有其招数（赵金铭，2004），不可能用所谓的"法"来约束，只能在"教学技巧"的层面来讨论这个问题。另一种看法认为第二语言教学与母语教学，特别是儿童的母语习得有许多相同之处，因此，第二语言课堂教学可以模仿第一语言课堂教学的某些方法和模式。我们认为第二语言课堂教学有其自身的特点和规律，其课堂教学法在很大程度上既有别于第一语言课堂教学，同时在诸多教学变量和教学技巧之中，又有取乎其上而观乎其下的共同的课堂教学原则。这样的课堂教学原则当然与广义教学法的教学总体设计和教材编写有关，但教学总体设计和教材编写的教学指导思想与实际的课堂教学之间毕竟存在静态与动态的转化和结合的问题。因此，目前对外汉语教学更应该重视狭义教学法的研究。而对狭义教学法的研究离不开"教师行动"。

目前，对外汉语教学法有两类不同的研究倾向：理论型教学法和技巧型教学法。理论型教学法有两类:一类是从教学总体设计、教材编写、课堂教学、测试四个方面分析第二语言教学的全过程,力图构建第二语言教学的理论框架。这种教学法对学科的理论建设、学科发展、教学因素分析等都有指导意义。对外汉语教学法理论的建设与对外汉语教学的学科建设的发展背景有密切关系。因此,对外汉语教学法偏重理论设计也在情理之中。但它对汉语课堂教学的具体指导不足,可操作性不强。另一类理论设计型教学法可以加拿大语言教学专家麦基的《语言教学分析》为代表。这本被誉为语言教学"圣经"的著作对语言教学的方方面面观察入微,分析深入全面,对第二语言教学具有很强的指导性。该书的不足是对第二语言教学的核心——课堂教学的组织和管理原则缺乏系统的分析。

技巧型教学法是一种实践性、操作性很强的教学法。听力、会话等分课型教学即属于技巧型教学法,杨惠元的《汉语听力说话教学法》就是技巧型教学法的一个阶级性总结。这种教学法把第二语言课堂教学看作是一种富有较强技巧性的教学活动,十分注重教学活动中教师组织课堂教学的智慧,以及教师根据不同课型处理教学语料的技巧。由于教学技巧直接源于课堂教学,并且在课堂教学中具有很强的针对性,因而往往被理解为不同课型的课堂教学法。但技巧型教学法过于强调言语技能的课型特点,在课堂教学的组织管理原则方面更缺乏系统的理性认识。

崔永华、杨寄洲主编的《汉语课堂教学技巧》中说:"课堂教学技巧属于课堂教学结构中的'教学行为'这一个层次,课堂教学技巧就是师生两方面的一个个具体的教学行为。"(崔永华、杨寄洲,2002)我们认为,教学行为是课堂教学技巧的上位概念,所谓的"教学技巧"应属于教师课堂教学行为中具体的教学策略和操作单元(训练手段)。技巧因人而异,属于经验范畴,具有随意性和不确定性。该书收集和整理了课堂教学的300多个技巧项目,但"汉语教学的课堂教学技巧当然不止本书所收集到的这些"。对外汉语课堂教学行为散见于这些经验、材料、实例之中。我们可以通过对某些教学技巧的观察、分析,概括出支配某种教学技巧的教学思想。

从师资培训和教师进修的角度来看,作为一名对外汉语教师,有必要学习和掌握汉语作为第二语言教学的教学理论、学习理论、相关的汉语本体知识、文化知识、教学法介绍,甚至教育学、心理学、语言学等基础知识,同时更迫切需要"课堂教学法"来训练提高对外汉语课堂教学技能。

对外汉语教学研究作为第二语言的汉语学习和教学的全过程,它要解决教什么、怎么教、怎么学三个方面的诸多问题。对外汉语语料处理的课堂教学行为研究更多的关注于教什么和怎么教的问题,其重点在于怎么教。对外汉语课堂教学中的教材问题包括语料选择和语料处理两个方面，其中语料选择属于“教什么”的问题，语料处理属于“怎么教”的问题。语料选择实际上包括两个不同层面上的问题：

(1) 在编写教材的过程中，对大量的语言材料进行筛选编排，择定教学内容。

(2) 教师或学生在大量的已编写完成的教材中，选择一本合适的教材。

这第一项与教材编写有关，而第二项则属于教材评估问题。关于这个问题赵金铭先生在《论对外汉语教材评估》一文中做了比较系统的论述。(赵金铭，2005)“怎么教”的问题是对外汉语课堂教学的核心问题，也是对外汉语课堂教学法研究的重点。其中包括课堂教学过程中的各个教学环节——感知、理解、模仿、记忆、巩固、运用、复习和课堂教学组织管理行为。对外汉语课堂教学的组织管理研究一直是一个薄弱环节。课堂教学方法一直被认为是经验主义的教学技巧，课堂教学的组织管理研究还停留在创造生动活泼的课堂气氛、集中学生注意力、稳定课堂秩序等课堂管理层面。目前，对外汉语教学界还没有较为系统的对教师和学生的课堂教学实际表现的调查和分析，科学而系统的对外汉语课堂教学模式还有待进一步研究，但我们可以根据现有的教学理论、教学技巧、教学手段，总结并概括课堂教学中教师的教学行为原则和教学策略，形成对外汉语课堂教学法的初步框架。

世界上没有一种教学法是万能的。用某种教学法培养出来的学生都可以声称“我会说汉语”，但其实只是某种程度上会说而已。我们不能期待学习者的汉语跟中国人完全一样。因此，教学法不能从根本上解决学生“会说汉语”的问题。它只能在一定效果内缩短学生“学会汉语”的时间，并在一定程度上使学生的汉语逐渐接近标准。实际上，每个中国人自己的汉语也是在不断地向普通话标准接近的过程当中。一般来说，判别不同课堂教学法和教学模式优劣的标准是：

(1) 教学效果——学生的教学评估和反馈意见。

(2) 测试成绩——学生的分数。

(3) 教学时效——学生的学习时间及效率。

(4) 教学行为——教学原则和策略的优化。

不同的教学法或教学模式之间不存在正确与错误之分。比较不同教学法或教学模式优劣的通常标准是教学效果。而教学效果的差异，又常常通过测试来表现。第二语言教学的最终目的是提高学生的目的语交际能力，在对交际能力的测试还需要深入研究的情况下，我们不妨先假设，使用目前现有的测试方法来测试使用不同教学法教出来的学生，如果测试结果难分高下，那么，就要看哪一种教学方法能在保证一定效果的前提下缩短学生"学会汉语"的时间。如果仍然不能判别,那么要看在提高教学水平的前提下,哪种方法或模式的教师教学行为更系统,教学原则更优化,更容易被教师掌握和操作。

二、对外汉语教学基础理论与课堂教学行为研究

对外汉语课堂教学法的理论基础是:第二语言教学理论、教育学理论、行为心理学理论。仲哲明先生在《中国语言学现状与展望》(许嘉璐,1996)中说,当前,西方语言教学研究主要沿着以下两个方向发展:

(1) 基础理论研究

1) 学习理论:主要是学习者对所学语言的态度、学习动机、学习者个性差异、学习策略等对第二语言学习的影响。

2) 语言习得:从语言学或心理学角度研究人类大脑的第二语言习得机制。如中介语的研究。

(2) 教学法理论研究

现在西方已不太热衷于创造什么具体的"法",而是把研究重点转向能容纳现有的各种教学法长处的第二语言课堂教学的组织原则。

对外汉语教学研究应当吸收西方语言教学研究的成果,但如何把第二语言教学基础理论研究应用到教学中去,使之成为教学法理论的指导原则,这是课堂教学法研究所关注的重要问题。我们期待通过课堂教学行为的研究在第二语言教学基础理论研究和教学法理论研究之间搭起一座桥梁。

自从1972年赛林格(Selinker)提出中介语(interlanguage)的概念以来,第二语言习得理论的研究取得了丰硕成果。从教学法层面来看,目前对外汉语教学基础理论研究的突出问题是,把教学方法的问题看成是语言本体的问题。随着中介语理论和偏误分析研究的深入,学习者的许多语言本体方面的错误成因和语法认知问题被揭示出来。但是这些研究成果如何在课堂教学中转化为实际的教学效果,就不仅仅是语言本体研究的问题了,需要从教学法层面给予更多关注,特别是针对某一偏误现象应采取怎样的切实有效的教学对策。这种教学对策既可以体现在编写教材中,也可以体现在课堂教学的语料处理过程中。目前,在中介语理论和偏误分析的研究中,有一种重视语言本体和"迁移"现象的分析,轻视相应的教学对策研究的倾向,以至于研究成果不能很好地转化为具有较强可操作性的切实可行的课堂教学行为。正如崔希亮先生在论及"习得研究及其局限"时所说:"这种研究仍然属于基础理论研究的范畴,还不能解决应用中迫切需要解决的问题。"(崔希亮,2001)正如不能把实验室里的研究成果当成产品直

接拿给消费者一样，我们同样不能期待中介语理论和偏误分析的研究成果能够直接转化为课堂教学中的教学策略。因此，我们认为第二语言习得理论的研究应该加强从理论到应用的转化研究。

我们认为不能把对理论研究的应用简单化。如果一种语言理论的研究不能很好地解决语言教学应用中的实际问题，那么该理论就只能停留在对语言现象的描写和解释中。可以说，在对外汉语教学范畴内，对汉语语言本体的研究目的和价值就在于汉语教学上的应用。陆俭明先生在崔希亮的《语言理解与认知》一书的序中说："崔希亮的这些研究成果对于对外汉语教学来说是很有用的。'连'字句的信息结构分析，就很有助于'连'字句的教学——不是说要在教学中把崔希亮有关'连'字句的信息结构分析倾盆大雨似的在一两堂课上都教给学生，而是说从事对外汉语教学的老师如果学习、掌握了他关于'连'字句的分析，在自己的对外汉语教学中教起'连'字句来，我想就会比较自由。"（崔希亮，2001）陆先生的意见非常正确，但问题是对外汉语教学的老师如何把"连"字句的信息结构分析转化为教学中的"自由"。在实践中这种转化会因人而异，教学效果也会有所不同。这与对"连"字句缺乏行之有效的教学策略的分析有很大关系。在教材中"用简明的语言和明确的规则来描写和解释语法现象"固然是重要的，但更重要的是在课堂教学中对某一语言项目（不仅仅是语法项目）应该采取的教学策略，包括讲解策略和训练策略两个方面。

教学语法不仅要研究如何把明确的规则告诉学生，而且还要研究如何最大限度地减少学生的偏误。语法规则的学习应该是从"了解"到"理解"，再到"会"的过程。学生对语法规则的"了解"和"理解"与语法研究本身和教师掌握的语法知识有关，这也正是语法专家们研究工作的意义所在。但"了解"和"理解"并不意味着"会"。因此，在"了解"和"理解"的基础上，还要通过相应的大量的技能和教学训练，让学生"会"用语法规则。比如，"把"字句中的否定词必须置于"把"字前，这是一条明确的规则。如果在教学中教师没有让学生"了解"和"理解"该规则，学生自然会出现偏误。但实践证明即使教师讲解说明了该规则，学生仍然还会出现偏误，这就是技能方面的"会"的问题。训练学生"会"用语法规则的过程，实际上是"学而时习之"的过程，也就是学生出现偏误和教师纠正偏误的过程。对此，语法研究也必须加以高度关注。也就是说，第二语言教学的语法研究除了应研究如何对语言本体进行描写和解释以外，还应研究学生在掌握和"会"使用语法规则的过程中出现的偏误，研究出现偏误的语言学成因。语言本体的描写、解释与偏误分析二者相辅相成。这样的语法研究对教学才具有针对性和指导意义。既然我们不能在教学中照搬理论语法，那么所谓的教学语法就应该在理论语法基础上更多地研究讲解策略和训练策略。这是减少因教学不得法而出现偏误的教学行为策略的问题，也正是教学语法区别于理论语法的关键所在。

教学语法与语法教学是两个不同的概念。教学语法是有关语言本体的问题，而语法教学是有关教学中对语法项目的解释、说明、练习等教学处理的问题。语法教学自然离不开对语言事实的分析和研究，但它更侧重于教学策略的把握和语言材料的教学处理。

也许我们很难甚至永远无法搞清汉语语法项目的难易程度和学习者习得的顺序，但是如果我们对某一语言项目从讲解策略和训练策略两个方面进行教学处理的话，就会比"用简明的语言和明确的规则来描写和解释语法现象"这一单纯的理论语法思路要更有效。实际上，在教学中许多教材的编写者和汉语教师已经在尝试这种解决方案，只是没有引起学界的重视。比如许多教材中采用的词语搭配语言点的处理方式，把复杂的语法问题进行了行之有效的简化处理。如"挺……的"、"正在……呢"、"快……了"等。教学中不用去讲解"的"、"呢"、"了"等词语的意义(实际上也很难"用简明的语言和明确的规则"讲解清楚)，只要告诉学生该语言项目的整体语义，然后采用归纳法的替换练习策略进行训练就可以了。由此可见，教学语法的研究需要从教学的实际出发，从讲解策略和训练策略两个方面入手，总结教学中广大教师的教学智慧，而不仅仅是一味地循着理论语法或专家语法的惯性思路来研究。

第二语言学习策略的研究也是学界的研究热点。但在课堂教学实践中有把学习行为直接当做教师的教学行为来处理的倾向。比如所谓听力微技能中的联想猜测能力和跳跃听力障碍能力，实际上是学习者听辨语言时的一种自觉的或者说是自动化的心理活动，把这样一种学习心理过程确定为一种技能，进而表现为一种教学行为，显然不当。检索监听也不是能力，而是人类根据言语交际需要所具备的自觉的心理活动。另外对集中注意力加以训练也不是第二语言听力教学的主要任务。因此，联想猜测能力、边听边记能力、检索监听能力、跳跃听力障碍能力等都属于学生的学习行为或学习心理，对此加以训练就会淡化对目的语语言本体的言语听辨能力的训练。说得极端一些，假设在初级水平阶段的听力训练中采用"联想猜测"，猜不出就"跳跃障碍"的教学策略，那么整个课堂教学还能学习什么呢？我们认为第二语言课堂教学行为的全部含义在于如何利用语料对正确的语言形式进行重复或交际训练。如果我们把"怎么学"和"怎么教"等同起来，仅仅在第二语言习得策略的框架内来谈论教学方法的问题，就可能会造成以下认识上的误区：

(1) 把教学方法的问题全部看成是语言本体的教学问题。

（2）把学习者的学习策略直接看成是教师的教学策略。

（3）忽视教师在课堂教学言语技能训练中的主导作用。

学习者的学习行为研究可以为教师选择和采用有效的教学方法和手段服务，但我们不能想当然地认为学习者的学习行为研究可以直接转化为教师针对其学习行为特点所采取的有效的教学方法和手段。这二者之间不存在必然的联系。其间必须以教师的课堂教学行为研究为教学方法和学习行为研究的中介。教师既是某种教学法思想的执行者，也是学生学习行为的主导者。我们需要研究如何把学习者学习行为的研究成果转化为教师可使用的行之有效的课堂教学行为。比如在中介语的偏误分析中，研究者把学习者偏误原因主要归结为母语的负迁移和目的语规则的泛化。那么造成母语负迁移和目的语规则泛化的原因又是什么呢？表面来看，偏误属于学习者学习行为的范畴，如果我们深入思考，偏误与教师的教学行为有没有关系呢？其中是否有由于教师的教学行为不当而造成的偏误呢？在教学中如何尽量避免和减少学习者的偏误？通过研究，有学者注意到偏误的产生有以下几种原因：教学训练不够或不得法（鲁健骥，1984），教材的误导（田善继，1995）。另外，也有一些偏误属于学生还没有学过某一语言项目，在自主表达时使用的一种学习策略。对这些偏误现象的研究应属于教师教学行为策略研究的范畴。比如"我见面朋友"这样的错误完全是因为教师忽视"跟（和）"和"见面"的搭配关系，从而导致学生对汉语"主谓宾"句式的泛化。因此，在研究学生的汉语偏误的同时，我们不能不注意到教师教学上的偏误。

我们认为在对中介语进行系统的描述和调查研究的基础上，解决以上教学对策的问题才是偏误分析的真正意义之所在。赵金铭先生谈及目前汉语习得研究的趋向时说"汉语习得研究已经从汉语学习者习得过程的宏观思考转向汉语习得各个层面的微观研究"。（赵金铭，2004）我们期待汉语习得研究不要成为象牙之塔，其研究成果能够通过教师的教学行为真正转化为教学效果，以提高对外汉语教学质量。用历史唯物主义的观点来看，在教学中对待学习者汉语习得偏误的态度应该具有发展的过程观，而不是一味追求一时的理想状态，忽视教学中一定的容忍度。这种对待偏误的态度正是具有教学法意义的教学行为策略。实际上，不同的教学法流派都有不同的对待偏误的策略，但根本分歧还是在于对待偏误的态度方面。对待学习者偏误的容忍度具有教师教学行为的态度与策略的双重含义。采取什么教学策略决定于具有什么样的态度。对此，我们可以从教学法的意义上制订若干教学行为和对策。

三、教学目的、教学目标与课堂教学行为

教学目的是制订教学计划、安排课程设置的重要依据。教学目的应以学生的学习目的为前提。吕必松先生认为第二语言学习者学习汉语的目的可分为两种(吕必松,1993):基本目的和具体目的。基本目的是提高汉语能力以及运用汉语在一定范围内进行交际的能力,包括口语和书面语。具体目的则各种各样,如为了做翻译,为了从事汉语或中国文化方面的研究工作,为了从事外交、商贸等工作,为了学习其他专业,为了一般性的言语交际等等。我们认为根据学生学习的目的,对外汉语教学的教学目的应该是通过汉语语言知识(包括语音、词汇、语法和文字)的讲解和练习,训练学习者汉语的听说读写等言语技能,提高运用汉语进行口语和书面语的交际能力,培养和增强学习者学习汉语的兴趣。

教学目标是对教学目的的分解。也可以说教学目标是具体化了的教学目的。如果说教学目的要由整个教学过程来完成,那么教学目标总是通过一定的教学行为来实现。一个教学行为可以对应不同的教学目标。比如无文字凭借的朗读课文,可以对应听和说两种言语技能训练的教学目标。一个教学行为中的不同操作单元(教学策略)也有相应的单元教学目标。比如以模仿为教学目标的语料动态处理教学行为,有朗读示范、领读和点读等教学策略,其操作单元教学目标分别为示范、检查、改错等。这些由教学行为体现出的具体的教学目标构成一个有机联系的教学目标系统。通过这个教学目标系统完成总的教学目的。

教学语料处理的教学行为首先表现为根据教学时间,针对教材的全部语料制订教学目标和教学计划。当教学目标和教学计划制订后,在对各个单篇教学语料实施具体的语料处理教学行为的同时,还要考虑在教学时间限制下控制教学进度的教学行为。我们认为通过单篇语料处理的教学行为来控制教学进度,这是教学目的和教学目标得以按计划实现的保证。比如对领读、点读、提问等教学行为重复次数的控制等。由于受班级人数、学生回答反馈时间、改错时间等不确定因素的影响,常出现教学进度与教学计划不相符的情况。为此,增加或删减教学语料都会对既定的教学目标和教材的完整性、系统性造成影响。我们主张通过教师的课堂组织管理教学行为来控制教学进度。

学时的长短是确立教学目标的重要因素。它对教学进度、课时安排、教学内容的选择都会产生一定的影响。更为重要的是跟学时有关的教学目标的确立,对教师语料处理行为会产生直接影响。在一定的学时内能否完成既定的教学目标,是教师处理语料必须要考虑的问题。这主要表现在语料的长度、难度和生词的数量上。根据高彦德等人的统计,"生词多、词汇不好(指偏难或不实用),是现

行教材的又一大问题……在有缺点的63部教材和工具书中，有这一缺点的教材有15部，占23.8%”。（高彦德、李国强、郭旭，1993）赵金铭在评论《速成汉语初级教程》时说“因词的数量大，且重现率低，一些词实用价值不大，难免使得词汇教学出现‘夹生饭’现象，使学生感到负担过重”。（赵金铭，1998年）生词多与语料的长度和难度有关。在规定的教学时间内，为了完成既定的教学目标，教师必然要考虑语料的教学时间是否会影响总课时。而课文的实际教学时间又受学生课堂实际表现的影响，为了赶进度，于是就出现了赵金铭先生所说的那种“夹生饭”的现象。语料长、难度大、生词多必将导致教师只能把语料动态处理的教学行为更多地用在语料的认知环节，而没有充分的时间实施相应的言语技能训练，对语料的复习就更无从谈起了。

教学目标不仅是教学活动的预期结果，而且是教学活动的调节者。教学目标一经确立，就会反过来给教学活动以积极的影响。当然，这只是对合理的教学目标而言，实际上，不合理的教学目标也会使教学活动遭受挫折。用心理学的术语来说，就是要把教学目标确定在学生的“最近发展期”之内。（李秉德，1997）从第二语言教学的实践来看，所谓“最近发展期”指的是复习和巩固已学过的生词和语法项目，在此基础上，学习新的生词和语法项目。因此，如果课堂教学中教师超出了教学目标，使用学生没学过的生词和语法项目，教学活动就会遇到阻碍，虽然可以用学生的母语翻译，但这些临时出现的生词和语法项目，从认知记忆的角度来说，很难内化为学习者的言语技能。相反，在某种程度上它还会影响教师正常完成既定的教学目标。为了完成既定的教学目标，实现教学目的，教师的课堂教学行为必须控制在学生的“最近发展期”之内。这是实施语料处理教学行为的出发点。

第二节 语料处理教学行为的结构系统与分类

课堂教学是对外汉语教学的核心环节。教学的成败在很大程度上取决于教师的课堂教学行为是否符合第二语言课堂教学的规律。而第二语言课堂教学规律又与语言规律和语言学习规律密不可分。第二语言课堂教学要求教师在充分认识语言规律和学生学习规律的基础上，使用符合第二语言课堂教学规律的教学方法、教学步骤、课堂教学组织管理策略，在有限的教学时间内公平高效地训练学生提高目的语的言语技能。第二语言课堂教学的过程实际上就是语言输入和语言输出（反馈）的过程。

语言输入教学行为分为输入前和输入中。语言输入前教学行为指的是教师在课前备课时对语料所做的静态处理，包括语料评估、语料的单元教学划分、语料的提问语设计、语言点的认定等。语言输入中的教学行为是指教师在课堂上对语料所做的动态处理，包括输入方式、输入步骤、音义结合训练等一系列语料认知和言语技能训练的教学行为策略。无论静态处理，还是动态处理，都应根据语言可懂输入和重复输入的原则进行教学设计。

语言输出的教学行为主要是包括改错行为在内的一系列课堂组织管理策略方面的言语技能训练行为。对这样一个教学过程的分析应该是建立在听和说两种技能训练基础上的对课堂教学总体规律的认识。以往的第二语言课堂教学研究大都把言语交际中的听和说分为听力和口语两种技能，设置听力课和会话课加以训练。这种研究过于强调某一课型的教学特点，在课堂教学行为中人为地割裂了听和说的自然联系和相关训练。虽然听和说属于两种不同言语技能，但在教学训练的方法和策略上具有许多共性的教学原则、教学行为和教学策略。比如改错行为及其原则和策略，重复训练行为及其原则和策略，有无文字凭借教学行为及其原则和策略，课堂教学组织管理行为及其原则和策略等。无论是听力教学还是口语教学，都离不开这些具有共性的教学原则、教学行为和教学策略。因此，我们一方面要针对听力和口语的技能差异采取不同的训练手段，另一方面，也要重视两种言语技能在训练方法和教学行为上的共性。这种共性体现在整个语料处理教学行为的结构系统当中。

在一定的教学时间内，教师把教材的内容转化为学生的知识和技能。在这个过程中，教师的课堂教学行为作用于教材和学生两个对象。因此，从一次完整的课堂教学过程来看，教师课前对教学语料的静态处理教学行为（语言输入前）、教学过程中对教学语料的动态处理教学行为（语言输入中）、课堂教学组织管理行为（语言输出）构成教师课堂教学行为的结构系统。其中教学语料静态处理的教学行为作用的对象是教学语料，教学语料动态处理的教学行为作用的对象是教学语料和学生。二者是语言知识的输入和通过言语技能进行语言输出的教学过程。课堂教学组织管理行为是围绕教学语料组织学生进行言语技能训练的教学行为，其作用对象是学生。整个课堂教学行为结构系统的运作功能是检查知识教学效果，排除学生的目的语偏误。其中语料静态处理教学行为是预防偏误，课堂教学组织管理行为是检查偏误，语料动态处理的教学行为是纠正偏误。如下图所示：

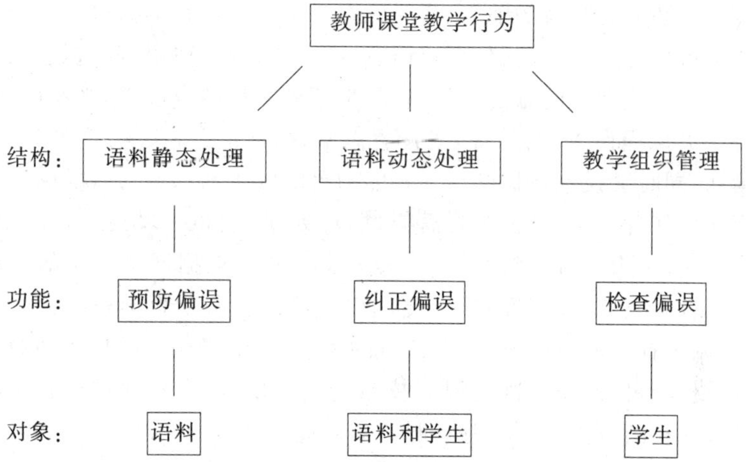

图 1　课堂教学行为结构系统

教师在课堂教学过程中所做的一切教学活动均属于教学行为范畴。其中，教学语料处理是实施课堂教学的基础性教学行为。包括课前备课中对教学语料的分析评估、提问语设计、时间分布、语料单元分解、确定语言点等。在课堂教学过程中，为了实现教学设计和教学目标而采取的相应的教学行为是对教学语料设计方案的实施策略。各个具体的教学策略又由一系列操作单元(或叫做训练手段、教学技巧)组成。比如：感知、理解、模仿、记忆、巩固、运用、复习，这是课堂教学最主要的教学行为目标，其中包括听(组织学生听辨语料)、读(组织学生朗读语料)、讲(教师讲解语料)、译(教师或学生翻译语料)、问(教师提问)等若干具体的教学策略。至于这些教学策略的具体实施方式，比如“听”，是听录音，还是教师朗读；“读”，是让学生集体朗读，还是个别朗读，是让学生看着课文朗读，还是不看课文由教师领读；“讲”，是使用图片、道具，还是教师做动作，或者用语言说明；“译”，是书面翻译，还是口头翻译；“问”，是教师问学生，还是学生互相问等等，这些都属于教学策略中具体的操作单元(训练手段)。另外，在学期制的班级授课中，教师还要从时间进度和全班整体训练的角度，考虑课堂教学的组织管理问题，其中也包括一系列教学策略和操作单元。因此，某一个教学行为包括若干教学策略，某一个教学策略又包括若干操作单元。

崔永华、杨寄洲认为：“目前，汉语教学有三种教学类型：一种是根据语言教学项目安排教学，这种教学只设置精读课，以语音、词汇、语法、文字为教学的纲目，在语言项目教学中训练语言运用能力，这是初级汉语教学常常使用的分类；一种是根据语言技能训练安排教学，即分成听力课、口语课、阅读课、写作课四大类，分别培养听、说、读、写的能力，有时针对学生的学习目的做进一步的划分，比如口语课又可分为生活口语、外贸口语、旅游口语、翻译口语等，这是中高级汉语教学常常用来设置课程的方法；第三种是把两种方法结合起来，现在已经成了一种比较普遍的课程设置方式，即，既设置以语音、词汇、语法、文字教学为教学内容的精读课，同时又设置以训练单项技能为目的的听力课、口语课、阅读课、写作课。”他们采取了第三种方法作为框架，把收集到的300多项技巧分为语音、词汇、语法、文字、听力、口语、阅读、写作等8类。同时根据课堂教学的一般程序，对语言项目教学技巧（前四类）再分类，“比如把语法课堂教学技巧分为：展示语法点的技巧、解释语法点的技巧、语法点的练习、归纳语法点的技巧；对技能训练项目的教学技巧（后四类），则是根据技能训练的步骤，由易到难地安排，比如把听力课堂教学技巧分为：单句理解训练、对话理解训练、短文理解训练、声像材料和实际语料理解训练”。（崔永华、杨寄洲，2002）

张正东把外语教学技巧分为原则性技巧和操作性技巧两类。“原则性技巧集中体现教学技巧的原理，是运用、生成外语教学技巧的原则，或者说是教学在选择、创造教学技巧之际的策略。”并用裁缝、滚雪球、发酵、迂回、反刍等通俗用语概括外语教学技巧在方法论的运用、掌握过程、知识—技巧的转化、重点难点处理以及复习等五方面应该遵守的原则。“操作性技巧指外语教学活动中经常使用的具体方法，是原则性技巧的应用层次，不具策略性；它对选择、创造教学技巧的影响较小，但仍具生成性。”（张正东，1999）

我们根据教师课前备课处理教学语料和课中处理教学语料的关系，把教学语料处理的教学行为分为语料静态处理教学行为（课前）和语料动态处理教学行为（课中）两大类。相对于静态的语料来说，这两类教学行为都属于对教学语料的动态使用。教师课堂教学行为结构中的课堂教学组织管理行为作用的对象是学生，从管理手段和策略的角度可以将课堂教学组织管理行为分为跟教学语料有关的和跟教学语料无关的。跟教学语料有关的课堂教学组织管理行为指的是利用语料处理来实施管理行为，反之，则是跟教学语料无关的。但由于二者很难严格区分开，我们把跟教学语料有关的课堂教学组织管理行为问题作为语料动态处理教学行为的策略来讨论。比如言语技能训练的语料动态处理的策略、语料的有无文字凭借动态处理的策略等。对于跟教学语料无关的课堂教学组织管理行为问题，在“提问的课堂教学组织管理功能及其教学策略”一节加以讨论，并在第六章进行专门论述。

第三节 语料评估和语料处理的客观性、系统性、交际性原则

赵金铭先生的《论对外汉语教材评估》一文从宏观上提出了建立科学的教材评估标准的问题。其目的是"通过评估寻求教材的创新突破"。（赵金铭，1998）我们从教学语料处理的教学行为角度讨论教材的评估问题，其目的在于分析教师使用教材方面的态度、行为和策略等问题，以期为教学语料的静态和动态处理提供一些依据和原则。

语料的教学评估所面临的首要问题是教学语料的选择。这包括编写课文时的语料选择和教师选择教材这两种情况。前者属于教材编写问题，本文暂不做讨论。而后者则要求教师根据学习者的汉语水平、教学计划、教学时间等因素来综合评定某一教材。一旦教材选定以后，教师要本着客观性、系统性、交际性的原则对教学语料加以评估和利用。

语料的教学评估就是教师在处理教学语料时，对教学语料所持的态度及对其评价、预测和修改。这直接影响以后的课堂教学行为和教学效果。一旦教学语料被选定，课堂教学计划就要在该语料范围之内制订。我们不能从语料内容的趣味性及教师对语料的喜好来看待教学语料，进而随意增加、删改、批评教学语料，否则会影响到学习者对教材的兴趣和信心。第二语言教学各阶段的目标都是提高学生使用目的语的交际能力。基于语料内容理解的语言形式的交际能力训练是第二语言课堂教学的核心问题。因此，对教学语料的评估应集中在语料语言形式的客观性、系统性和交际性三个方面。对语料的处理原则也集中在这三个方面。

一、语料处理的客观性

语料处理的客观性是指教学语料处理过程中，对待文化差异、语言事实等问题，坚持按照事物的本来面目，不加个人偏见地介绍、描述等课堂教学行为准则。语料处理的客观性在课堂教学中主要表现为语料处理的文化差异的客观性、汉语汉字的规范性这两个主要方面。

（一）文化差异的客观性

由于第二语言学习者的文化背景与目的语文化背景不同，语言教学中会出现文化差异。第二语言教学会大量涉及词语中蕴涵的文化。比如：闹洞房、财神爷、月下老人、红娘、拜年等等。由于这些词语蕴涵的文化具有十分明显的民族特性，因而虽然与异文化的差异性很大，但对第二语言学习者来说不会产生文化

交际冲突。另有一类观念文化差异，比如：堕胎、再婚、两性关系、中国的人口政策等等，往往会由于观念不同而产生文化交际冲突。对这一类观念文化差异，教学中应采取客观性原则。也就是说，教师应站在客观的立场上对该观念文化做客观的介绍，从中国的现状和实际出发，摆明事实，讲清道理。目前在教学中存在两种不妥的方式，一个是不当的扬长避短。教师板起面孔说教，宣传第二语言的观念文化并竭力说服学生放弃自己的文化观念，甚至批评异文化。同时，对第二语言的某些观念文化和某些社会问题又采取遮掩的态度，或竭力辩护。这样的课堂教学多少带有母语教学的痕迹，忽视了作为成年人的第二语言学习者的思考能力。从教育学理论来看，这样的课堂教学属于极端的“教师中心论”，学生反映这样的教师最让他们反感。另一个是过分的随波逐流。这是一种极端的“学生中心论”的课堂教学方式。诚然，教师的观念与学生观念文化趋同有助于教学环节顺利展开，教师可以并且也应该照顾学生的观念文化差异，但如果没有第二语言观念文化的客观介绍，就会误导学生，学生就不会正确客观地了解第二语言的观念文化。过分迁就学生的文化观念，对第二语言文化观念进行带有主观性的批评，会使学生误解甚至歪曲第二语言文化。

（二）汉语汉字的规范性

对外汉语教学的语言教学内容主要是现代汉语，因此课堂教学就必定要从目前现代汉语使用过程中的实际现状出发，本着客观性原则进行教学。这里主要是指对外汉语教学中教学语料的语言规范问题。

首先有必要区分开“规范化”和“规范”这两个不同概念。现代汉语的规范化是指“确立现代汉民族共同语的明确的、一致的标准，并用这种标准消除语音、词汇和语法等方面存在的一些分歧”。（黄伯荣、廖序东，1991）“规范化就是对语言变化的评价和抉择。”（于根元，1996）规范化是语言政策的制定者根据语言使用过程中出现的变化和分歧制定语言规范的过程。而现代汉语的规范是指已经制订出的普通话语音、词汇、语法等方面的明确、一致的标准。对外汉语教学就是要用这个标准去规范学习者的汉语。因此，对外汉语教学只有“规范”问题，而不存在“规范化”问题。

拿语音来说，除非学习者学习汉语方言，否则学习者的汉语发音就应该符合汉语普通话的语音标准。但是“以北京语音为标准音”的普通话存在着许多异读现象，虽然已经有了读音规范，但是社会上仍然存在着强大的两读发音惯性。比如：

	规范		异读
好主意：	hǎo zhǔyi	——	hǎo zhúyi
一会儿：	yīhuìr	——	yīhuǐr
因为：	yīnwèi	——	yīnwéi
教室：	jiàoshì	——	jiàoshǐ
附近：	fùjìn	——	fǔjìn
结婚：	jié hūn	——	jiē hūn
束缚：	shùfù	——	sùfú

教学中常常会遇到生词的词典注音或生词表注音与社会实际发音存在分歧的现象，甚至有的生词注音与词典注音也有出入。这主要表现在词语的声调不同。这里我们姑且不论这种异读现象孰是孰非，实际上有相当一部分教师主张按词典注音教学，可这样就把问题隐藏了起来。学生在交际中还是会遇到另一读音的，这就会使学生产生疑问，甚至会发生语音方面的交际障碍。比如“塞牙”的“塞”，词典注音为“sāi”，俗读为“sēi”。据某学生反映，他学过“塞牙”这个词，教科书和教师都读作“sāi yá”，一次与中国朋友一起就餐，听到“sēi yá”时，他还是不知所云。如果教学中教师坚持客观性原则，在介绍规范读音的同时，也如实地、客观地介绍其他读音，就不会发生异读词方面的交际障碍了。

我们认为，教学中不应回避异读现象。应如实、客观地告诉学生，同时指明规范读音。要求并训练学生说规范、标准读音，同时也能听懂社会大多数人的实际发音。这种实事求是的教学态度正是第二语言教学的特点所决定的。那种只强调规范读音的做法是现代汉语母语教学对对外汉语教学的负面影响。

另外，汉字手写体存在大量不规范现象，汉字行书、草书与印刷体的行体笔画也有很大出入，这是汉字手写体书写的客观现实。对外汉语课堂教学中的板书就面临手写体汉字规范的问题。如果教师在黑板上一笔一画地即时板书十分规范的汉字，会影响教学时间，而且课本里已有规范的印刷体汉字，教师再如此板书也没有必要。因此教师板书时，客观地反映汉字手写体普遍的书写现状，既可以节省教学时间，又可以让学生熟悉手写体汉字，培养学生辨识手写体汉字的能力（比如阅读汉字手写体书信的能力）。[①] 如果板书词语超出所学课文范围（从教学法角度严格来说，课堂教学中不应出现超出教学内容的词语）或再现学过的词语时，教师应板书规范汉字。这样做也是汉字书写的客观现实和第二语

① 如果用PPT课件代替板书，学生就没有机会熟悉和辨识手写体汉字了。

言教学的特点所决定的。

在海外，汉语作为外语教学中，有些教师使用的教材与自身的地域文化和语言习惯存在某些差异。比如台湾与内地在语言表达和用词方面有些不同，这是客观现实。对此，本着客观性原则，尊重语言的客观事实，在教学中进行客观介绍。如果由于教师的主观态度而改变教材中的语料，就会影响到教材的系统性。

对外汉语教学要求教师具有相应的汉语本体知识。这是对外汉语教师最基本的业务素质。但目前对外汉语教师队伍人员构成复杂，有相当一部分教师不是语言专业出身，语言本体知识不足以应付课堂教学中出现的复杂的语言现象。另外，语言学界对汉语自身的规律，尤其是语法规律的认识也还不是十分充分，即使是语言专业的教师也还需要边教学边研究。几乎各个对外汉语教学单位都不同程度地聘请兼职教师，这支教师队伍的构成就更为复杂，虽然有上岗培训，但汉语本体知识一时很难达到要求。由于以上原因，解决课堂教学中学生提出的一时难以回答的各类语言本体方面的问题，也要求贯彻客观性课堂教学原则，避免主观性地随意解释。为此，教师应该课前充分备课并预见学生可能出现的问题。

语料客观性处理原则体现在第二语言课堂教学的各个方面，这也是第二语言教学的特点所决定的。在课堂教学中，违背客观性教学原则就会给教学带来负面影响。这个问题应该引起对外汉语教师的充分重视。

二、教学语料处理的系统性

语料处理的系统性是指在教学语料的处理过程中，把对语料的任何增加或删改纳入到教材及语言本身的整体关系中进行处理的教学行为准则。其中语料的补足与还原是对语料的一种特殊增加。对语料的补足与还原处理与教学语料的系统性不相矛盾。

教师通常依据学生的语言水平、教学期限等因素来决定教学内容。即使是使用被指定的教材，教师也必须要考虑在有限的教学时间内，最大限度利用语言材料，对教学语料进行优化处理。而被指定的教材在教学内容、教学方法、指导思想等方面很可能与教材使用者的想法和主观态度不完全相符。即使是使用同一本教材，不同教师也可能会以不同的方式处理语料，因此，在语料处理及教学方法上会出现差异。这样，教师根据课堂教学的实际需要，特别是言语技能训练的需要，对教材内容做一些改动也是必然的。

（一）教学语料的增加与删减

教学语料的增加是指超出当前语料范围的学生没有学过的词语和内容的增

加。这主要包括对教学语料内容本身的增加和针对教学语料的教师教学语言中出现的生词。前者包括增加教学语料，比如补充阅读课文等，增加的内容常常是与教材原课文相同话题的语料。虽然话题相同，语料中却出现新的词语和语法项目，所以增加的语料对学生来说其实是一篇新课文。我们不赞成这种教学语料内容的临时增加。后者是有些教师出于教学上的便利，在处理某个语言项目时，临时使用一些生词。这种作法不但处理不好应当讲解或练习的句子和生词，反而会把问题搞得越来越复杂。我们主张用学生学过的词语和语言项目来处理当前所学语料。这主要包括两个方面：用学生学过的词语来解释当前词语，如"姑姑——爸爸的姐姐和妹妹"。"爸爸"、"姐姐"、"妹妹"都是已学过的词语。用学生学过的词语来对应当前词语，如"恰巧"对应为"正好"，"当即"对应为"马上"、"立即"。（崔永华、杨寄洲，2002）

对计划外的教学内容的增加，必须控制在最低限度之内。因为任何不得已的增加都会加重学生的负担，并且对计划内的教学内容构成不同程度的影响。增加的数量越多，其影响就越大。从这个意义上说，我们不主张教材或课堂教学中出现"补充生词"和"补充阅读材料"的做法。这一点在海外汉语教学中尤为明显。由于缺乏汉语环境，语法和词汇很难在现实生活中得到补充和再现，课堂教学中新出现的任何一个计划外生词，对学习者来说，都是课堂教学中的交际障碍。因此，无论是教材编写，还是课堂教学，都必须坚持词汇的封闭性与有限生词限制下言语交际的开放性相结合。所谓"词汇的封闭性"是所有练习限定在学习者当前所学过的生词范围内。所谓"言语交际的开放性"是在有限的词汇范围内，通过对课文生词和语法项目的重新编排和再利用，巧妙地设计出与课文内容不同的丰富的交际性练习。这样做的意义在于，在保证不增加计划外词语和语法项目的前提下，使所学过的语料在有限的词语范围内实现最大限度的间隔重复再现。如果我们承认教师有责任帮助学习者记忆生词的话，那么就必须在有限的课时内严格限定新出生词，以确保对所学词语和语法项目进行充分的言语技能的训练。这要求教师必须随时记住以前学过的词语和语法项目。对教师来说，这是一项教学基本功，也是备课的一项重要内容。试想，如果连老师都忘了学过哪些词语，那么如何要求学生记住每一个词语呢？

教师制订课堂教学计划的一个重要目的是预测语料难点。提前预见到哪些词语和语法项目学生理解有难度，进而提前做出准备，这样就可避免课堂上词语释义的随意性，避免无端增加陌生的语言项目。教师的这种预见性只有在充分备课的基础上才能做到，特别是某些具有抽象意义的词语更是如此。可以增加的语言项目是那些出现频率高、具有地区性的具体名词。麦基认为"最值得补充的是出现频率高、有地区性的具体名词；最不值得增加的也许是结构词”。（麦基，1990）在目的语人群中学习第二语言，学习者必然会接触到该目的语人群中带有地区性，出现频率又很高的词语。这样的词语一般在教材中不会出现。因此，为了适应交际的需要，就有必要在教学中补充一些这样的词语。比如在上海学习汉语的留学生就常常会遇到“蛮好”这个词，在北京学习汉语的留学生常会遇到“哥们儿”这个词等，教学中补充这样的词语，可以有助于学生的口语交际。正如陈光磊先生在点评史世庆老师的教案中所说“‘蛮好’作为沪方言词表达后悔的用法，让学生有所感知即可，似不必要求他们加以操练和学会运用；倘要学生掌握与此相类似的后悔表达用语，也许以运用相应的普通话词语（如‘早知道’）更为实用。”（教育部对外汉语教师资格审查委员会办公室，2003）增加的语言项目必须预先考虑在教学计划之内，原因是教师应在计划中保证该增加项目能在以后的教学中得到再现和练习。否则只出现一次很可能被学生遗忘，这种增加是毫无意义的。

删减原则是“教师必须确保被删减的项目，不仅在一课中而且在以后的每一课中都被删减去”。（麦基，1990）如果课文中被删掉的某些语词或语言项目，在其后的课文或练习中出现，就会破坏教学语料的系统性。对教学语料本身所做的任何改动都可能会牵一发而动全身。调整课文顺序也必须考虑到某些语言项目出现的先后次序。一旦课文次序被打乱，教学语料的系统性同样会受到影响。如果有其他教师搭班的话，那么对教材的任何增加、删减、修改，都必须要协商一致，这也是语料处理系统性的表现。

有人认为处理教材“要根据学生的水平对教学内容的难易多寡做出判断取舍。内容太难，要化难为易，要增加练习的难度；内容太多，要突出重点，甩掉非重点；内容太少，则要补充增加新的内容”。（杨惠元，2007）我们认为处理教材不是“对教学内容的难易多寡做出判断取舍”这么简单。且不说对语料的“难”与“易”、“多”与“少”的判断具有很强的主观性，考虑到教学语料本身的系统性和平行班的教学合作，对教学语料的任何主观性的增加和删减都会影响全局，对此必须慎重对待。如果对一本教材必须做出的改动过多，那么只能说明选择使用该教材本身就有问题。

语料的增加既可以是新知识（新词语、新语法项目等）的增加，也可以是技能重复训练（练习）的增加。同样是语料的增加，新知识的增加必定会伴随难度的增加，必须慎重对待。为了言语技能训练的重复的增加，是一种有意义的增加。这样的重复增加既可以体现于课堂教学语料处理教学行为的动态过程中，也可以直接体现在教材的编写设计当中。目前，汉语教学界对于言语技能的重复的认识还十分薄弱，除了课文的生词再现和复习以外，包括语料重复增加在内的言语技能的重复方式还有待进一步挖掘。以往对词语的重复再现大多体现在课文中，即把前面课文中出现过的词语在后面的课文中再现出来，有些再现甚至仅仅停留在话题的再现上。这种再现方式所能再现的词语非常有限。关于重复的问题，我们在"语料重复处理教学行为策略"一节中另做讨论。

（二）教学语料的难度与语料处理

教学语料的难度划分是一个十分复杂的系统问题。我们有必要区分语料难度、语料处理难度、学习难度这三个层面上的难度问题。但不管怎样，首先"难度"标准是一个模糊的主观化的概念。在第二语言教学中，当我们抱怨"这篇课文很难"、"这个词太难"、"这个老师的课很难"时，往往都是从主观出发做出的评价，很少从客观的科学角度来评价。其实既然是难度，就应当有若干可以量化的科学标准来测量其"难"的程度。没有这样一个测量难度的标尺，我们在教材编写和课堂教学中，就很难统一认识，或陷入盲目的主观感觉中。我们这里所关心的是语料处理教学行为与语料难度、学习难度、语料处理难度的关系问题。

在谈论汉语的难度问题时，还要区分汉语和汉字这两个基本概念。汉字难学是一个不争的事实。由于汉语学习大都是通过教材的文字凭借方式，由此就给学习者，特别是西方的汉语学习者造成汉语难学的印象。其实有文字凭借状态下的认读汉字比书写汉字要容易得多。这与其他语种的书写符号认读教学是处于同一层面的问题。如果把汉语和汉字等同于一个概念，就会在很大程度上使学生感到汉语难学。实际上，先撇开汉字不说，在脱离文字凭借的状态下，只就汉语而言，在听和说的技能层面，汉语与其他语言的学习难度是没有多大不同的。

感受语言项目难度的主体是学生。因此，对于语言项目自身的难度分析离不开对学习者的学习心理和学习者语言文化背景的研究。就语料难度和学习难度的关系来看，对于相同难度的语料，由于学习者学习能力的差异性，不同的学习者会有不同的学习难度。因此，我们在考虑诸如语言项目的教学顺序等语料处理方面的问题时，更多的是侧重在语料自身的难度问题上。如果说语料难度是客观存在的话，教师的语料处理教学行为的意义就在于降低学习难度，减少不同的学习者之间的学习难度差异。

外语教学心理学从知识与技能两个方面来分析第二语言学习的感知、理解、记忆等学习过程。由于第二语言的语言知识可以通过学习者的母语来学习，所以对学习者来说难度是相同的。在第二语言学习过程中，难度主要表现在第二语言言语技能方面。如果从第二语言自身的词语之间和语法项目之间的相互比较来看,词语和词语之间,语法项目和语法项目之间存在着难度的分级。也就是说,我们可以说“A 词语比 B 词语难(或容易)”、“A 语法项目比 B 语法项目难(或容易)”。

语料的难点往往根据某个语言项目在整个教材系统中的地位来决定。离开语料的整个系统,我们无法孤立地判断某个词语或语法项目的难度。比如孤立地看,“已经 10 点了”没有什么难度可言,“都 10 点了”也没有什么难度可言,当我们把这两个句子放在一起对比时,就可以判断出“都 10 点了”比“已经 10 点了”要难。因为,与“已经……了”相比,“都……了”增加了表示说话人的质疑、吃惊、劝告、不满、拒绝等主观情感。(见第三章)而且通常情况下,我们可以把这里的“都”解释为“已经”,但“已经”不能解释为“都”。因此,编排语言项目时,一般也都是先学习“已经……了”,再学习“都……了”。所以,语料处理时,教学语料的难度问题应放在教学语料的整个系统中加以讨论。

为了避免难度判断的主观性,有必要建立第二语言教学衡量词语和语法项目难度的标准。根据教学的需要,难度标准可以是单项的,也可以是多项的。比如对于教材编写来说,词频可以作为判断难度的标准;对于语法教学来说,语法项目的出现顺序可以作为判断难度的标准;对于语音训练来说,母语中该语音的有无可以作为判断难度的标准等等。

理想的难度标准应该是可以量化的。对难度进行量化以后,难度的对比才成为可能。因此,不管哪一个难度标准都必须建立在科学的统计和调查的基础之上。

人们普遍认为,使用频率高的词语难度低,使用频率低的词语难度高,这样一个命题是否成立,还有待于科学的论证。但我们至少可以从这样一个命题中看出“难度”与“重复”之间的关系。根据国家对外汉语教学领导小组办公室汉语水平考试部 1992 年编写的《汉语水平词汇与汉字等级大纲》的统计,词语难度从难到易的顺序是丁、丙、乙、甲。学习者的汉语水平不同,语言项目的难度也不同。对于初级水平的学生来说,所学词语绝大部分是甲级词。据统计,甲级词占初级教材词汇总量的 80%左右。当然,初级水平的汉语教学应当学习最常用的甲级词语或乙级词语。但我们认为,从第二语言言语技能习得规律来看,丁、丙、乙、甲四级词语及各级内部的词语难度是相同的。特别是甲级或乙级内部的各词语之间,很难判别其难度差异,即使是甲级和乙级词语之间,我们也难以找到判别难度差别的标准。即把词频作为词语的难度标准不能判别同一词频之间的难度差异。比如“来得及”、“来不及”在《大纲》中都是乙级词,从词频的角度,我们很难判别二者之间有何难度差别。从言语技能训练的角度来看,把词频统计作为标准，也不足以衡量难度。所谓熟能生巧，即使是丁、丙级词，经过反复训练，也无难度可言。

再比如，许多人认为在学习者的母语中没有的某些语音和语法比较难。我们认为学习者母语中没有的语音和语法的难度主要表现在技能方面。因为如果从知识的角度来看，语音和语法知识完全可以通过母语来学习，普通语言学的研究成果已经证明，第二语言的语音和语法有相当一部分是与母语的语音和语法知识相同的。这一部分相同的语音和语法知识不难。那些相异的语音和语法知识在被学习者理解之后，其难度就主要表现在技能方面。汉语的语法大多表现为词的用法，因此，从汉语的语法特点来看，语法词（虚词）比非语法词（实词）难度大。但对于这样的难度差异，教学中也必须从语法知识讲解和言语技能训练这两个方面来加以认识。比如“把”和“了”，作为语法词，肯定比实词的学习难度大，但在教师充分讲解和学生充分理解了“把”和“了”的语法知识以后，学生出现错误，就属于在“把”和“了”使用方面的言语技能的问题了。

语料本身难度的成因是多方面的。除了上面所说的以外，比如，书面语多为长句、复句，所以书面语的难度比口语的难度大。一般来说，第二语言的学习都是先学习口语，然后学习书面语。另外，词语文化内涵方面的文化差异、近义词的辨析等都会导致语料难度的增加。以上这些都属于语料本身难度方面的问题。

语料难度和语料处理难度并不具有严格的对应关系。语料处理的难度问题表现在教材编写和课堂教学两个方面。教材编写要考虑教师使用和处理语料的难度问题，因为这在很大程度上影响学习难度。

一般来说，语料的难度与语料的长度成正比。由于课堂教学言语技能训练的需要，言语技能训练所花的教学时间会远远多于专门用于语料理解所花的教学时间。在教学时间不变的情况下，一个课时内难以完成的教学语料不但不利于课堂教学的操作，而且还会由于生词过多造成学习难度的增加。对于这样的教学语料，教师花在生词处理和课文语料理解上的时间自然会增加，从而影响到言语技能训练的教学时间。因此，我们认为根据课时需要来设计和选择教学语料是控制语料难度的一个重要方面。目前，国内出版的许多汉语教材普遍存在语料过长、生词过多的现象。这样的教学语料往往很难在一次课时内完成，势必会影响语料的系统性并增加教学难度。我们认为理想的情况是以保证语料的系统性为前提，一次课时完成一篇教学语料。在保证教学语料基本适合学生的语言水平的前提下，我们有必要根据语料理解和言语技能训练所需时间测算出一定课时内一篇课文语料的长度（字数）、语法项目的数量和生词量，从而对教学语料的难度和课堂教学的难度加以科学的测评和控制。

语料处理不当导致第二语言学习的难度增加是一种人为的难度增加。比如,如果教材编写时语言点的出现顺序处理不当,会遇到语料处理的“难度”问题。如汉语“把”字句中的绝大部分动词和补语一起使用,因此要学“把”字句,就应先学补语。如果不学补语,先学“把”字句,那么语料处理难度就会加大。再比如某些教材在处理课文中出现的某一个语法项目时,在语法项目说明部分罗列出该语法项目的全部内容。比如在“结果补语”项目下,列出结果补语、可能补语、程度补语、趋向补语等各类补语。这样一来,不但加大了学习难度,也加大了教学难度。

另外,例句的用词和句式应该简单一些。避免因例句中的生词太多或太难而增加对所学词语的理解难度。现行辞典中的例句大都是给中国人看的。编写例句应该考虑到各种不同层次的汉语学习者的需要。即使例句有翻译,但考虑到对当前所学词语的学习和使用,例句中的句式和词语也应该尽量考虑汉语学习的特点,以突出当前所学词语的用法。比如:【万变不离其宗】〔例〕“这次的试题变化很大,但是万变不离其宗,考的还是基本知识。”把“试题”改为“考试”就会简单一些,因为“考试”是甲级词,“试题”是超纲词。再比如:【脱口而出】〔例〕“他想都没想就脱口而出,问四十多岁的人事科长是否结婚了。”把“他想都没想”改为“他连想都没想”(因为大多数学习者熟悉“连……都……”句式),“是否”改为“是不是”,“人事科长”改为“老师”、“老王”等较常见的词语,例句的难度就会小一些。

课堂教学中教师的语速快,教学重复少,练习次数少,说明不清楚等等都会导致学习难度加大。其中教师擅自增加教学内容是导致语料处理难度和学习难度加大的常见原因。这方面最常见的例子是在处理生词时,在学生学过的词语之外,大量出现学生没有学过的词语。比如课文语料中出现“白色”这个词语,教师就罗列出“黑色”、“红色”、“绿色”、“蓝色”、“黄色”等颜色词语,并且说“黄色是不好的颜色,代表色情”等等。这样就离课文语料的内容越来越远,学习难度也就随之加大。因此,我们认为教师在课堂教学中要严格控制讲解说明等教学语言。对教学语料的处理要控制在当前语料和学生汉语程度的范围内。

学生的提问和出现的错误常常可以反映出教学语料的难度所在和教师在语料处理时讲解和练习的效果。杨惠元先生在《课堂教学理论与实践》一书的“关于答疑”一节中,列举了一些学生常问的问题,并从语言要素方面、语言技能方面、语言交际技能方面、文化知识方面进行了分类。如果教师在语料处理时提前做出预测,那么学生的提问和出现的错误就不会在全班表现出一定的普遍性,否则，就说明教师在语料处理时对这些问题的难度估计不足，处理不当。因此，教师在处理教学语料时，除了教材中指定的教学重点以外，还要根据学生的具体情况，对教学语料中各语言项目的难度重新进行评估和预测，并在语料处理时对教学语料重新进行加工处理。

下面根据《初级汉语课本》一年级第二学期的一篇语料来分析一下语料难度的处理问题。

约　会（第三十四课）

一、生　词

1. 约会（名）
2. 公园（名）
3. 高兴（形）
4. 都（副）
5. 其实（副）
6. 就（副）
7. 才（副）
8. 一……就……
9. 跑（动）
10. 湿（形）
11. 扇子（名）
12. 冰淇淋（名）
13. 好（形）
14. 排队
15. 有（一）点儿
16. 可能（形、名、能愿）
17. 提前（动）

专　名

玲玲

二、课　文

张正生是个年轻的老师。今天是星期日，他跟女朋友玲玲在公园有个约会，可是他来到公园的时候，玲玲已经等他半天了。她不高兴了。

玲玲：你看看，已经几点了？

正生：哟，都10点了，真对不起！其实我7点半就出来了。没想到，等了半个钟头才上了汽车。一下车，我就跑来了。你等了我半天了吧？

玲玲：看你，衣服都湿了。给你扇子。这儿有个冷饮店，咱们先去吃冰淇淋吧。

正生：公园里也有冷饮店，我先去买票吧。

玲玲：我一来就买了。

正生：票好买吗？

玲玲：不好买。我排了10分钟的队，才买到票。我买了票，等了你半个钟头，你才来。我刚才都有点儿生气了。我想你一定不来了。

正生：我怎么可能不来？以后，我提前两个半小时就出来！……咱们进去吧！

注释

1. ……等他半天了。
   “半天”在这里是表示时间长的意思。
2. 我怎么可能不来？
   这是一个反问句，这里表示强调的否定的意思：“我不可能不来。”

三、语　法(说明从略)

1. “就”和“才”的用法
2. “一点儿”和“有(一)点儿”

以上加了底纹的词语都是我们在该教材语法项目认定之外认定的这篇语料中需要讲解说明的难点。而在该教材的语法项目中，只有“就”和“才”、“一点儿”和“有(一)点儿”的说明，这样的语法项目处理显然增加了学生学习的难度，也增加了教师处理语料的难度。

北京语言大学张浩老师的教案对这篇语料进行了处理。除了教材语法项目认定中的两个语法点之外，该教案又增加补充了“一……就”和对“就”、“才”后加不加“了”的说明。即使这样，从教学语料中出现的语法项目来看，这样的语言点语料处理还是远远不够。因为，从教学语料的系统性来看，尽管可能有些词语或语法项目在前面的课文中已经学过，但作为复习和重复再现，也必须再次加以说明和练习。

(三)教学语料的补足还原处理

教学语料的补足还原处理其实是一种特殊的语言项目的增加。它与语料处理的系统性不相矛盾。尤其是对话语体语料，由于语言环境和上下文的提示，口语交际的对话中常常省略某些语言成分，把这些被省略的成分在课堂教学中补足还原，并加以说明和练习，是教学语料处理中使句子符合语言的完整性和语料系统性的重要方面。因此，教学语料的补足还原处理，是教师处理教学语料的一个重要行为。大体上，教学语料的补足还原有以下几个方面。

1. 对人称省略的补足还原。对人称省略的还原可以在一定程度上消除学习者由于人称不清所造成的句子和语段的理解障碍。这个问题主要集中在中高级汉语学习阶段。比如：《汉语中级听力教程》上册（二）第五课：

> 他一天到晚工作很忙，中午必须睡上一会儿，如果哪天下午你看他没精打采的，说话也没好气，不用问，那多半是（他）中午没睡好。

把"那多半是（他）中午没睡好"的"他"补出来，可以避免学生把"他"和"你"混淆在一起。

2. "的"字句中心语的补足还原。比如：

> 这是今天要演的（节目）吗？
> 离展览会结束（的时间）还有三个小时。

3. 格式的补足还原。这主要是指对词语搭配的句式中缺项的补足还原。

> 她（已经）三十岁了，还是一个人。
> 饺子好了，可以（把饺子）捞上来了。
> 这是水晶肉，千万别（把它）放在微波炉里。

许多教材根据语料中语法项目的词语搭配关系，展示词语之间的语法关系。比如"一……就……"、"凡是……都……"、"快……了"等。在这些格式中，有些词语之间具有固定的搭配关系。比如"快……了"。但更多的是由于表达的简约需要，省去了格式中的一部分，比如："她三十岁了，还是一个人。"其中"了"与"已经"和"都"具有语法上的搭配关系，可以把该句还原为："她（已经）三十岁了，还是一个人。"或"她（都）三十岁了，还是一个人。"教学中把"她三十岁了"的"了"解释为"已经……了"或"都……了"格式，不但可以减少语法说明，而且可以据此设计许多该格式的替换练习。

尽管词语格式搭配的教学处理便于教学，但也必须要经过语法学意义上的认定和证明。我们可以凭借语感判断"她三十岁了，还是一个人。"和"她已经三十岁了，还是一个人。"两句意思没什么两样，但"已经……了"的这种格式搭配关系需要语法上的证明。虽然许多教材采用这种格式搭配的方法来说明某个词语与另一词语的搭配关系，但在汉语语法方面的理据并不充分。汉语语法学界对此也缺乏深入研究。这就造成不同的教材对语言项目搭配关系的认定出现差异。比如戴悉心、王静编著的《汉语口语教程》第二课中认定"早/早不……了"具有搭配关系，解释为"表示行为、状态在说话前很久就已经发生、出现或存在"。

并举例：

(1) 甲：快要考试了，你复习完了吗？
　　乙：我早复习好了。

(2) 甲：你好，我找王先生。
　　乙：对不起，他早不在我们这儿了。

杨寄洲主编的《汉语教程》第二册上第三十三课中，对"我早就下班了"一句，认定"早"和"就"具有搭配关系，二者常一起用，"表示动作发生得早"。这种处理与"早/早不……了"的处理不同，没有认定"了"在该句式中具有搭配关系。而且"就"和"早"的搭配也不稳定，因为不用"就"的话，"我早下班了"的说法也成立。

我们认为该格式中的"了"与"就"存在语法上的搭配关系。该格式应表述为"早(就)……了"。《汉语口语教程》所举的两个例句都可以补足"就"，可还原为"我早就复习好了"、"对不起，他早就不在我们这儿了"。如果忽略"了"在该格式中的作用，那么显然"我早就下班"的说法是不成立的。

对同一个语言点的不同处理，反映出目前语法研究和教学中对某些语言项目认识的不统一。鉴于此，我们在教学上不妨做某一格式的搭配假设，当然这种格式假设必须建立在大量的可替换的基础之上。这对于汉语语法教学来说，具有很强的实用性和可操作性。对于格式中没有出现的那一部分，教学中给予补足还原处理，有助于学生对汉语语法建立完整的认识。关于语言点格式的认定问题，我们在下文中详细论述。

三、教学语料处理的交际性原则

语料处理的交际性是指按照培养学生言语交际能力的要求，对静态语料进行动态的交际性处理的课堂教学行为原则。对教学语料的交际性处理是基于目前的汉语教材现状，在教材练习语料的基础之上，针对课堂教学中学生的实际情况，对教学语料所进行的教学处理。教学语料处理的交际性原则是语料动态处理的核心问题。

国家对外汉语教学领导小组办公室编写的《高等学校外国留学生汉语言专业教学大纲》(2002)中培养目标的第一条具体要求是"具备扎实的汉语言语能力与言语交际能力"；《高等学校外国留学生汉语教学大纲》(短期强化 2002)中的教学总目标是"通过短期强化训练学生能够完成一定量的交际任务项目的学习，掌握相应的语言要素、言语技能和相关文化知识，在学生已有汉语水平的基础上提高其汉语交际能力"；《高等学校外国留学生汉语教学大纲》(长期进修 2002)

中的教学目标是“通过汉语长期进修教学，使学习者在原有基础上不同程度地进一步提高汉语交际能力，加深对中国的历史、文化和现状的了解”。从以上教学目标当中，不难看出，虽然教学对象不尽相同，但提高学习者的汉语交际能力是汉语教学的核心任务。在口语教学中，培养学生的交际能力这一教学目标已成为共识。问题在于我们在教学中如何贯彻交际性原则，如何通过教师教学行为真正提高学生的汉语交际能力。李泉强调教师的“课堂交际意识”，“从理论上说，强调教师的课堂交际意识，是因为第二语言教学的根本目的就是培养学生目的语的交际能力，而交际能力是在交际和交际训练的过程中逐步获得的。培养和训练学生的交际意识和交际能力是课堂教学的核心任务”。（李泉，1996）课堂交际意识不仅体现在课堂教学语料动态处理中，更应在语料的静态处理中就体现出来。

对教学语料的交际性处理就是把静态的不同语体的教学语料，转化成课堂口语动态交际语料的教学行为。它包括语料的交际互动提问语设计和语料的语体转化交际设计两个方面。语料中的词语和句式是在语料单一语境条件下表现出的单一静态语义。训练学生的语言交际能力，仅仅停留在对单一静态语义的理解和训练层面是不够的。在此基础上，还需要进行动态交际的语言训练。翻译法的弊病就在于缺乏言语交际训练和课堂互动。因此，在课堂教学言语交际训练的语料动态处理之前，必须对静态的教学语料进行动态的处理和设计，以保证课堂教学言语交际训练能够建立在一定的言语交际训练计划基础之上。言语交际训练计划的制订包括设计提问语和教学活动方式。

目前，听力和口语的教材练习中，提问语大都集中在语料的内容理解方面，围绕课文的内容来设计提问语。我们可以把这类提问语叫做课文问题或客观问题。根据学生水平、教学目标和教学重点，教师对这类提问语需要做一些修改和补充。另一类提问语设计是围绕语料内容，在课文问题基础上，把相关词语和句式转换成交际提问。我们把这类提问语叫做交际问题或主观问题。目前许多教材的交际提问语设计普遍缺失。还有一类提问语设计是根据课文中的句式，使用某些同类词语替换句式中的词语。我们把这类提问语叫做扩展问题或替换问题。在许多教材中，同类替换词语再现已学过的生词，但也常出现生词。能尽量再现已学过的生词来设计扩展问题的替换词语，同时把该扩展问题变成交际问题，这样的提问语设计是兼顾复习和交际的最理想的言语交际训练设计。这不但需要有很强的课堂教学交际意识，还需要有很高的设计技巧和策略。关于提问语的设计问题，我们在下文中做专门论述（见第三章）。

教学活动方式的设计是根据语料的内容、词语和句式，组织学生进行课堂练习的各种训练手段的设计。其中交际性的课堂活动方式是教学活动设计的重要方面。在这里需要强调的是，教学活动方式的设计目的是为了语言训练，而不是教学活动本身。因此，教学活动的设计应在交际性设计原则下，紧紧围绕教学语料，突出语言训练的特点。在第二语言教学中，任何教学活动都是为语言训练服务的。对于第二语言学习来说，不管教学活动的设计多么新颖，多么有趣，一旦学生把注意力集中在教学活动本身，那么语言训练的目标和效果就会大打折扣。因此教学活动的设计必须以语言的交际性训练为设计原则。我们在观摩课堂教学的过程中发现，有些课堂教学活动的设计表面看来生动有趣，课堂气氛活跃，但由于学生关注于教学活动本身，语言活动反而被屏蔽和忽视了。

如何针对教学语料来设计以语言训练为目的的课堂教学活动，这与语料本身的内容和教师对语料的交际性动态处理有密切关系。教学活动展开以后，教师除了对教学活动进行组织和控制以外，更重要的是随时关注学生的语言表达情况，及时对语言方面出现的问题给予指导。正是由于教学活动方式本身对语言活动会产生一定的干扰，所以在交际性语料处理中，我们更倾向于淡化教学活动方式，突出语言训练的语言游戏活动的设计。换句话说，观察一堂课口语交际训练的效果，不能仅看教学活动方式的设计，而是要通过教学活动方式来观察教师利用语料所做的交际性动态处理和组织语言训练活动的智慧。可以说教学活动方式的设计仅仅是让学生玩得开心，而利用语料所做的巧妙的交际性动态处理，则是使学生在掌握目的语言语技能的同时，学得开心。

教学语料包括口语语料和书面语语料，因此“严格地说，交际能力包括口语交际能力和书面语交际能力。但由于平时说的交际主要指口语交际，所以，口语交际能力是语言交际能力的主要方面”。（孙瑞，2004）如果我们认为语言交际能力的主要问题是口语交际能力的话，那么口语体词汇及其教学自不必说，关键是如何把书面语体词汇及其教学语料，在提问语的设计中转换成通用语体词汇的相关提问语。只有这样才能保证口语交际能力训练的全面性。特别是处理独白体教学语料的过程中会遇到大量书面语，在设计提问语时，必须要把书面语转变为通用语体词汇才可以进行口语交际能力的训练。当然，这方面的问题主要集中于中高级阶段的口语教学中。

第三章

语料静态处理的教学行为

相对于课堂教学过程中的语料动态处理而言，教师对教学语料的课前处理属于语料的静态处理。相对于静态的语料来说，这种对语料所做的课前的静态处理也是对教材的动态处理。它属于隐性教学行为。没有这种隐性教学行为，课堂教学中的显性教学行为就无从谈起。但二者又不能完全等同，因为在很多方面，比如设计语料的提问语与课堂教学中的实际问答练习、语言点的认定与语言点的讲解和操练等方面二者具有显著的不同。这里我们先讨论教师对教学语料静态处理的隐性教学行为。

如果是平行班的教学，语料静态处理应是一种教师集体合作的教学行为。各班教师应集体备课，在处理语料方面取得一致。同时，与班级负责人及时沟通，使教学进度取得一致，并且使语料静态处理结果能够得到及时的反馈和修正，为课堂教学语料动态处理提供教学依据和教学对策。

第一节 单篇语料的教学单元处理

为了安排教学环节，展开教学步骤，计划课堂教学的时间进度，第二语言课堂教学有必要根据单篇教学语料的内容、结构、语义和逻辑停顿划分教学单元。独白体和对话体语料最大的教学单元分别是段落和话语链，以下为句子、逻辑停顿层和词语。由于对话体语料没有教学单元划分的形式上的标志，因此教学单元划分时应根据话语分析理论进行切分。教学语料的单元划分在课堂教学领读和安排教学语料各组成部分的课堂教学时间分布时具有实际意义。

一部系统的语言教科书由许多单篇教学语料组成。我们这里要讨论的不是以教材的全部教学内容为对象的单元划分，而是单篇教学语料的单元划分及其教学分析。语言知识的教学融于语料的教学当中或做专题教学，因此，教学语料的单元划分不包括语言知识。

教学单元是教师在课堂教学中按照单篇教学语料的内容、结构、语义、教学进度和教学节奏对单篇教学语料进行切分后所得到的不同层次上的若干教学单位。

单篇语料的教学就是由若干教学单元的教学组成的集合体。目前，在单篇教学语料内部如何切分教学单元的问题第二语言课堂教学界还缺乏系统的研究。

在初级阶段，教学语料少而简单，许多教材采用对话体语料，以若干独立的句子或日常生活中的一个小话题为教学内容。中高级阶段的教学语料多而复杂，教材中以篇章独白体或多话轮对话体为教学内容。语言的线性排列决定了学生对语料的学习是逐字逐句逐段来进行的。教师对语料进行整体感知教学以后，也需要对教学语料进行逐字逐句逐段的讲解和练习。但考虑到语料的篇章语义，把单篇教学语料，尤其是单篇对话体语料切分为若干语义相对完整的教学单元，可以避免课堂教学陷入到具体的词语、句子的讲解和练习中而忽视篇章内部的语义逻辑关系。这样，在教学训练过程中，句际之间的练习就可以段落或话轮为练习的语料单位。比如提问语的设计，不但要考虑每个句子的提问语设计，而且要从篇章段落的整体语义出发进行提问语设计。对于一次课时完成不了的较长的教学语料，在制订教学计划时，也需要在某一个恰当的地方切分单篇语料。同时，在句子的领读教学中，如何切分句子内部的领读单元，也使教师必须考虑语料教学单元的划分问题。

一、独白体和对话体单篇语料的教学单元层次

教学语料的单元有多种层次。独白体语料的最大教学单元是段落；对话体语料的最大教学单元是话语链。这是教学语料的第一个层次，第二层是句子，之下为逻辑停顿层和词语。图示如下：

图 2　单篇语料的教学单元层次

不同的教学单元具有不同的语料处理功能。段落和话语链是切分整篇教学语料的最大教学单元，它具有对课文语料整体语义的分解切分功能；句子是讲解和练习语料的基本教学单元，也是处理词语的最小语言环境；逻辑停顿层是在句中没有标点的地方做适当的停顿，它在教师朗读或领读课文时具有句义分解切分的功能；词语是讲解和练习语料的最小教学单元。

独白体语料的教学单元划分以段落为最大的切分单位。为了相对平均地分配各段教学时间，教材中独白体语料的教学单元切分根据各段字数长短和语义

关联可做适当调整。字数较少的段落可与其他段落合并为一个教学单元;字数较多的段落可根据需要再继续切分,但必须保证切分后前后语义的相对完整。

对话体语料教学单元根据话语链来进行切分。话语链由话轮连缀而成。所谓"话轮(turn)"就是发话者的话从开始到结束之间的发话者说与听话者听的交际过程,即在 A1→B1→A2→B2 的对话中,"A1→B1"或"B1→A2"的过程。话轮是最基本的会话结构单位,也是对话体语料中次于话语链的教学单元。一次会话是由若干话轮所组成的话轮集合体。话轮集合体中,前一个话轮套着后一个话轮,环环相扣,形成话语链。假设"→"左边为发话者,"→"右边为受话者,那么话语链就是 A1→B1→A2→B2→A3→B3→A4……。图示如下:

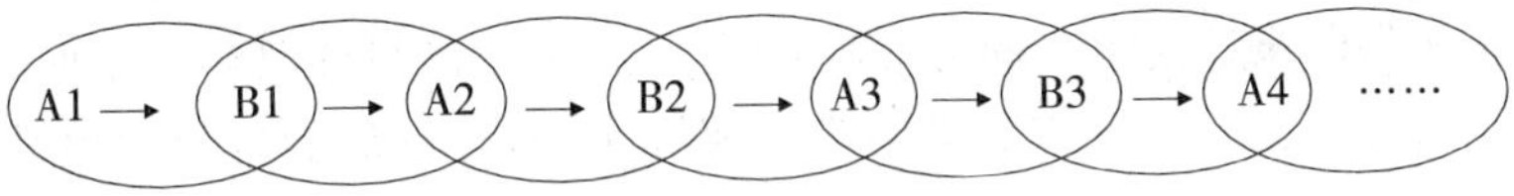

图 3 话语链示意图

话轮与话轮之间由话题连接起来。一条话语链就是由一个话题连接在一起的话轮集合体。一次会话可能有一个话题,也可能有几个话题。有几个话题就有几条话语链。当然,一条话语链中的话轮长短、多少不等,这取决于交际者的话题转换。话题转换造成前一条话语链的完结和后一条话语链的开始。换句话说,话题转换之处就是话语链的衔接点。当然,在自然会话中,话题可能再次转换回原来的话题,我们认为这样的话语链是一条新的话语链。处理由几条话语链组成的对话体语料时,以话题转换为标志的话轮就是教学单元的切分依据。比如下面一段对话:

A1 对不起,让您久等了,我把计划书带来了。
B1 你觉得这个项目有把握吗?
A2 没问题,我已经做过市场调查了。
B2 明天开会时,大家一块儿讨论讨论再说吧。
A3 好吧。您孩子的病怎么样了?
B3 还在医院住着,不过病情已经有所好转。
A4 有时间您多去看看孩子吧。
B4 是呀!不过有他妈照顾,没问题。

以上对话不仅有 A1→B1、A2→B2、A3→B3、A4→B4 四个话轮,还有 B1→A2、B2→A3、B3→A4 三个话轮。这七个话轮串在一起组成话语链。

这段对话有两条话语链，一条是 A1→B1、B1→A2、A2→B2、B2→A3，话题是关于“计划书”；另一条是 A3→B3、B3→A4、A4→B4，话题是关于“孩子的病”。这两条话语链衔接的语义前提是交际双方对话题的共同预设。在 B2→A3 和 A3→B3 两个话轮之间发生了话题转换。A3 句是两条话语链的衔接点。因此，以 A3 句为界，两条话语链可切分为两个教学单元。其中又分别有七个话轮教学单元。

教学语料的单元划分实际上是对教学语料的一种分解处理。它对教师制订教学语料单元和训练项目的时间分布行为策略会产生直接影响。教师制订单篇语料的课堂教学计划时，首先要考虑在一定的课堂教学时间内，如何安排教学语料的教学时间和教学进度。为此，教学语料的单元划分便具有了在安排教学语料各组成部分在课堂教学时间分布时的实际意义。在制订教学计划时，根据语料各单元的长短、难度、重点和学习者的实际水平，分解后的各教学单元的时间分布不难测定。但问题在于，课堂教学是动态的，既定的语料单元时间分布，常常会受到各种教学动态因素的影响，使语料单元预期的教学时间与实际情况不符。这也使教师必须考虑教学语料单元和训练项目的时间分布行为策略的问题。某一语料单元预期的教学时间可能比实际时间长，也可能比实际时间短。对此，在不影响计划内教学和训练内容的情况下，可以采取有无文字凭借交叉听辨的次数控制、领读与点读模仿发音次数控制和提问训练机会的人数控制等教学策略来控制教学语料各单元的时间分布。

二、句子的教学单元划分

处理教学语料时，句子是最常见、最基本的教学单元。课堂处理句子这一教学单元时，根据领读、改错等教学行为的实际需要，对句子还要做进一步的教学单元划分。这里我们参照捷克语言学家马休斯(V. Mathesius)的实义切分理论，进一步观察句子逻辑停顿与话语分析的关系。“实义切分的做法，是以句子为单位把连贯的话语切分开来。然后根据发话人语义安排的意图，把句子切分成为两个结构成分：话题和述题。”(沈开木，1996)实义切分的关键是确定句子的话题，话题确定好了，在它的后面切分开来，实义切分就完成了。话题和述题是句内的两个最大的教学单元。当然，如果句子的话题和述题之内又分别含有其他句法成分，可以再做实义切分。这样可以找出下一级的教学单元。应用实义切分的理论可以保证划分出来的教学单元，不管大小，都具有语义上的相对完整性。

比如：“他写的那本小说我没看过。”根据实义切分的理论，这个句子可分为话题和述题两个教学单元：他写的那本小说/我没看过。实际上话题和述题之间常常就是汉语的逻辑停顿层。这是句子的最大领读教学单元。话题部分可分为："小说"、"那本小说"和"他写的那本小说"三个教学单元；述题部分可分为"看过"、"没看过"和"我没看过"三个教学单元。而"他写"、"那本"、"我没"等由于不具有语义的完整性，不能划分为教学单元。

按照句子词语链条的时序排列，汉语话题和述题内部的逻辑停顿层往往是从离中心词最远的附加成分开始，如：他写的/那本/小说。但教学单元划分的领读顺序却是以中心词为核心，按照语义的完整性由近及远向前扩展，逐一切分教学单元。"他写的那本小说"的领读教学单元为：小说——那本小说——他写的那本小说。"我没看过"的领读教学单元为：看过——没看过——我没看过。

三、句子的领读单元教学分析

句子的领读单元是教师在带领学生朗读句子时，对句子逻辑停顿层教学单元的动态划分。句子逻辑停顿层教学单元的划分可以使学习者根据词与词之间的语义逻辑关系，掌握汉语口语句子内部的语调和节奏。比如："怎么这么晚才回来?"可以划分为"怎么/这么晚/才回来"三个逻辑停顿层。这样，该句的语调和节奏就可以通过教师的领读明确地表示为：

→　　↗　　→↘

怎么 / 这么晚 / 才回来

目前，在句子的领读教学中，领读单元顺序往往是按照句子词语链条中逻辑停顿层或语法成分的时序排列先后来切分的。但按照句子逻辑停顿层或语法成分的时序先后顺序领读，常常会割断句子内部的语义逻辑关系。比如："春节是中国最重要的传统节日。"如果切分为"春节/是/中国/最重要的/传统/节日"，固然可以明确句子的语调和节奏，但由于句子中的各个成分处于同一平面上，按句子的时序排列领读，会在听觉效果上出现"春节是中国"、"最重要的传统"等错误的词语组合。

因此我们认为，领读句子时，句中每一个教学单元按逻辑停顿层自然切分，以明确句子内部的语调和节奏。在按照句子的逻辑停顿领读全句的基础上，再按照句子的结构层次，切分出话题和述题"春节/是中国最重要的传统节日"。然后按照汉语"主谓宾"的语法格式，找出句子的主干"春节是节日"，对于中心语前面的附加成分，以中心语为起始，由近及远向前扩展。这样，该句的领读单元应该是：

春节/是中国最重要的传统节日
春节是节日
节日
传统节日
重要的传统节日
最重要的传统节日
中国最重要的传统节日
春节是中国最重要的传统节日

这种由后向前的领读顺序，是由汉语中心语在短语之后所决定的。在偏正结构中，句子内部的语义逻辑关系也由这种“偏”在前，“正”在后的排列顺序决定。在切分词语领读单元时，我们必须考虑句子内部的中心语与附加语之间先后排列的词语语义逻辑关系。在词语链条中，汉语的修饰成分和被修饰成分并不一定排列在一起。比如，上句中直接构成修饰与被修饰关系的“重要节日”之间，就存在“节日”的另一个修饰成分“传统”。因此，在领读中“传统节日”和“重要的传统节日”这两个领读单元的划分就避免了学生出现“重要的传统”的错误理解。

课堂教学必须依照汉语句子内部的语义逻辑关系来处理各教学单元的领读顺序，而不能按照句子的逻辑停顿层来处理句子中的单元领读顺序。由于汉语书写不分词，教学单元划分在语料的朗读过程中可以使学习者逐步建立汉语词与词之间的语义逻辑关系。

第二节 语料的提问语设计

“提问”是第二语言课堂教学最常见的互动方式，也是增加学生开口率和会话练习的主要教学行为。即使是听力课，也必须给学生“说”的机会。杨惠元先生说：“语言作为一种技能必须经过大量操练才能达到熟巧的程度，因此对外汉语教师还要想方设法增加学生的开口率。教学语言的启发性主要表现在教师在进行操练时大量使用问句或半截的‘留空句’，尽量增加学生说话的机会。因此，对外汉语课堂上就出现了‘满堂问’的现象，或者可以说，对外汉语课堂基本上就是靠问句来推动教学进程的。”（杨惠元，2007）因此，课堂教学提问具有重要的言语技能训练价值。同时，“靠问句来推动教学进程”的课堂教学，其提问语的设计具有十分重要的研究价值。很多教师为了减少自己的语言，增加学生说话的机会，提高学生的开口率，使用半截的“留空句”的问句。比如：

教师：古时候＿＿＿＿＿＿＿＿＿？

学生：古时候，草原上住着一个老人和他的儿子。

教师：有一天＿＿＿＿＿＿＿＿＿？

学生：有一天，老人的一匹马丢了。

教师：邻居们＿＿＿＿＿＿＿＿＿？

学生：邻居们都来安慰他。

教师：老人说＿＿＿＿＿＿＿＿＿？

学生：老人说：“丢了就丢了吧，马丢了不一定是坏事。”

我们不认为使用这种半截“留空句”是对外汉语教学的特点。在语文课等第一语言的课堂教学中，这种半截“留空句”式的所谓提问也很常见。这恰恰是对外汉语教学对语文课课堂提问的借鉴。我们认为在对外汉语教学的课堂上，这种“半截的‘留空句’”的教学方式不是提问，也不相当于问句。如果在无文字凭借的状态下，这种半截的“留空句”应该属于朗读教学行为中的领读教学策略，它只具有领读提示的教学作用。我们所说的提问语不是这样的半截“留空句”。

提问语是指针对教学语料的内容，使用疑问词针对语料的语句设疑而问。课堂教学语料的提问语设计是实施课堂提问教学行为的基础和前提。在课堂教学之前，教师就应该在备课时完成围绕教学语料的提问语设计。针对提问语而反馈的答句可以是对课文语料的复述，但这种复述必须是经过教师的朗读示范和领读、点读的训练之后，在无文字凭借的前提下才具有听力和口语的训练价值。

崔永华在论述教材和教学内容实践化问题时说：“在备课时，要在如何使课堂教学活动尽可能接近真实交际上下工夫。有些教材本身就是很交际化的，比如一些按情景和功能编写的教材。但是也有一些教材是以结构为纲编写的，这就需要教师在备课时根据所要教授的语言点设计一些情景，不使课堂上只有些干巴巴的理论解释、机械练习和课文诵读。即使是按情景和功能编写的教材，也常常有在课堂上不适用或离学习者的实际生活较远的情况，需要教师在备课时予以改造和补充。”（崔永华，2005）崔永华先生所说的“教学内容实践化”问题正是语料静态处理教学行为所面临的主要问题。

我们主张对教学语料中的各个语言项目都尽可能地根据学生的真实情况设计出“接近真实交际”的提问语和课堂教学活动，而不是仅仅针对“所要教授的语言点”。这是因为教学语料本身具有完整的内容和情节，围绕教学语料设计的“接近真实交际”的提问语和课堂教学活动在利用语料内容和情节时，最好也具有内容和情节的连贯性。这样的语料处理需要教师在利用语料内容和情节时，在学生学过的有限的词语范围内有巧妙而高超的设计技巧和语料处理能力。实际上，在教材编写的练习设计中也应体现这样的设计理念。根据这样的教材练习编写原则，笔者编写了一套针对海外汉语教学的汉语教材——《想说就说·初级汉语》(話し放題中国語)和《想说就说·汉语听说教程初、中级》(*Let's Speak*)。

设计提问语的目的是在提问教学行为中，训练学生在无文字凭借状态下对提问语的听辨能力，并通过学生对提问语的反馈，利用答句训练学生在无文字凭借状态下的口语表达能力。对于初级水平的学生来说，听力和口语表达能力及交际能力的训练是以句子为单位进行的。这是将来训练学生语段表达的基础，也是训练学生运用汉语思维的前提。当然，在设计提问语时，我们应该同时考虑到反馈时句子和语段这两种对提问语的反馈情况。到了中高级阶段，听力和口语表达能力及交际能力的训练也仍然可以是以句子为单位进行，但训练的重点则在于以句子为单位的语段自主表达和用汉语思维的能力训练。相反，如果在初级阶段采用语段自主表达的教学方法，比如小组讨论、讲故事等，就很难实现理想的教学效果。这里我们仅讨论针对初级水平的提问语设计问题。

一、提问语与提问的关系

在教师围绕教学语料进行课堂教学活动之前，设计提问语是一项重要的语料静态处理方面的工作。它是对教学语料从语言形式到语义内容的更为细致的教学分解，同时也是对教学语料交际功能的一种再创造。提问语设计是一种隐性的教学行为，在课堂教学中，它会以各种动态的、显性教学策略表现出来，从而对教师教学行为和教学效果带来直接影响。在提问课堂教学行为中，提问和提问语是一个问题的两个方面。二者有区别，也有联系。在讨论语料处理问题时，有必要把提问语和提问区别开来。

(1) 提问语的设计对象是教学语料，提问的设计对象是学习者。
(2) 提问语是课前对语料的静态处理，提问是课中对课堂教学的动态处理。
(3) 提问语本身是一种教学语料和课堂教学语言，提问是一种教学行为。
(4) 提问语的设计属语言范畴，提问的设计属课堂教学的组织管理和教学控制方面的管理学和教育学问题。

教学语料的提问语设计属于教师课堂教学用语设计的教师口语研究范畴。在教师口语研究中提问语和导入语、讲授语、过渡语、小结语等同属于主要教学环节的口语技能训练内容。提问语设计是对教学语料本身的静态处理。提问技能是有关提问的时机、频率、策略和效能等课堂动态教学行为。提问行为所关注的是被提问对象的反馈和反馈的方式。它是一种课堂教学口语交际能力的训练方式和训练手段，也是一种教学活动。因此教师口语技能训练中的提问语训练与教学语料处理中的提问语设计处于教学的两个不同层面。没有课前的提问语设计，教师的提问技能训练也就无从谈起。

我们在这一节中要讨论的是提问语的设计问题。关于提问的问题，我们在“提问的语料动态处理”中加以分析。

二、提问语的类型

关于提问语的类型，国内外第一语言和第二语言教学界都有许多分类。我们根据第二语言言语技能训练的特点，把第二语言教学的提问语分为三种类型：课文问题、交际问题和扩展问题。

课文问题也叫文本问题、客观问题。它是围绕教学语料的内容、句式和词语所提出的答案即在教学语料之中的问题。交际问题也叫主观问题、参考问题。它是围绕教学语料的内容、句式和词语所提出的答案不在教学语料之中而在学生生活或学习之中的问题。扩展问题也可以叫做替换问题。这是为格式或语法点教学而设计的提问类型。在学生已掌握的词语范围之内，对格式或语法点做扩展提问，不但可以加深学生对该句式或语法点的语义和语用的理解，还可以复习已学过的词语。课文问题和交际问题都可以在学生的词汇范围内设计扩展问题。扩展问题并不是独立存在的一类提问语，它存在于课文问题和交际问题之中，也可以说是通过词语替换对课文问题和交际问题的扩展。其中大部分是对交际问题的扩展。

在课堂教学中课文问题是交际问题的基础，它是教师训练的过程和手段，而交际问题则是训练的目的。但是，在课堂教学的具体操作中，我们也不必把课文问题和交际问题作为两个教学单元分开处理。而是在教师所划分出来的各级教学单元中，紧紧围绕课文内容，把这两类问题自然地结合起来处理。教师在各级教学单元中应尽可能地设计出与课文问题相对应的交际问题。这样才能实现结构—功能—交际相结合的教学原则。交际问题的设计实际上是教师对教学语料的一种深加工。

课文问题是针对课文内容的提问语。其设计与第一语言教学不同。设计课文问题时应该尽量避免过于课堂化、语文化的提问语，如“本文的作者是谁?”“本文出现了几个人物?”言语技能的训练价值都不理想。设计交际问题时，具有可操作性的设计手段就是对课文问题进行人称的变换。如教师用手指着教材，用第三人称“他(她)”或语料中人物姓名称谓的提问语属于课文问题，如果采用第二人称“你”和第一人称“我”之间的问答则属于交际性问题。这样，在围绕课文内容的问答中，教师可就同一内容在不同人称之间变换提问语。比如：

课文语料：妈妈：小明，过来，问客人好。
小明：姐姐好。
(选自《話す中国語·北京篇 2》 董燕/遠藤光晓 朝日出版社)
课文问题：(教师指着课文问全班或某一学生)
教师：小明问客人好了吗?
学生：小明问客人好了。
交际问题：(教师指着学生 A 问学生 B)
教　师：今天你问他(她)好了吗?
学生 B：今天我没问他好。
教　师：现在，请你问他好。
学生 B：你好。
学生 A：你好。

又如：

课文语料：A：你去过美国吗?
B：我去过美国。
课文问题：(教师指着课文问全班或某一学生)
教师：他去过美国吗?
学生：他去过美国。
交际问题：(教师指着学生 A)
教　师：你去过美国吗?
学生 A：我去过美国/我没去过美国。
(教师指着学生 A 问学生 B)
教　师：他说他去过美国吗?
学生 B：他说他去过美国/他说他没去过美国。
教　师：你呢?

学生 B：我也去过美国/我也没去过美国。

扩展问题：(教师指着学生 A)

教　师：你去过上海吗？

学生 A：我去过上海/我没去过上海。

再比如：

课文语料：A：你的生日是什么时候？

B：我的生日是 1990 年 4 月 11 号。

课文问题：他的生日是什么时候？

他的生日是 1990 年 4 月 17 号吗？

他的生日是不是 1990 年 4 月 11 号？

交际问题：你的生日是什么时候？

今天是你的生日吗？

明天是你的生日吗？

扩展问题：今天是××的生日吗？

……

如果是崔永华先生所说的那些按情景和功能编写的，本身就很交际化的教材语料，就可以把语料中的句子直接作为交际问题来做交际练习。比如：

课文语料：A：明天你有时间吗？我们一起去吃饭，好吗？

B：你想吃什么？

A：你想吃什么，我就吃什么。

B：还是你来决定吧。

A：还是你来决定吧。

B：那我们去吃饺子吧。

交际问题：你想吃什么？

在课堂教学提问中，课文问题和交际问题具有分配提问对象的课堂组织管理教学策略方面的意义。比如，对于发言不太积极，不善于表达自己主观倾向的学生，可以向其提课文问题。对于发言主动积极，并乐于表达自己主观倾向的学生，可以向其提交际问题。这样做不但可以保证课堂教学的顺利进行，而且也可以增加不同学生的练习机会，保证训练机会的公平性和有效性。

三、提问语的设计原则

课堂教学的动态过程要求教师根据教学的交际能力训练的实际需要和学生的实际情况，以一种动态的眼光审视教材，把教材中对教学语料（包括练习）所做的静态处理动态化。虽然教材中设计了一些提问练习，但教师仍然需要根据交际原则对这些提问练习加以动态化的处理，尤其应该加强交际问题和扩展问题的设计。这也正是编写教材和使用教材之间的区别所在。

目前，教材中的提问语设计存在这样几个问题：从言语技能重复训练的角度来说，我们主张提问语要尽最大可能覆盖课文中所有的词语和句式，而目前几乎没有教材能做到这一点，这就需要教师补充设计；有的提问语出现生词，需要做教学修改。比如：《汉语中级听力教程》上册（二）第十课“流行歌曲”中的一个提问语“本文介绍了几位歌迷？”其中“本文”一词属于计划外生词，对大部分学生来说是生词。另外，有些教材中设计的提问语不能充分体现单项言语技能训练的教学目标。比如听力技能训练，提问语中应尽可能多的再现语料内容；如果是口语技能训练，那么提问语中就应少再现语料内容。目前大部分教材没能体现出这样的语料提问语处理方面的设计原则。提问语的设计原则如下：

（1）在不出现计划外生词的前提下，尽量再现学过的词语

把学过的词语和当前所学课文中的词语、句式以及话题情景，在不出现计划外生词的情况下，巧妙地编排结合在一起，这是设计提问的最基本要求，以此帮助学习者不断复习学过的词语和句式。可以说，提问语设计是对教学语料的一种再创造。在这方面，许多教材中的提问练习，设计得不尽如人意。不但没有注意再现学过的词语，而且还出现新的生词。由于提问语所使用的词语受到学习者所学过的词语的局限，所以在设计提问语时，教师对教学语料再创造的空间就被限制在根据有限词语变换交际情景的范围内。这样的提问语设计可以让学习者了解、观察、练习所学词语和句式在不同交际情景中的使用方法，同时也使学习者有更多的机会复习学过的词语，从而把对语料的记忆逐渐从短时记忆变为长时记忆。这是一种滚雪球式的教学方式。在教师的帮助下，由新旧词语结合在一起组成的全新的句子和交际会话，会使学生产生一种成就感和新奇感。不知不觉中，越来越多的语言积累会把学习者带入到使用第二语言交际的全新刺激当中。比如语料：“千万别把水晶烧肉放在微波炉里。”教师可以再现以前学过的生词或指着现场的任何一件物品提问：

教师：可以把这个东西放在微波炉里吗？

学生：千万别把这个东西放在微波炉里。

从教学单元的划分来看，从句义乃至句子各成分的词义中都可以设计提问问题，同时，从语篇、段落、话语链或话轮中也可以设计提问问题。其中还包括预设及背景知识提问。各种类型的提问语问题设计成为语言课课堂教学的练习资源，也为教师的课堂提问教学行为准备了丰富的教学储备。

提问语设计要“避免问题中有生词和未学过的语法”，“学生最怕教师说的话里有生词和没学过的语法点，使课堂交际难以进行。”（杨惠元，2007）比如：“小张和小王谈话的话题是什么？”学生不能回答的原因是“谈话”、“话题”可能是生词。即使是已经学过的词语或语法，由于遗忘，学生也可能因听不懂而不能回答。教师可板书来提醒学生，帮助学生复习。关于尽量再现学过的词语，并且不出现新的生词的提问语设计问题，我们将在“语料重复处理教学行为策略”一节中结合例子做详细的分析。

（2）完句提问语设计——提问语的补足还原处理

有些课文，特别是对话体课文，某些语句由于上下文或语境的关系，会省略某些成分。语料处理时要把这些省略的成分补足还原，让学生了解到汉语中哪些地方可以省略、省略了什么、怎么省略等。这样不但便于把静态的语料变成动态的体现交际特点的教学语料，而且也有助于学生对语料的理解和认知，还可以学习汉语表达时的省略方式。比如：

1）课文语料：A：（指着圆明园长廊）上面画着各种各样的画儿。
B：是啊，而且都不一样。
（选自《話す中国語·北京篇 2》　董燕/遠藤光暁　朝日出版社，1998）
补足设计：（上面画的画儿）都一样吗？

2）课文语料：A：现在可以放进去吗？
B：水还没有开，不能放进去。
（选自《話す中国語·北京篇 2》　董燕/遠藤光暁　朝日出版社，1998）
补足设计：现在可以（把饺子）放进去吗？
现在为什么不能（把饺子）放进去？

在提问时，要求学生必须要用完句来回答，这样才可以达到言语技能训练的目的。教师可以在第一次上课时就对学生做出教学要求。杨惠元先生对比了两种口语课课堂练习的例子：

A组　教师：这是桌子吗？
学生：是。
教师：那是椅子吗？
学生：是。
教师：这是书吗？
学生：是。
教师：那是本子吗？
学生：是。

B组　教师：这是什么？
学生：这是桌子。
教师：这是谁的桌子？
学生：这是我的桌子。
教师：那是什么？
学生：那是椅子。
教师：那是谁的椅子？
学生：那是他的椅子。

杨惠元先生认为A组属于无效教学行为，B组属于有效教学行为。他强调说："在口语课上的操练，教师一定要让学生说完整的句子，不能说半截句子。"（杨惠元，2007）这种完句教学策略不仅体现在学生的答句中，更体现在提问语的设计当中。这是由第二语言言语技能训练的特点所决定的。当然，随着提问语的加长，在无文字凭借状态下，这样的完句回答难度会加大，这也正是在提问之前进行朗读教学行为的必要性之所在。

（3）根据言语技能训练目标设计提问语

提问语不仅仅是要考查学生对课文的理解，更重要的是要围绕课文中的词语和语法项目，训练学生听和说的言语技能和交际技能。因此，在语料处理中必须要根据言语技能训练目标来设计提问语和其他练习方式。听力是训练学生对语料的听辨理解能力，所以在听力训练中，基于教学语料的课文问题就比交际问题比例要大。另外，在听力训练的提问语中要尽可能多地再现语料内容，让学生在脱离文字凭借的情况下，有更多的机会听辨语料中的词语和句式。比如：

课文语料：我打算今年暑假跟朋友一起去上海。
课文问题：问1：今年暑假他跟朋友一起去上海吗？

问 2:他打算什么时候跟朋友一起去上海?
问 3:他打算今年暑假跟谁一起去上海?
问 4:他打算今年暑假跟朋友一起去哪儿?
问 5:今年暑假他有什么打算?
问 6:他打算什么时候跟朋友一起去上海?( )
A. 12 月　B. 3 月　C. 8 月

除“问 6”以外,以上提问语都属于问答会话练习。通过答句训练学生的口语会话能力,同时也是对语料中某一个词语的听辨训练。但是在问答过程中,为了避免学生的机械式回答,需要设计考查学生对语料是否真正理解的提问语。“问 6”的提问语就属于对“暑假”一词的听辨理解能力的检查和训练。而同样的提问语,“问 2”则属于问答会话练习。“问 5”则主要侧重于口语表达的训练。当然,听和说这两种言语技能的练习是不能截然分开的。在提问语的设计中,听和说这两种言语技能只是有所侧重罢了。但作为语料处理的教学行为,教师对提问语的设计应该具有这种言语技能训练重点的教学意识。换句话说,提问语的设计要具有可解释性,即设计的每一个提问语都应该可以回答下面的问题:为什么这么问?这么问的目的是什么?这么问是要训练什么?这么问要实现什么样的教学目标?

与此相关,在设计提问语时,还必须要考虑开放式问题和封闭式问题的设计,以体现听力和会话两项言语技能训练的不同要求。比如:

课文语料:李富贵这个名字太俗了。(语言点是“俗”)
课文问题:a 他认为李富贵这个名字俗不俗?
b 他认为李富贵这个名字好不好?为什么?
课文语料:他喜欢吃辣的菜。(语言点是“辣的菜”)
课文问题:a 他喜欢吃辣的菜吗?
b 他喜欢吃什么菜?

a 句是封闭式问题设计,主要考查学生能不能听懂“俗”、“辣的菜”。b 句是开放式问题设计,主要考查学生能不能说出“俗”、“辣的菜”。如果是听力训练,用 a 句考查学生的听力;如果是会话训练,则要在 a 句的基础上,用 b 句考查学生的会话能力。是让学生自主说出需要训练的词语,还是教师通过提问语带着学生说出需要训练的词语,这在检查和纠正学生的目的语发音方面也具有实际意义。我们并不能绝对划清听力训练和会话训练的界限,只是教师要有意识地控制好听力训练和会话训练所占的比例。

在口语技能训练中，基于教学语料的由学生自主回答的交际问题比课文问题的教学比例要大。提问语中不必再现更多的语料内容，有时承接课文问题的提问，仅仅用“你觉得呢?”“你呢?”等，就可以完成从课文问题到交际问题，从A学生到B学生，从全班到A学生的提问语过渡。如果教师走到学生中间去的话，这样的口语技能训练不但可以加快课堂教学的节奏，而且还具有集中学生注意力的课堂教学组织管理方面的意义。

杨惠元先生举过这样一个课堂提问的例子：“有位教师讲《北京的交通》，离下课还有几分钟提前讲完了。她问学生：‘在中国除了北京，哪些城市还有地铁?’学生不能回答，问老师：‘您说还有哪些城市有地铁?’这位老师红着脸说：‘我也不知道。’非常尴尬。”(杨惠元，2007)杨惠元先生认为这位教师的提问属于无效问题。我们不这样认为。首先，从听力的角度来说，学生听懂了这句提问语，所以应该肯定这是针对语料的听力设计训练的成果。其次，学生说出了“您说还有哪些城市有地铁?”这样的反问句，这也应该肯定是对语料的口语训练的成果。因此，从言语交际技能训练角度来看，这是一个成功的课堂教学交际活动。那位教师回答“不知道”，并没有什么“尴尬”可言。

为了让学生适应现实交际中相同语义的不同句式的提问，教学语料的提问语句式应有所变化。这也为教师针对不同水平的学生使用难易不同的句式提问提供多样性的选择。比如：“我从小就爱钓鱼，五十多个春秋过去了，头发慢慢变白，钓鱼的兴趣却一点也没有减退。”课文问题的提问语设计如下：

以前，他喜欢钓鱼吗?
现在，他喜欢钓鱼吗?
现在，他有钓鱼的兴趣吗?
现在，他有没有钓鱼的兴趣?
现在，他对钓鱼有没有兴趣?
现在，他的钓鱼的兴趣减退了吗?

(4) 设计肯定和否定两种答句的提问语

汉语中“不”、“没”、“别”、“不是”等否定词的用法，某些句式(如“把”字句)否定形式的特殊要求，双重否定表肯定的表达方式等都需要在掌握汉语否定形式语言知识的基础上，进行以语言内化为目的的言语技能训练，以预防学生在汉语的否定形式中出现偏误。对于答句为否定形式的提问语设计，教师需要根据课文内容和学生的实际情况，做出否定回答的预测。比如：

课文语料：王丽：唉，理香！你在干什么呢?

理香：我在看照片儿。

课文问题：（肯定形式）

教师：理香在看照片儿呢吗？

学生：她在看照片儿。

课文问题：（否定形式）

教师：理香在写信呢吗？

学生：她不是在写信。（他没在写信。）

教师：她在干什么呢？

学生：她在看照片儿。

交际问题：（肯定形式）

教师：你在学习汉语呢吗？

学生：我在学习汉语。

交际问题：（否定形式）

教师：你在写信呢吗？

学生：我不是在写信。（我没在写信。）

教师：你在干什么？

学生：我在学习汉语。

再比如课文语料"巴马县的绝大多数老人都热爱生活，坚持劳动。110岁的周亚堂每天都干家务活，114岁的魏布新经常去几公里以外的山上砍柴"。其中，对"114岁的魏布新经常去几公里以外的山上砍柴"一句设计的否定形式提问语答句如下：

教师：魏布新经常去哪里砍柴？

学生：魏布新经常去几公里以外的山上砍柴。

教师：你经常去山上砍柴吗？

学生：我不经常去山上砍柴。

教师：你的意思是你有时候去山上砍柴？

学生：我从来不去砍柴。

教师：（开玩笑）你不去砍柴，你妈妈在家里用什么做饭？

学生：我妈妈用gas做饭。

又比如：

课文语料：我觉得四川菜有点儿辣。

课文问题：教师：他觉得四川菜辣不辣？
学生：他觉得四川菜有点儿辣。
交际问题：教　师：你吃过日本菜吗？
学生 A：我没吃过日本菜。
教　师：你吃过日本菜吗？
学生 B：我吃过日本菜。
教　师：你觉得日本菜辣不辣？
学生 B：我觉得日本菜不辣。

(5) 区别语文课提问语和第二语言言语技能训练提问语

谁能用这三个词语说一段话？

我们准备新年晚会，谁能用今天学过的"把"字句说三个布置教室的句子？

今天我们学了描述人的外貌，按照课文的结构描述老师(爸爸、妈妈、一个朋友)的外貌怎么说？

今天我们学的两篇课文相同的地方是什么，不同的地方是什么？

你怎么理解"早睡早起身体好"？

谁能解释一下这篇课文的结构？

这篇(段)课文的主要意思是什么？

这篇课文一共写了几个人？他们都说(做)了什么？

谁能用一句话告诉大家：小张为什么不喜欢小李？

以上这些提问语有些与教学语料的内容有关，有些与教学语料的内容无关，属于课堂教学语言范畴。从第二语言教学的角度来看，这些问题都属于语文课的提问语设计，明显带有第一语言教学的痕迹。首先，正如前文所说，这些提问语中很可能含有生词。比如："我们准备新年晚会，谁能用今天学过的'把'字句说三个布置教室的句子？"此句中的"新年"、"布置"、"句子"等词语很可能是生词。再比如："今天我们学了描述人的外貌，按照课文的结构描述老师(爸爸、妈妈、一个朋友)的外貌怎么说？"此句中出现的"描述"、"外貌"、"按照"、"结构"等词语多数学生很可能听不懂。即使某个学生听得懂，由于问题过于开放，让学生感到无从开口，很难马上回答出来。即使让中国人来回答这样的问题，也不是很容易的。这样一来，课堂教学很可能会出现无人应答的停顿。因此，提问语要严格控制在学生的可懂范围内。初级班的课堂教学尤其如此。

其次，语文课往往把提问的重点放在课文的内容、知识和结构上，而第二语言教学的重点是言语技能。以上提问语弱化了第二语言言语技能的训练。如“谁能解释一下这篇课文的结构?”“这篇(段)课文的主要意思是什么?”等问题与言语技能,特别是言语交际技能的训练无关。从言语交际的角度来说,对“谁能用这三个词语说一段话?”“谁能解释一下这篇课文的结构?”这样的提问,只能回答“我能用这三个词语说一段话。”“我能解释一下这篇课文的结构。”如果说提问语仅仅是这些语文课的问题的话,我们又如何体现对外汉语课堂教学的特点呢?

“你怎么理解‘早睡早起身体好’?”“有一天,塞翁的什么丢了?”这样的提问语,带有明显的教室语言的意味。我们认为在有限的教学时间内,利用课文中的词语来设计交际问题比上面的这些语文课的问题要更有意义。如果对这两句提问语稍加改动,变为“塞翁丢了什么?”“你有早睡早起的习惯吗?”“你有晚睡晚起的习惯吗?”“你觉得早睡早起好不好? 为什么?”“你觉得早睡早起对身体好吗? 为什么?”“你为什么认为晚睡晚起身体好?”等等,这样的问题设计就具有了言语技能和言语交际技能训练的功能和作用,而且学生的回答都可以在教师的控制范围内,便于课堂教学的组织管理。“你怎么理解‘早睡早起身体好’?”这样的提问语,由于过于开放,学生很可能无从说起,或者很可能学生的回答超出教师的预期。

我们主张教学内容为语言形式训练服务。教师的作用就是充分利用课文中的词语和语法项目,设计针对听、说等言语技能方面的提问语。也就是说,提问语本身包含着教师对词语或语法项目的言语技能的训练意图。比如:“你有早睡早起的习惯吗?”“你有晚睡晚起的习惯吗?”属于对“早睡早起”和“晚睡晚起”词语的听力技能的训练。“你觉得早睡早起好不好? 为什么?”属于对“早睡早起”这个词语的口语技能的训练。这样的设计才具有教学的言语技能训练意识。

利用课文中的词语和语法项目设计的提问语比“谁能解释一下这篇课文的结构?”“这篇(段)课文的主要意思是什么?”“这篇课文一共写了几个人? 他们都说(做)了什么?”等语文课式的提问语更能体现第二语言教学的特点。如果提问语中不能再现课文中的词语和语法项目,那么也就无法实现通过练习帮助学生记忆的重复训练的教学目的。另一方面,侧重在内容理解方面的提问语也很难提高学生对所学词语和语法项目的言语技能和交际技能。如果提问语是一些“他说了什么?”“他问小张什么问题?”“谁能用这三个词语说一段话?”“谁能解释一下……?”“……怎么说?”“你怎么理解……?”等等,那么课堂教学就毫无意趣可言。

在语言操练过程中,教师的课堂用语主要是提问语和指示语。指示语的作用是对提问语的问答操练提出或转换指令,从而组织和管理课堂教学。常用的操练指示语有：

请大家跟我一起读。
请回答问题。
很好。请再说一遍。
请大家看书。
请大家不看书。

对初级水平的学生来说，以上这几个指示语，在最初的课堂教学中，可以通过教师的动作或翻译让学生明白。在以后的课堂教学中，根据刺激—反应的心理作用，学生会跟教师达成默契。因此，对于初级水平的学生来说，我们不主张教师在课堂操练时像第一语言教学那样使用大量的指示语。比如：

哪位先说？说错没关系，金汉成，你来试一试。——直接点名即可。

请大家跟我说，注意发音和声调。——"注意发音和声调"是无效的课堂语言。"请大家跟我说"的目的就是练习"发音和声调"，除此以外，还能注意什么呢？

跟我念生词，看右边的英文。一边念一边想这个生词的意思，看看懂不懂，要是不懂，记下来，一会儿问我。——对于初级水平的学生来说，首先这样的指示语中含有大量生词，学生肯定听不懂。其次，"跟我念生词"是教学行为，而"看右边的英文"、"想这个生词的意思"、"要是不懂，记下来，一会儿问我"都属于学生的学习行为和学习策略。因此，"跟我念生词"之后，都属于无效的课堂语言。学生对生词懂与不懂完全可以通过提问来检查。

由此可见，尽管我们在总体认识上都承认第一语言教学和第二语言教学不同，但在课堂教学的具体教学行为和教学策略方面，许多第一语言教学的模式还是根深蒂固、不知不觉地影响着第二语言教学。因此，我们对汉语教学本质和特点的认识还有待于在教学方法、教学行为、教学策略等各个层次和细节上进一步深入和加强。仅仅是教学目标、教学理论等宏观上的分析和研究不足以解决第二语言课堂教学的具体问题。

四、与提问语设计有关的言语交际话题分析

提问语设计与话题有关。我们这里所说的话题并不仅仅指教材课文中的话题，还包括提问语设计中的课文问题和交际问题的话题问题。一般来说，课文问题的话题就是课文的话题，所有课文问题的设计都是围绕课文话题展开的。而

交际问题的话题由于贴近自然真实的交际，所以交际问题的设计会涉及话题选择、话题控制、话题应接等方面的问题。这些问题与学习者本民族的交际文化有关。因此，设计交际问题时，在对教学语料进行充分利用的基础上，必须充分考虑学习者母语的交际文化与汉语的交际文化在话题上的差异。下面以日本人言语交际的话题为例，对汉语教学中言语交际的话题和提问语设计问题进行初步的探讨。

交际时，除了目的性话题以外，交际双方都面临选择自己或双方感兴趣的话题的问题。话题选定以后，交际双方都会以自己的方式控制话题。一旦话题失控或某话题终了，就会发生话题转换。对交际一方提及的话题，另一方必须有相应的话题背景知识和一定的兴趣来应接，否则就会有一方转换话题或重新选择话题，以使谈话得以顺利进行。因此，一次理想的谈话不但要求交际者具备选择话题的能力，而且还要具备控制话题和应接话题的能力。这样才能构造出由交际双方协作而成的话语链，进而形成话题链。

(1) 话题的选择

第二语言学习者选择话题的策略主要有：

a 叙述型话题选择——向对方叙述自己的经历，以提起话题，并期待对方能充分应接。

b 提问型话题选择——就谈话对象的自然情况、近期经历、目的语的某个疑问等提问。

c 感受型话题选择——即情即景地叙述自己的所见所感。

第二语言能力不足是影响话题选择的重要原因。语言能力不足的学生在提出话题后，也往往难于再延伸小话题。此时，话题选择的主动权倾向于交际对方。因此，教师在与学生谈话和进行提问语设计时，要能在学生的语言能力范围之内尽量充分地应接学生提出的话题，并设计出某一话题下的小话题，以使话题层层推进。这就是所谓的会话练习。否则，学生会在语言能力不足和找不到话题的双重压力下产生畏惧用目的语会话的心理。日本学生这方面的特点更突出一些。

母语交际习惯会对目的语的话题选择产生一定的影响。在日语中“听”和“问”是一个词，这说明谈话中“听”和“问”的关系密切。耐心地听是提问的前提，交际者所提出的话题往往是在听的基础上以对方为前提恰当地提出，可见日本人对话题的合作性很强，言语交际多表现为利他型。相比之下，中国人在话题选择方面主观利己性较强，话题选择比较主动，甚至有话题竞争倾向。这种交际上的矛盾也往往使日本学生的话题选择趋于消极。母语交际习惯还包括学习者个人母语交际时话题选择被动的情况。这样的学生在用第二语言交际时话题选择更加被动。与这样的学生进行会话练习，教师的交际提问语设计更加重要。

（2）话题控制

中国人谈话中往往有各抒己见，以自我为中心的倾向。“一般向说话的对方先表明自己对话题内容的态度，因此是积极说服对方的‘推’型语言性格。”（李惠然，1990）因此，谈话中交际双方对话题的控制呈横向竞争的面上发展趋势。

日本人在谈话中往往给对方留有余地，言语活动对谈话对象的依赖性比较强，往往视对方的反应、态度来决定自己的言语走向，所以“最后向对方表明自己对话题内容的态度，其语言有要求对方理解的‘拉’型语言性格”。（李惠然，1990）这一点从日语语法句尾动词的变化可以窥见一斑。所以，他们对言语表层意义背后的深层含义格外注意，谈话中会竭力去猜测揣摩。这与日本人传统的“以心传心”的言语交际心理互动有关。因此表现为领会型语言性格。交际双方对话题的控制呈纵向线性发展趋势，竞争性不强，所以日本人谈话时争论意味很淡。这也正是汉语教学课堂讨论中日本学生言语活动不太积极活跃的一个重要原因。

如果日本人同中国人谈话，便会暴露出话题控制方面的交际矛盾。日本人认为“中国人过于强调自己的主张”，“不给人考虑的余地”，（李惠然，1990）有被“推”的感觉。他们觉得中国人对话题的控制太强。而中国人则认为日本人说话中心意图不明确，非耐心听到最后不可，有被“拉”的感觉。

日本人主观评价时不喜欢绝对的“黑”或“白”，他们总是徘徊在“黑”与“白”之间。课堂提问时若是美国学生大多会给出一个明确的回答，而日本学生常常是不置可否，模棱两可。因此，不论是课堂讨论还是交际性提问，最好让日本学生站在客观局外的立场中评说回答。这样可以避免日本学生言语交际习惯上的障碍，减轻由言语交际的利他心理所带来的交际压力，从而使学生在没有顾虑的情况下比较客观轻松地表达。因此，根据学生的交际心理和性格，需要在课堂教学中对课文问题和交际问题进行有选择的分配。

（3）话题应接

一般来说，学生应接即情即景的话题时借助语境的帮助问题不太大，但往往在此之后，话题可能会发生转换。话题转换的情况有两种，一种是依据语境逐渐向远离语境的方向转换，一种是说话人突然发生与语境无关的话题转换。由于中国人属于宏观横向面上思维，所以谈话中话题转换的跳跃性比较大。而日本人属于微观纵向线性思维，所以话题转换的幅度较小。因此日本人应接中国人的话题时常会慢一拍。而中国人应接日本人的话题时又常常缺乏耐心，甚至等不及日本人表明话题的中心意图便转换了话题。这是对日汉语教学时应注意的问题。

要研究日本人应接中国人提及的话题情况，首先应搞清中国人同日本人交际时经常会提及哪些话题。目前，我们对此还缺乏系统全面的调查分析，但我们不妨对此做一下推测和假设。话题的选择与说话人的性格、职业、年龄、经历、兴趣爱好、文化程度、交际目的、语境等诸多因素有关。话题内容也形形色色。就目前本人与日本人接触谈话的实际情况以及粗略的调查来看，中国人与日本人谈话时的话题大致有以下几类：

a 询问日本人的个人自然情况，以及与他本人有关的其他相关情况的话题。

b 询问日本的社会、经济、教育、文化、政治、习俗、历史等情况的话题。

c 介绍中国的社会、经济、教育、文化、政治、习俗、历史等情况的话题。

d 语境话题或具有共同话题背景知识的话题。

e 专业话题。

目前的汉语教材中以上几类话题的分布情况不同，初级多以 a、d 两类话题为主，中高级多以 c 类话题为主，而 b 类话题则涉及很少。从言语技能的角度来说，以上各类话题中听和说所占比例也不太相同。a、b、d 三类话题多表现为交际双方的谈话互动，学生的开口率较高，语言输出较多。a、d 类话题是基础汉语教学的重点，学生的语言输入输出应该对等，甚至输出要大于输入。b、c 两类话题比较起来，日本学生 b 类话题的知识当然远远高于 c 类话题，因此，b 类话题是训练日本学生的会话能力，特别是语段表达能力的非常有效的语料。否则，学生学了一大堆汉语语料，可在表达 b 类话题时却不能恰当地应接中国人提出的问题。比如学生学了汉语中的教育部、外交部、文化部、公安部、财政部等词语，可是用这些词语表达日语中的文部省、大藏省、警视厅等似有不到位之感。因此，在分国别的教材语料中加强 b 类话题的口语会话教学大有必要。如果 b 类话题的教材中设计一些日本学生熟悉的具有较强讨论性的语料，学生语言输出的效果可能会更好。

新日本制铁株式会社能力开发部曾出版过一部叫《日本姿与心》(新日本制铁株式会社(株)，1997)的书。该书在前言中写到“近年来国际化进展神速，不论是在国内或国外，公司职员与外国接触的机会也急速增加。在此情况下，与外国人除了业务上的交谈之外，有关日本的实际情形或文化等，也常常成为话题而常被询及”。为此，该书编者“以经常与外国人交际、赴外出差或驻外公司职员为对象，对常成为话题并常被询及的各种事项进行了问卷调查，并将所搜集到的 500 个例子整理出 192 个项目，分别加以解说”。由此可见，b 类话题的确是日本人在中国常常要应接的话题，可我们的汉语教材中对此又涉及多少呢？曾有一些日本学生购买中国出版的日语教材，说是把其中的汉语译文作为课文来学习汉语，因为其中用汉语介绍了许多日本的情况，而这些用汉语表述日本社会生活各方面的内容在现行的汉语教科书中几乎找不到。客观交际的现实使学生产生了这种需要，而学生的需要就是我们的工作。因此，我们在这里呼吁汉语教材的编写者们在分国别的教材中重视 b 类话题的编写和设计。在语料处理中，有关提问语的设计也应该加强 b 类话题的交际提问语的设计和练习。

c 类话题以听为主，语言输入较多，这是让学生了解中国的一类话题。在目前对外汉语教学增加文化含量的呼声下，c 类话题在汉语教材中所占比重越来越高。我们认为这类话题从语料本身来说，作为听力训练的语料很合适，但不太适合作会话训练的语料，而且学生的语言输出也不必要求与语言输入对等。从语料处理的角度来说，如果把 c 类话题作为口语会话语料，就必须对语料进行交际提问语的设计。这是第二语言言语技能训练的要求所决定的。

附：提问语设计举例

教学语料（课文和生词）：

因为是周末，所以餐厅里人很多。小丽和子真一边点菜，一边等刘明。子真点的菜跟小丽不一样。

子真：这里的服务员会说汉语，你可以用汉语点菜。
小丽：真的吗？待会儿我试一下儿。你想吃什么？
子真：我喜欢吃味道清淡的菜。你呢？
小丽：我的胃不好，不能吃辣的。我要这个。
子真：这个菜看样子很好吃。
小丽：我觉得这个菜不太好吃。
子真：为什么？
小丽：太油腻。

1.	周末	zhōumò	名	13.	清淡	qīngdàn	形
2.	餐厅	cāntīng	名	14.	胃	wèi	名
3.	点	diǎn	动	15.	辣	là	形
4.	菜	cài	名	16.	要	yào	动
5.	等	děng	动	17.	样子	yàngzi	名
6.	跟	gēn	介	18.	好吃	hǎochī	形
7.	一样	yíyàng	形	19.	不太	bú tài	

8. 服务员	fúwùyuán	名
9. 用	yòng	动
10. 待会儿	dāihuìr	
11. 试	shì	动
12. 味道	wèidao	名
20. 为什么	wèishénme	
21. 太	tài	副
22. 油腻	yóunì	形
*23. 英语	Yīngyǔ	

提问语设计：(提问语中课文文本以外的词语都不是生词)

〈课文问题〉	〈交际问题〉
小丽和子真在哪儿吃饭？	→今天晚上你在餐厅吃饭吗？
餐厅里的人多吗？为什么？	
子真点的菜跟小丽一样吗？	→你的书包和他的书包一样吗？
这个餐厅的服务员会说汉语吗？	→你妈妈会说汉语吗？
	→你会说意大利语吗？
子真会用汉语点菜吗？	→你会用汉语点菜吗？
	→你会用英语点菜吗？
	→你会用汉语办入学手续吗？
	→你会写自己的名字吗？
	→你会用汉语填表吗？
	→你会用汉语说他的名字吗？
她们为什么用汉语点菜？	→你为什么学汉语？
子真喜欢味道清淡的菜吗？	
子真喜欢吃辣的吗？	
小丽能吃辣的吗？	→你能吃辣的吗？
小丽点的菜辣不辣？	
小丽喜欢味道辣的菜吗？	→你喜欢吃中国菜吗？
	→你喜欢味道清淡的菜吗？
	→你喜欢吃辣的菜吗？
	→味道清淡的菜你喜欢吗？
	→你喜欢学汉语吗？
她们点的菜一样吗？	
小丽点的菜跟子真点的菜一样吗？	→你的书跟她的书一样吗？
	→你的名字跟他的名字一样吗？
小丽和子真想吃辣的菜吗？	→你想吃中国菜吗？

→你想去中国吗？
→你想认识中国朋友吗？
→你想买玩具熊猫吗？
→我想去北京，你想和我一起去吗？

小丽能吃辣的吗？为什么？
为什么小丽不能吃辣的？
小丽觉得油腻的菜好吃不好吃？

→你觉得味道清淡的菜好吃不好吃？
→你觉得中国菜的味道怎么样？
→你觉得中国菜的味道清淡吗？
→你知道他（旁边的同学）喜欢吃什么味道的菜吗？
→我有一本汉语词典，你要不要？
→你想要汉语词典吗？

五、关于涉及学生个人信息和个人隐私的提问语

个人信息和个人隐私是不同的概念。个人信息是客观存在，而个人隐私则在此基础上增加了主观色彩，也就是说，有的人会把某种个人信息看成是个人隐私，有的人则不会。不同的人对于二者的界定也不一样。我们在教学上不能把学生的个人信息完全等同于个人隐私，也不能把涉及学生个人信息或个人隐私的提问语变成一种语言禁忌。那样的话，就难以开展交际性提问语的训练。目前，什么属于隐私？学生的隐私包括哪些方面？对外汉语课堂上学生的隐私是什么？这些问题都没有统一的认识。东西方对个人隐私的认识和界定也不太一样。因此，研究汉语课堂教学中涉及个人隐私的提问语设计问题就显得模糊不清。百度百科的解释是“个人隐私是指公民个人生活中不愿为他人公开或知悉的秘密。”课堂上为了练习教学语料而提出的涉及学生个人信息的问题，无论如何不能被看成是在全班同学面前“公开”所谓的个人隐私。比如：“你的手机号码是多少？”“你家有几口人？”几乎没有学生会把这样的问题当成是涉及个人隐私的提问。

有专家主张课堂提问不能问学生的个人隐私问题。对此我们还是要从第二语言言语技能和交际能力训练的角度一分为二地来分析。实际上，课堂教学中的提问不能涉及学生的个人隐私并不是对外汉语教学所特有的问题，其他任何课堂教学中的提问都存在这样的问题。这也是人们日常交际必须遵守的一个底线。在对外汉语课堂教学中，由于存在异文化之间的跨文化交际现象，所以在设

计提问语时人们才格外注意文化差异所导致的交际冲突。其实在对外汉语课堂教学提问语设计方面所涉及的学生个人隐私问题并不是一个常见的问题。即使出现这样的问题，也属于教师课堂教学组织管理方面的教学技能问题，而不是提问语设计本身的问题。

首先，交际性提问语所涉及的内容大都属于学生的个人信息。交际性提问语是从课文问题转化而来，所依据的是教材中的课文语料。交际问题中涉及到的学生个人信息，都是为了练习课文中的词语和语言项目。即使某一交际性提问语被看成是涉及所谓学生隐私的问题，其教学上的出发点也是如此。比如："你的银行卡的密码是多少?"从内容上来看，该句肯定涉及学生的个人信息，也被很多人看成是个人隐私。但"银行卡"和"密码"等词语都是课文中需要练习的词语，此提问语并不是毫无教学目的的提问。

其次，交际性提问语设计目的是为了练习言语技能和交际能力。这样的训练是利用语料内容来达到语言形式训练的目的。从教师的主观动机和提问的教学目的来看，"你的银行卡的密码是多少?"绝不属于调查、刺探、泄露、收集学生的个人信息。因此，汉语课堂教学中涉及个人信息的提问不属于道德或法律层面的问题。比如，提问语"你有女朋友吗?"对于某性格开朗的男生来说，在课堂上不会被其看成是一个隐私问题。但是，提问语"你有男朋友吗?"对一个性格不太开朗的女生来说则显得有些冒昧。因此，如果说交际性提问语中存在所谓的学生个人隐私问题的话，那么这不是提问语本身的设计问题，而是属于提问的课堂组织和管理的问题，是提问对象的选择和控制方面的教学策略和教学技能问题。

再者，如果某学生把某一交际性问题看成是涉及个人隐私的提问语，而拒绝回答，那么教师完全可以换人回答。比如提问语"你爸爸做什么工作?"学生回答"我没有爸爸。"这种情况在教师的意料之外，但并无冒犯之意，所以教师说一句"对不起!"就可马上换人。当然学生也完全可以编造答案内容回答。因为，教师在意的不是内容，而是语言形式。只要让学生意识到回答交际性提问语只是为了练习汉语听和说的技能，学生自然不会较真。

当然，我们并不是主张刻意利用学生的个人隐私来达到课堂教学的目的，只是认为不能把此类问题绝对化、片面化，否则因为怕触及学生的个人隐私，而不敢问学生的个人信息等交际性问题，就会造成谈虎色变，草木皆兵。为此，我们还是多多从言语技能和交际能力训练，特别是课堂教学组织管理的教学技能角度加以分析和思考。下面列举笔者在美国加州班初级水平教学的一个课堂教学实例，来说明课堂教学中涉及学生个人隐私的提问及其教学策略。

课文语料 1：A：存折要六位数的密码。

B：好，谢谢！

课文语料 2：A：我可以办理银行卡吗？

B：当然可以，请填写申请表。

交际问题：你的银行卡的密码是几位数？

你的银行卡的密码是多少？

课堂实录：(《走近汉语——初级听说》第 18 课的复习课)

教师：你的银行卡的密码是几位数？

学生 1：我的银行卡的密码是四位数。

教师：你的银行卡的密码是几位数？

学生 2：我的银行卡的密码也是四位数。

教师：美国的银行卡的密码都是四位数吗？

学生 3：对，美国的银行卡的密码都是四位数。

教师：你的银行卡的密码是多少？

学生 3：我的银行卡的密码是……

教师：你的银行卡的密码是多少？(看样子学生 3 不知怎么回答，所以换问学生 4)

学生 4：我的银行卡的密码是 1234。(显然是编造的)

教师：真的吗？

学生 4：真的。(笑着说)

教师：他的银行卡的密码是多少？(指着学生 4 问学生 5)

学生 5：他的银行卡的密码是 1234。

教师：你的银行卡的密码是多少？

学生 5：……(看样子学生 5 不想回答)

教师：大家一起说："我不告诉你。"(面向全班领读。在第 18 课中学习了"告诉"一词)

全班：我不告诉你。

教师：你的银行卡的密码是多少？

学生 5：我不告诉你。

教师：好吧。(故意做无可奈何状。)

在以上练习中，学生们始终兴趣盎然，课堂气氛活跃。虽然学生 5 没有回答他的银行卡的密码到底是多少，但回答"我不告诉你"也是一种成功的交际。"我不告诉你"一句的设计意图是练习第 18 课的生词"告诉"，同时教给学生面对涉及个人隐私的提问，如何用汉语简单地应对。这完全符合自然交际的真实情况。因此，围绕课文语料提问时，只要处理得当，我们并不绝对排斥涉及学生个人隐私的提问语。把学生的个人信息当成是个人隐私的所谓教师语言禁忌可能会限制教学新手的提问语设计，也不利于汉语学习者交际能力的培养。

第三节　语言点格式化教学处理

在对外汉语教学中，很多教师非常重视对复句的关联词语搭配的教学，而往往忽略了词语固定搭配格式，或只注意到格式的某一词语而忽略了与之相搭配的另一词语。这样一来，就把格式语言点看成了词语语言点，这就造成学生说出的汉语常常缺少格式中的某项词语。同时，这种把格式语言点看成词语语言点的做法也增加了教学难度。比如："快……了"，如果把"快"、"了"分别作为词语语言点，操作起来比较困难，我们很难说清"快"、"了"分别表示什么意思。格式的特点就在于几个词语合在一起表达某一特定语义，"快……了"的整体语义是：某事马上要发生。如果教师只注意到格式的前项词语"快"，而忽视后项词语"了"，那么学生就会出现"快回国"、"快放假"等错误。

汉语格式认定是教师处理教学语料的一个重要问题。由于目前有关语言格式的认定尚缺乏系统研究，因此，虽然许多教材认定归纳了语言点，但还有待于进一步做定性、定量研究。陆俭明先生在《汉语教员应有的意识》(陆俭明，2005)一文中指出："这些固定格式很有表现力，而外国留学生对这些常用固定格式的每个字、每个词都认识，都知道，但表示什么意思如果老师不告诉他们，他们是不知道的，而且他们也很难从工具书上找到现成的答案。当然，他们更不会准确地使用这些固定格式。而从事本体研究的学者过去很少研究。这就得靠从事对外汉语教学的老师自己去研究，去解决。如果我们没有这样的研究意识和研究能力，就没法把一些固定格式给学生讲解清楚。"陆先生列举了一些汉语口语中的常用的固定格式：

(1) NP 不 X 谁 X(你不教授谁教授？)

(2) ……，VO－V 的(他最近视力下降得很厉害，准是看电视看的。)

(3) ……，X 就 X 在……(他错就错在不懂经营。)

(4) ……，V 着也是 V 着，(不如)……(这些书放着也是放着，你拿去看吧。)

(5) NP＋V 也 V 了，V 也 V 了，……(你说也说了，打也打了，还要怎么样？/ 你吃也吃了，喝也喝了，总该走了吧？)

(6) 一 VV 了＋数量成分(她一买买了一大堆。/一说说了两个小时。)

一、关于格式、格式化和格式化教学处理

根据汉语的特点和对外汉语教学实践,我们认为汉语的语法教学实际上就是词语的用法和词语之间搭配关系的教学。杨惠元先生旗帜鲜明地提出"强化词语教学,淡化句法教学"的观点。他认为"对外汉语教学的语法教学其实质是教学生把词语如何组装成句子。不是讲理论,而是讲词语的用法,使学生了解在什么情况下使用这个词语和使用这个词语时应该注意哪些问题"。(杨惠元,2007)

据观察,汉语学习者表现出的汉语语法方面的错误,大多是词语搭配上的错误。外国学生常常说错的"我见面他"就明显违背了汉语词语搭配上的"法"。现代汉语的许多词语脱胎于古代汉语,而且大多为双音节词语,其语义已经凝固成一个整体,但其内部构成却仍有古代汉语或近代汉语的风貌。在双音节词语内部两个汉字之间存在一定的语法和语义关系,虽然双音节词语语义已经整合,但其内部构成的语法、语义关系仍然影响其他词语与该双音节词语的搭配。"见面"内部的动宾关系制约着"见面"与主体和客体的"主谓宾"搭配,"见面"与主体和客体的搭配框架是"A 跟 B 见面"。因此,汉语的"法"不是形式上的"法",而是遵守语义逻辑在词语搭配上的组合限制的"法"。我们这里不妨称之为"义法"。

语义逻辑对词语搭配的制约,即所谓的"义法",形成了现代汉语的"格式化"。所谓"格式"是汉语在语义逻辑作用下形成的词与词搭配的固定表达框架。格式化是汉语解决词语语义凝固后该词语与其他词语相搭配的义法手段。格式化克服了词语内部构成的语法和语义关系对词义搭配的影响。如"见面"的"义法"格式是"A 跟 B 见面"。这样的"义法"格式既避免了汉语词语组合的随意性和无序性,又使汉语的理解建立在一定的统计学基础之上,理解者可以通过"义法"格式预见并理解表达者已说出的和将要说出的语义。麦基说:"让学生学会预期。语言中熟习的词序列和搭配对记忆能起积极作用。如果一个人熟习某种语言,那么他会对语言的统计结构产生一种语感。即一种什么能跟什么搭配在一起以及什么在什么之后的语感。"(麦基,1990)

汉语的词语搭配格式化是汉人长期思维意合生成出的一种思维定式和语言景象相结合的固化产物。要理解其规则实质,就必须通过汉人思维意识中的内语言景象与外部词语的结合来观察研究。仅仅考查词语的文化成因是不够的。

思维意识中的内语言景象是外部语言的背景和所从来处，表达者常常不需要把内语言景象都外化出来，而是遵循汉语的语义逻辑搭配规律，将代表思维点的词语装入一定的格式中即可。如果没有格式化，这种词语语义逻辑搭配就变成了形而上的东西，也就失去了对语言的约束力。在格式化的作用下，流动的内语言景象才有可能有序地外化为现实语言。在对外汉语教学中，找出现代汉语中已被义法格式化的词语搭配，并对某些词语搭配格式化后产生的整体语义加以解释，就可以避免逐词释义和词语搭配上的随意性，教学的可操作性也很强。

格式是现代汉语词与词搭配的语义逻辑关系的形式标志，是格式化的结果。这里所说的格式也叫做框架，它区别于语法学意义上的句型或句式（比如"把"字句、"被"字句、主谓谓语句等）。实际上，许多汉语教材中都列出了大量的词语搭配格式，只是由于目前对于许多格式的搭配理据尚缺乏深入研究，不同教材对格式的词语搭配处理存在一些差异。对于格式及格式化的理论探讨还有待深入，因此本书不就词语搭配格式本身进行分析，只关注对语料的格式化教学处理。

词语的用法问题离不开词语的搭配。某一个词语在使用时一定会跟其他词语发生关系，当该词语经常性地与另一个词语发生关系时，它们之间的关系就会被语法化，从而固定为一个"格式"。陆俭明先生所谓的"固定格式"，实际上就是词语的搭配框架。最常见的格式是复句中前后词语搭配的关联词语格式。比如："虽然……但是"、"因为……所以"之类。其中也包括紧缩复句中的关联词语格式，比如："非……不可"、"一……就……"之类。汉语的语法特点之一就是把虚词作为主要语法手段。汉语虚词与其他词语的搭配已普遍格式化，或者说虚词是汉语义法格式化的主要语言手段。如："跟……见面"、"对……来说"、"从……来看"等。又比如语气词"了"与许多副词搭配的格式化，如："都……了"、"已经……了"、"终于……了"、"快……了"、"再也不……了"等等。介词"把"与动词或动词后的常见补语的搭配也可做格式化教学处理。如"把……V好"、"把……V上"、"把……V开"、"把……V在……上"、"把……V到……里"、"把……V到……去"、"把……V出来"、"把……V给……"、"把……V一下"、"把……V住（了）"、"把……V完（了）"、"把……当成是（看成是）……"、"把……叫做……"、"把……作为……"等等。实词与实词搭配的格式化，在义法上的限制十分复杂，并受一定的逻辑关系和搭配习惯的制约，其格式化需做统计学意义上的调查分析。比如："受（到）……（的）影响"、"达到……（的）目的"、"养成……（的）习惯"等。

由于汉语的介词（比如"把"）、语气词（比如"了"）等虚词的语法作用十分复杂，语义和用法又非常灵活，教学上常常难以解释和说明。格式在教学上的作用就是把某一虚词和其他在语义上与之具有在一定范围内固定搭配关系的词语结合在一起，形成一个完整的语义整体，教学上只解释这个语义整体而不用处理单个的虚词。当然，并不是所有的词都存在与虚词搭配的格式化。在汉语格式化的过程中，虚词与其他词语的格式化搭配并不是均衡分布的。在“主谓宾”的基本语法框架中，许多涉及两个行为主体的谓语动词存在格式化，主要表现是动词与“和”、“跟”、“同”、“与”及“对”、“给”、“让”、“向”等虚词搭配时有格式化现象。比如：

A 跟 B(见面 结婚 搏斗 周旋 攀比 玩心眼儿 竞争)
A 对 B(保密 关心 深信不疑 入迷 满意)
A 让 B(出丑 眼红 丢面子)
A 给 B(露脸 捐款 洗澡 打电话)
A 向 B(靠拢 表白 致敬 学习)

由于双宾语表达的语义重心不同，有些带双宾语的动词存在“主谓宾”搭配和与虚词格式化的两种情况。这些动词与虚词格式化后，前面往往要加上语义虚化的“很”。比如：关心(A 关心 B、A 对 B 很关心)、支持(A 支持 B、A 对 B 很支持)、担心(A 担心 B、A 对 B 很担心)等等。两个行为主体的双音节动词与虚词的搭配虽然不是陆先生所说的严格意义上的“固定格式”，但这样的格式化处理，有利于词语搭配使用方面的教学操作。

杨惠元先生说：“在传统的语法教学中，人们往往十分重视句子的讲练，句法规则讲得很细。从教学的角度看，‘细’一定烦琐。烦琐的讲解，不但学生记不住，教师也记不住。所以句法规则应该只讲解最基本的规律。对于那些讲不清楚的，或者不能把所有的语言事实都框住的，不从句法的角度讲，从词法的角度讲，从词语搭配的角度去讲，让学生学会搭配和组装就可以了。”(杨惠元，2007)语言点格式化教学处理就是一种词语搭配的教学处理，在帮助学生记忆方面具有很强的可操作性。面对一大堆语料，学生会感觉茫然一片，即使理解了语料内容，也觉得无从记起。如果教师从语料中归纳抽象出格式，对某些词语做搭配上的格式化处理，亦即告诉学生某两个或几个词语常常搭配在一起使用，共同构成一个格式，并且该格式具有可替换性。这样就突出了语料的主干，化繁为简，方便学生记忆，同时也有利于语言点的语法说明。而且通过格式空项的替换，可以扩大该语言点的使用范围。从这个意义上说，格式化教学处理为替换练习提供了操作空间。

当然，并不是所有的词语都可以做格式化教学处理。格式化教学只是对教学语料的一种处理方式，并不是语法教学的全部。对于那些从句法规则上难以讲清的词语，比如“了”等，我们可以从格式化的角度进行教学处理，并对格式中的替换词语做出限定。

二、格式的补足与还原

格式的认定要从句子的整体语义和语言环境入手，分析某一词语与其他词语的语义搭配关系。有些语言单位表面来看是一个词语语言点，实际上是一个隐性格式。比如：这件事你来决定吧。《现代汉语词典》对“来”该义项的释义为“用在另一动词前面，表示要做某件事”。实际上，观察此义项的“来”句，可以发现所有此义项的“来”句，语义上都可以在行为主体前补足“由”或“让”字。因此，“来”可以处理为“由……来……”格式或“让……来……”格式，表示对行为主体排他性的选择。口语常常省略“由”和“让”。对此，教学中可以做补足和还原处理。这样做有助于学生完整深入地理解和掌握词语的语义和用法。

格式语言点的认定与格式的语义有密切关系。由于格式语言点搭配词语的语义合成为格式的语义，因此，格式的语义与搭配词语内在的语义逻辑关系以及该格式的语用有直接联系。格式的最大特点是前后词语相互搭配使用。由于格式的前后词语具有完整的语义逻辑关系，即使某个词语在句中不出现，根据语义逻辑关系，补足该词语后，并不影响句子的整体语义。这个问题，在前文“教学语料的增加与删减”一节中已有所论述。这里，我们仅以“已经……了”（“都……了”）和“一……就……”为例，从格式的角度分析词语的补足与还原，及其在语法研究和教学上的意义。

《现代汉语八百词》对“名词、数量词加‘了’”的分析如下：

a) 名＋了。隐含着一个表示变化的动词。
春天～（＝已经是春天了）| 中学生～，还这么淘气？（＝已经当上中学生了）| 快月底～，报表该汇总了（＝快到月底了）

b) 数量＋了。隐含着动词‘有’。
半个月～，还没有回信（＝已经有半个月了）| 四十岁～（＝已经有四十岁了）| 已经一百个了～（＝已经有一百个了）| 五十斤～，够了（＝已经有五十斤了）

从以上《现代汉语八百词》对“名词、数量词加‘了’”的补足情况来看，除了对“名＋了”的“隐含着一个表示变化的动词”和“数量＋了”的“隐含着动词‘有’”的补足还原以外，几乎所有的“名词、数量词加‘了’”的例句都补足了“已经”。这足以证明“已经”和“了”在搭配上的语法关系。

在“都……了”格式中，由于“都”的轻读和重读不同，“都”与“了”所发生的语义关系也不同。“都”重读时，“都”表示“全部”义，“了”表示“完成”义，“都……了”格式表示某行为全部完成的意思；“都”轻读时，“都”表示“已经”义，“了”表示“变化”义，“都……了”格式则表示变化程度很高的语用含义。这样，“都……了”就属于两个不同的格式。

“……$了_1$……$了_2$”句式向来都是教学的重点。“$了_1$”和“$了_2$”的语法意义和语义功能的不同以及“……$了_1$……$了_2$”句式与“……$了_1$”句式完成义语义的不同，一直是一个不易讲清的问题。如果我们认定“$了_2$”属于“已经……$了_2$”格式，那么，在已学过“已经……$了_2$”格式的前提下，来理解“……$了_1$……$了_2$”句式，及其与“……$了_1$”句式的不同，就变得简单多了。“已经（……$了_1$）……$了_2$”句式表示对全部行为中已完成部分进行情况的陈述或提问。从语用角度来说，“……$了_1$……$了_2$”句式之后都可以衔接“还有……”。这样，“……$了_1$……$了_2$”句式的对话教学练习模式可表述为：

A：已经……$了_1$……$了_2$？
B：已经……$了_1$……$了_2$。
A：还有……？
B：还有……。

比如日本朝日出版社出版的汉语教科书《話す中国語·北京篇 2》第三课课文如下：

理香：杂技真好看。
王丽：上海杂技团的更好看。
理香：是吗？已经演了几个节目了？
王丽：已经演了十个了。
理香：还有几个？
王丽：还有八个。

但该教材在课后的替换练习“你上了几节课了？我上了一节课了”中，并没有以上所说的“……$了_1$……$了_2$”句式的对话教学练习模式。显然，这与作者没有意识到“已经……$了_2$”格式的语义和语用功能有关。“……$了_1$”句式与“……$了_1$……$了_2$”句式不同。试比较：

a 我在北京住了三年，……。

b 我在北京住了三年了。

a句的"$了_1$"表示完成，意思是现在不住在北京。但a句只是小句，而不是完句。b句的"$了_1$"也表示完成，但"$了_2$"属于"已经……了"或"都……了"结构。b句可说成"我在北京(已经)住了三年了"或"我在北京(都)住了三年了"。"$了_2$"表示变化的过程，该变化的影响一直持续。这样，在问句"你在北京住了几年了?"中的"$了_2$"就表示问者已知对方"一直住在北京"这一预设。在此预设的影响下，"$了_1$"所表示的完成义就成了截至现在完成。如果交际中出现对这一截至现在完成的行为的某种质疑，那么说话人就会用"都……$了_2$"句式引出表数量多、时间长的会话含义，从而使交际重心后移。因此，b句之类的句子都可以补足"都"，变成"都……$了_2$"句式。这样，b句语义上都是原因小句，而不是完句。如：

你在北京(都)住了三年了?(怎么哪儿都不认识啊?)
我在北京(都)住了三年了，(我当然了解北京。)

即使后小句不出现，"都……$了_2$"句式也根据语境具有相应的会话含义。如果说话人想弱化会话含义，就不用"都"，而使用"我在北京(已经)住了三年了"的客观陈述。

早在1961年，吕叔湘先生在《汉语研究工作者的当前任务》一文中就提出了a句用了一个"了"表示完成，而b句用了两个"了"却表示行为没有完成这个问题。如果把"$了_2$"放在"已经……了"或"都……了"句式中，也许就不会出现上面的问题了。

"$了_1$"和"$了_2$"的语法意义不同。以往对"$了_1$"、"$了_2$"的分析，忽视了"已经"和"都"的语法作用。没有"已经"或"都"的"……$了_1$……$了_2$"句中，语义上都可以补足"已经"或"都"，而不影响句子的意义。补足"都"以后，句子的语用意义会发生变化，即语义重心后移。这主要是"都 + 动 + $了_1$ + 数量词组 + $了_2$"一类的句子。比如：

你在北京都住了三年了，(怎么哪儿都不认识啊?)
我都读了三遍了，(怎么还让我读啊?)
我都喝了三大碗了，(不能再喝了!)
你都睡了一天了，(怎么还睡呀?)

这类"都 + 动 + $了_1$ + 数量词组 + $了_2$"句子的特点是表示行为已实现，而以"都……$了_2$"为原因小句，对有悖于这种已发生的达到或超出一定限度的行为表示质疑、吃惊、劝告、不满、拒绝等，在语义上承接并依赖交际对象的话语，并以此为该结构的预设，语义重心移向后小句或会话含义。该结构的问句形式并不是对数量词组的提问，而是表多的意思。比如：

你都喝了几瓶（酒）了，还喝呀？

都几点了，他怎么还不回来？

“都……了”的整体语义表示变化已达到某一限度或事变程度，但事态或行为却超常，并对这种超常的事态、行为提出质疑、劝诱或不满。如果“都……了”格式中是时间词，“都……了”表示时间变化已达到一定限度（时间很长或很晚），但事态和行为却没有相应的变化。如果“都……了”中是动词，“都……了”表示行为变化已达到一定程度，而另一行为却超常。如果用“已经”来解释“都”，就无法揭示以上“都……了”格式的语用含义。

把本该由某一格式承担的语义归为某一个词语的语义，这是语言点认定中最常见的现象。再比如“一……就……”，“就”常常省略，于是许多教材把本来属于“一……就……”格式的“一”当成词语语言点来处理。这样就会影响学生对“一”和“就”关系的认识。比如：“我拿起电话一听，是妈妈。”一句中的“一”，就属于“一……，就……”格式。在《走进中国》中却被认定为词语语言点。《汉语中级听力教程》上册（一）·生词和练习第四课中，把“他很生气，一脚把椅子踹倒了”和“他一口气就把这杯酒喝完了”认定为“一脚把……”和“一口把……”语法点。只要稍加分析，就可以发现，这两个语法点中的“一”都属于“一……，就……”格式，而“把”属于“把”字句式。因此，“一脚把”和“一口把”无论如何也不能算作是一个语法点。

陆俭明先生举的例子“她一买买了一大堆”、“一说说了两个小时”在补足还原处理前属于“一VV了＋数量成分”格式，补足还原处理后“一”属于“一……就……”格式。因为完全可以说成“她一买（就）买了一大堆”、“一说（就）说了两个小时”。从格式的补足还原角度来看，对“一VV了＋数量成分”格式进行补足还原处理，有利于学生对格式中“一”的理解。

杨寄洲主编的《汉语教程》第二册上第七十三课注释中，把“心一横就上前说了”一句中的“心一横”认定为语言点。并解释“‘心一横’表示下决心，不顾一切”。其实“心一横”就是“把心一横”的省略。实际上该课课文中紧接此句就有“男的却把眼一瞪”。这里的“一”同样属于“一……就……”格式。把“心一横”认定为一个语言点，缺乏依据。因此，在语言点的处理中，我们不能只看字面，而不考虑隐性词语的格式化问题及其补足还原处理。

赵金铭先生说:“汉语的虚词不仅意义复杂,而且用法灵活,何时必用、何时可用可不用,有各种条件的制约。汉语虚词的隐现是一个令人头疼的问题,比如‘的’的隐现、‘了’的隐现等问题,一直是汉语语法教学的难点。”(赵金铭,2004)赵金铭先生从语法教学的角度提出的这个问题,值得我们深思。我们认为语法格式及其搭配词语的补足还原处理,也许可以在某种程度上解决汉语虚词教学的这个难点问题。

长期以来,受结构主义语言学研究方法的影响,汉语语法研究关注于显性的句子结构,对于汉语句法的观察仅限于现实的句子,忽视对隐性成分的观察和分析。这就造成了汉语语法研究的两个误区。一个是脱离上下文,孤立地看待本该属于某一语言环境的句子,甚至把小句当成句子来分析。比如丁声树先生的《现代汉语语法讲话》(1980)分析副词“都”时说:“有时候轻重读不同,可以有两种不同的意思。比如说,‘客人都走了’,‘都’字重读,意思是‘所有的客人全走了’。要是‘都’字轻读,那就是‘客人已经走了’的意思。”丁先生的结论没有问题,但如果我们对得出这一结论之前的分析过程进行观察的话,就会发现“都”轻读时的“客人都走了”只是一个脱离语言环境的孤立的“原因小句”。对“都”的分析当然是在考虑了“客人都走了”的语言环境后才得出了以上结论,但问题是在分析过程中,“客人都走了”的轻重读两种不同意思的语言环境并没有出现。这也许是限于篇幅的原因,但同时也反映出汉语语法分析过程中重视“客人都走了”这样的显性成分,忽视该显性成分赖以存在的语言环境中没有出现的隐性成分的研究倾向。从教学语法的角度,我们可以这样来表述“都”的轻重读两种不同意思的语言环境,比如:

重读:客人都走了。
轻读:客人都走了,……。

如果考虑到轻读的“都”句中原因小句“都……了”成分之后的成分的话,那么我们可以从格式认定的角度,把“都……了”格式和后一小句中的“怎么还”结合在一起,构成“都……了,怎么还……?”的表达格式。比如:

客人都走了,你怎么还不收拾桌子?
客人都走了,你怎么还站在这儿?
客人都走了,他怎么还不回来?

这样处理无疑会提高汉语学习者运用轻读“都”句的表达能力。可是如果我们忽视轻读的“都”句中原因小句“都……了”成分之后的成分,孤立地看待

“都……了”，就不会有“都……了，怎么还……？”这样的表达格式的教学处理。因此，格式语言点的认定必须要突破已有的结构主义汉语语法的研究框架，在一个更大的范围内来考虑词语的搭配格式问题。

汉语语法研究的另一个误区是只关注于字面的显性成分，忽视一个句子内部隐性成分的观察和分析，这就导致对某一个语言成分的孤立分析，陷入到对某一个显性成分的抽象说明甚至自相矛盾的解释中去，从而影响到教学上的处理。比如前文所述的《现代汉语八百词》关于“名词、数量词加‘了’”的分析，虽然几乎所有的“名词、数量词加‘了’”例句中都补足了“已经”，可是作者仅仅指出了在“名＋了”中“隐含着一个表示变化的动词”，在“数量＋了”中“隐含着动词‘有’”，而忽视了隐含的副词“已经”与“了”的搭配关系。因此，从教学语法的角度来看，格式的补足还原是教学语料处理中的一项十分重要的内容。

目前，虽然很多汉语教材在语言点的处理方面已经在大量地采用词语搭配的教学处理方式，但还是缺少格式的补足还原教学语料处理意识。很多语言点搭配格式还需要进行语法上的证明。由于汉语语法研究本身忽视句法研究中对隐性语言成分的观察和分析，汉语的语法研究并没有为这种教学处理提供基础研究方面的理论依据。尽管如此，在教学上，我们不妨先做这种词语搭配的格式化教学处理和格式的补足还原处理，因为，这在很大程度上有利于学习者尽快掌握汉语。同时，格式化教学处理也是“强化词语教学，淡化句法教学”教学理念的具体体现。

三、格式的结构类型

(1) 按照前项词语和后项词语的语义关系分类

① 关联词语格式结构，包括紧缩复句中的关联词语。格式中的两个空项是复句的两个分句。比如：“因为……所以……”、“虽然……但是……”、“即使……也……”、“一……就……”、“连……也……”、“只有……才……”。

② 前项词语与后项词语具有固定语义关系。二者缺一不可。比如：“快……了”、“从……到……”、“再也不(没)……了”、“以……为……”、“对……来说”。

③ 前项词语与后项词语不具有固定语义关系。二者可不共现，但可以补足还原。比如：“(已经)……了”、“(都)……了”、“(还)……呢”、“就……(了)”、“除了……(以外)”。

(2) 按照格式空项的数量和位置分类

① 分别在两个词语之后的两个空项的格式。比如：“因为……所以……”、

“虽然……但是……”、“即使……也……”、“一……就……”、“连……也……”、“只有……才……”、“以……为……”、“从……到……”。

② 两个词语之间的一个空项的格式。比如：“快……了”、“(已经)……了”、“(都)……了”、“(还)……呢”、“就……(了)”、“除了……(以外)”。

(3) 按照有无变式分类

意义相同或相近的词语可以代替前项词语或后项词语的格式是格式的变式。教学中，格式的变式按不同格式处理。一般来说，两个词语之间的一个空项的格式几乎没有变式。

① 前项词语和后项词语没有变式。比如：“快……了”、“对……来说”、“一……就……”、“即使……也……”。

② 前项词语或后项词语有变式。比如：“凡是……都……”是格式的常式，而该格式同时也存在“凡是……没有不……”(凡是中国人，没有不知道长城的)变式。又如：“连……也/都……”、“把……当做/看成是……(以……为……)”、“每/任何……都……”。

(4) 按照前项词语和后项词语的搭配关系分类

① 固定搭配格式。比如：“只有……才……”、“即使……也……”、“以……为……”、“对……来说”、“从……到……”。

② 临时搭配格式。比如：“……不错，就是……”、“好家伙，这么……”、“把……V在……里”。

四、固定格式语言点的认定原则

(1) 固定格式具有固定和唯一的词语搭配关系

格式的特点是前项词语与后项词语的相互搭配。如果仅有一个词语就是词语语言点，而不是格式语言点，不能构成格式。每一个格式都表达某一特定语义，格式中前项与后项词语的搭配常常是固定的。前项与后项词语搭配共存，出现前项词语，按特定语义关系和语法成分关系就必定出现后项词语。因此，在不同的聚合关系中，如果某词语一定出现，则说明该词语必定是该格式中不可缺少的一个语义组合单位。即使句中某一格式的前项或后项词语不出现，在认定格式时也应把该格式省略的词语补出来。比如：“我学会包饺子了。”根据上下文可以认定“了”属于“终于……了”或“已经……了”等格式。再比如：“咱们走到山顶上，再休息吧。”“再”的语义和用法，不好说明，处理为“等……(以后)，再……”格式，就好处理了。

有时某一格式中可能有三个或三个以上的搭配词语。比如：“打国际电话先拨零，然后拨密码，再拨区域号码，最后拨对方的电话号码。”在教学中，这个句子可以认定为以下格式：

先……，然后……，再……，最后……。

先……，然后……，再……。

先……，再……，然后……。

先……，然后再……。

先……，然后……。

有时改变句子的陈述、疑问、祈使、感叹等语气，会影响词语的搭配关系。如：“自打有了孩子我就一天没闲过。”我们可以认定此句属于“自打……就”格式，但在反问句“自打进了你们家门，我哪天不干活呀？”中，“自打”就不能认定为“自打……就”格式。因此，格式的认定应以不改变句子的语气为前提。

复句关联词语的搭配构成典型的格式。比如：“因为……，所以……”、“只要……，就……”、“如果……，就……”、“不但……，而且……”、“无论……，都……”等。在具体语言环境中，某些关联词语不一定与另一关联词语共现。比如：“……，所以……”、“因为……，……”等。当然，在教学中我们可以把格式中没出现的某一关联词语进行补足还原处理。但反过来，复句关联词语格式中的某一词语在什么情况下可以不出现，这不是格式及格式化教学处理本身所能解决的问题。或者说，复句关联词语格式中的某一词语的省略问题只能在格式及格式化教学处理之后才能解决。无论如何，我们不能因为复句关联词语格式中某一词语的省略而否认该格式本身。

（2）固定格式具有特定而单一的语义和层次

格式不同于抽象的语法规则。但在一定程度上，格式又具有某种语法意义。可以说格式是对语法意义和语义的一种中和。某种特定语境条件下的特定语义，在汉语中往往可以找到特定的表达框架。这种特定的表达框架既有语法规则的依据，同时也通过语义的介入，使规则更具有表象特征，而不至于抽象化。这是格式在功能上与语法规则的不同所在。表达抽象的语法意义的句式结合特定的语义后，才容易被学生理解和掌握。然而语法规则的特性是其抽象性，如果格式的语义介入过多，就会破坏语法规则的抽象性。因此格式必须具有特定而单一的语义。格式的前项词语和后项词语的语义关系单一，表达一个相对完整的特定语义。

比如：《汉语中级听力教程》下册（一）第十五课中的语法点“把……当做……来抓”，（课文语料是“把修建改建好公共厕所当做建设文明城市的一项重要任务来抓”。)该语法点中词语的搭配缺乏稳定性，语义关系也不单一明确。表示行为目的的“来”，在语义关系上与前项词语的结合并不紧密，也就是说“把……当做……”已表达了一个相对完整的特定语义，用目的语“来”的话，语义关系增加，结构关系也不是一个层次。“抓”在该格式中更是缺乏搭配理据。因此，“把……当做……来抓”不是格式，只能算是套话一类。只有“把……当做……”才构成结构层次单一、语义关系明确的格式。

(3) 固定格式中的空项为同一聚合关系中的词语

格式中的空项可被同一聚合关系中的词语替换，替换后该格式的语义不变。教学中必须对这些替换词语做出语法及语义的限制。这一过程就是对格式的证明过程。比如：“再……不过了”。其中的空项可用“好、好吃、好听、好看、合适、舒服、方便、暖和、漂亮、简单”等积极意义的形容词或形容词性质的词语替换。又如：“一饱……福”。支持该格式的替换词语为数不多，比如“一饱口福”、“一饱眼福”、“一饱耳福”。也就是说“一饱……福”这一格式只能限定在“口”、“眼”、“耳”这三个词语的范围之内，而且“一饱口福”也不能说成“一饱嘴福”。在认定格式的语料处理过程中，应以该格式中替换词语与该格式的常态搭配为标准，尽量选择学生学过的、常见的词语进行替换。

如前所述，格式不是语法学中的抽象的句型或句式，比如“他把自行车骑走了”，这个句子的句型设计为“名＋把＋名＋动＋动/形”。而格式为“A 把 B＋动＋走了”，如“他把车开走了”、“他把人带走了”、“他把书拿走了”、“他把行李寄走了”、“他把东西拉走了”、“他把丈夫气走了”等等。没有语义介入的抽象的句型在生成句子的替换过程中，往往会受到众多的条件限制，如果引入一定的语义，在保证该句型在特定语义范围内具有同一聚合关系的普遍生成性的前提下，就可以减少语法条件的限制，那么学生的错误率就会降低。

对此，赵金铭先生早就有所论述：“有人喜欢用句型来教外国人语法，其实任何一种句型都是抽象的，它们的实现要受到种种条件的限制，比如：‘名＋把＋名＋动＋动/形’这种句型，只不过提供了一种组合的可能性，并不是任何名词、动词和形容词放在这个句型里，都能够产生可以接受的说法。在教学中尽管规定了这个句型的限制，学生还是造出了：‘*大家把那些话听见了/*我把中文学得很努力/*我把那么重的箱子搬不动/*我看见他把教室进去了’。因此，我们还必须把语义分析、语用分析引进来，才能比较好地避免不可接受句子的产生。”(赵金铭，1994)格式的语义介入在很大程度上可以避免不可接受的句子的产生。

“对中国人的语法是一般性的，粗线条的；对外国人的语法是细密的，管辖范围窄的。”(赵金铭，1994)因此，在认定格式语言点时，根据教学需要，可适当缩小或扩大格式语言点中替换词语的语义限制范围。比如:“每次刘德华来大陆举办演唱会,他一场不落,必去观看。”这句中的“一场不落”,如果做扩大语义限制范围处理,可确定为“一……不……”,如:“一滴不剩”、“一声不响”等。如果做缩小语义限制范围处理,可确定为“一……不落”,如:“一字不落”、“一句不落”、“一次不落”、“一天不落”、“一顿不落”等。从格式本身的语义范围来看,“一……不落”比“一……不……”的语义限制范围要严格,这样才能形成格式语义的单一性。格式本身的语义限制范围越大,对替换词语的语法和语义限制就越多。“一……不……”有两处替换词语,而“一……不落”则只有一处替换词语。显然,“一……不落”要比“一……不……”对替换词语的限制要少。这样,在认定上面句子的格式语言点时,从降低教学和学习难度的角度来说,把“一场不落”格式认定为“一……不落”比认定为“一……不……”格式更容易被学生掌握。

值得注意的是,我们不能为增加练习的扩展性和可替换性而泛化格式语言点。比如“我的自行车坏了”,虽然可以用“手表”、“电视机”、“照相机”、“电脑”等词语替换“自行车”一词,但“我的”与“坏了”不存在固定的搭配关系,因此不能将“我的……坏了”作为一个格式。

汉语的句型规则是从句子整体的结构规律着眼,把句子分为几大“格局”。由于句子结构规律的抽象性,致使句型必须建立在诸多的限制条件和分类的基础之上。句型的这些限制条件和分类在对外汉语教学中往往只起到语法解释的作用,很难具有准确的生成性。比如“把”字句,虽然我们归纳出了“把”字句的若干规则,但教学中学生还是很难依据这些规则生成出规范的“把”字句。再比如“了”,至今我们在教学中也很难一下子说清楚“了”的语法规则到底是什么。即使把“了”的语法规则都找出来,对“了”的烦琐的语法解释也很难兑现出理想的教学效果。因此,过于抽象而复杂的句法规则很难直接转化为学习者的言语技能。对外汉语教学的实践证明,目前的汉语语法规则的生成性十分有限。毕竟汉语不像西方语言那样具有丰富的形态变化。对于具有丰富的形态变化的语言,我们可以归纳出条理清晰的变化规则。而汉语的语法如果没有语义介入,所谓的语法规则就会变得捉摸不定。在教学中,语法规则过多的限制条件会增加学习的难度。实际上,汉语语法规则的概念本身就是模仿西方语言理论的直接结果。这里并不是要否定现有的汉语语法规则。恰恰相反,格式的认定正是建立在现有语法理论基础之上的。格式的认定过程就是一个语法证明的过程。词语搭配的义法格式化也仅仅是从教学语法的角度对教学语料所做的一种教学处理。

五、词语的格式化教学处理分析

不同语言的语法手段不同，但可以表达相同的语法意义。汉语没有词的形态变化，西方语言中用形态变化所表示的语法意义在汉语中用词语来表示。比如时态的问题，汉语用"（正）在……"、"（正）在……呢"、"……呢"来表示正在进行时。表示比较的意思时汉语用"比"、"不如"、"没有"、"有"等等。由此看来，汉语的语法教学离不开词语教学。"汉语缺乏形态，虚词就显得特别重要。它是汉语语法意义的主要表现形式，它是一个封闭类，数量有限，但是在句中出现频率很高。""同类虚词都有共性，每个虚词又有它的个性，而且不止一种语法意义，因此学习虚词得一个一个记。"（黄伯荣、廖序东，1991）汉语的虚词有许多可以和其他词语搭配使用，从而组成格式。这个问题在前面已经有所论述。我们这里讨论的是那些不具备固定搭配功能的词语，特别是虚词在教学中的格式化处理问题。

有些虚词虽然不具有和其他词语搭配的唯一性和补足性，但它们会有一些经常性的搭配。虽然这不是一个严格的固定搭配格式，但在保证格式语义和层次的单一性前提下，可以为该虚词的用法教学起到示范作用，教学的可操作性随之提高。在教学中，把语料中出现的与该虚词搭配使用的实词与该虚词组成一个临时搭配的格式。这样，在实词的语义介入之后，这个临时搭配的格式便有了一定程度的可替换性。比如"衣料不错，就是过时了"，《走进中国》认定"就是"是一个词语语言点，解释为"连词，用在后一分句的开头，有轻微的转折语气，用来引出一点不足之处"。其所给例句：

这间房子挺舒服，～小了点儿。
今天天气不太冷，～风比较大。
她长得很漂亮，～个子矮了一点儿。
他的汉语说得很流利，～发音有点儿问题。

我们假设"不错"或"很好"不是生词，那么就可以把该句认定为"……不错，就是……"或"……很好，就是……"格式，这样以上例句可以改为：

这间房子不错，～小了点儿。
今天天气不错，～风比较大。
她长得不错，～个子矮了一点儿。
他的汉语说得不错，～发音有点儿问题。

虽然用"不错"代替"舒服、不太冷、漂亮、流利"等词语影响了语言的生动性，但在学生的形容词词汇量不太丰富的情况下，这样的改变并没有影响各例句的基本语义。更为重要的是，凸显出了"就是"及其后面所搭配词语的语义。在突出教学重点的前提下，我们宁愿在不影响各例句基本语义的情况下，对例句语言的生动性做出一定程度的暂时让步，尽量给学习者归纳出与这个重点词语搭配使用的形式标志明显的格式。这无疑会提高学习者在使用该重点词语时的生成性，简化教师对重点词语的解释性语言，同时也可以降低学习者的出错率。当然，"……不错，就是……"只是一个临时搭配，"就是"前搭配的词语不一定是形容词，"就是"和动词或动词性词组也可以搭配，比如："我很想去，就是没时间。""他们家我去过，就是忘了怎么走"。尽管如此，"……不错，就是……"或"……很好，就是……"的格式认定对于分解"就是"一词的教学难度，也会产生一定作用。

我们不能指望一次课堂教学解决某词语或句式的全部语法意义和使用方法，我们只能按照当前语料中出现的词语语法意义和用法进行归纳和概括。按照教学语料处理的系统性原则，将来在其他语料中再出现该词语的其他语法意义或用法时，再来学习也不迟。这完全符合循序渐进的教学原则。

教材中开列的词语语言点，如果能找到一个与之经常搭配的词语，那么在语料处理中就尽量作为格式语言点来处理。比如：《汉语中级听力教程》(下)"好家伙，这么重，就像块大石头一样。"教材中开列的语言点是"好家伙"，但仔细观察后可以发现，"好家伙"常常和"这么"或"真"搭配使用，后接形容词，表示对这个形容词语义程度很高的感叹。如："好家伙，这么多！""好家伙，这么大！"等。因此，处理成"好家伙，这么……"或"好家伙，真……"格式，更有利于学生对语料的理解和记忆。再比如该教材开列的词语语言点"凡是"、"即使"、"一旦"等都可以处理为"凡是……都"、"即使……也"、"一旦……就"等格式。也许某词语的格式搭配并不止一种，但我们本着"过程论"的原则，先展示出最常见的或语料中出现的格式搭配，在循序渐进的过程中完成词语格式化的处理。当然，不是每个词语都可以做这种格式化的教学处理，我们所强调的是语料处理中的这种格式化的教学处理意识。在教材编写和语法研究中，对某词语的格式化搭配及其搭配频度的研究也有待深入。

有些词语语言点无法找出一个与之搭配使用的词语来和该重点词语组成临时搭配格式，但该词语同样具有较强的生成性和替换性。比如："……个够"、"……得多"、"好几(个)……"、"……不惯"、"少说也得……"等等。这些语言点属于词与词连接的词组层面的习用语范畴。与格式语言点相比，这些词语的生成性和替换性也是教学中语言点认定的一个重要方面。

除了以上所说的语言点以外，许多没有替换性和生成性的词语，比如："至于"、"在于"、"由于"、"关于"、"只好"、"甚至"、"不得已"等等。这些语言项目属于连接小句的句子层面的问题。这类词语的教学处理只能是与实词一样，一个一个记了。另外，汉语中的许多惯用语、成语和一部分习用语等，由于具有特殊的表义功能，可以认定为重点词语。但由于这些词语没有生成性和替换性，教学处理的重点是词语的语义。

第四节 生词和练习的教学处理

除了课文语料以外，这里把生词和课后练习也看成是一种需要教师进行课堂教学处理的静态的教学语料。并且，我们认为，教材练习语料的课堂教学处理，必须区分课上练习和课下练习两种。

一、生词的教学处理

发音、词义和用法是生词教学处理的三个基本方面。吴丽君(2004)认为，"词汇教学有很多种教学法，在初级阶段，比较适用的是翻译法、语素法、语境法和搭配法。但并不是每一种方法都要贯彻始终，都有一个阶段性。"实际上这些方法在教学的各个阶段都适用，而且是一个综合运用的动态过程。不同的方法教学作用不同。比如翻译法和语素法可以解决生词词义理解的问题，语境法和搭配法解决生词用法的问题。因此，几种方法之间并不互相排斥，并不是非此即彼的关系。我们不能期待运用以上某一种方法可以使学生对生词的理解和用法一步到位。因为，生词的发音、词义和用法学生需要通过大量的反复的练习才能掌握，才能真正形成语言能力。

对于翻译法，吴丽君认为："适用于零起点的学生，正因为汉外词汇不是一一对应，教师用学生的母语讲解可以起到事半功倍的作用。……但时间不能太长，最多两个月。要让学生逐渐适应汉语的学习环境。"一般来说，使用生词表中有翻译的教材，教师没有必要用学生的母语讲解生词的词义。当然，在海外汉语教学中，使用没有本土化的汉语教材，需要教师使用学生的母语来讲解。有些教材没有生词翻译，据说是为了训练学生查辞典的能力。我们认为学生查不查辞典在教师教学行为控制之外。实际上，我们发现很多学生并没有在课前做这种查辞典的预习，他们大都边上课边查辞典，这对课堂教学无疑会造成一定程度的影响。因此，没有生词翻译的教材只能给教师的课堂教学带来不便。

对于生词词义的确定，教师的主要教学行为是使用语境法和搭配法，把词放在短语或句子中，确定在辞典中具有多个义项的生词在当前课文中的词义。比如吴丽君举例说："'见面'是离合词，有些学生到了三四年级，仍然说'见面朋友'，这可能与我们当初的教法有关，我们可教他把'跟……见面'一起记住。另外，一些常用的动词与名词的搭配，量词与名词的搭配也较容易记住。""搭配法对于学生记忆词汇很有效，孤零零的一个词，即使语义再明白无误，对记住它也是无效的。"我们完全赞同吴丽君的观点。在搭配法的教学处理中，一部分属于语言点的格式化处理。

在处理生词的用法及搭配关系时，要明确生词的常态和变态。如"领情"，不能说"A 领情 B"，应说"A 领 B 的情"，或"B 的情 A 领了，但是……"。常用于否定"A 不领(B 的)情"。

对于生词词义的说明，从复习已学过的生词角度来说，我们主张用学生已学过的生词解释当前生词的词义。"新词至少需要 6—8 次重现，才能初步掌握"(吴丽君，2004)。用学生已学过的生词解释当前生词的词义是不可忽视的重要的生词复现手段。对生词的教学处理，除了以上静态处理以外，还需要重现、复习等动态的课堂教学处理。我们不能期待学生对生词的理解、记忆和使用一步到位。生词处理的教学策略如下：

1. 确认生词

由于学生的学习经历不同，听说读写等技能课程安排的交叉，教材本身的系统性等原因，生词表中的某些生词对学生来说可能不是生词。另外，课文中的某些词语，对学生来说是生词，但生词表中却没有。某些词汇系统性比较欠缺的教材常常出现这种情况。对此，教师必须根据学生的当前水平对教学语料进行生词的确认处理。也就是说，对生词表中不是生词的词语一带而过，做词语复习来处理。对课文中出现的生词表中没有的生词，在课文讲解和练习中，做与其他生词相同的教学处理。确认生词是在语料的静态处理中完成的。

2. 确定生词发音

领读是最常见的确定生词发音的教学手段。确定生词发音标准是由教师来完成的。我们不主张教师确定生词发音标准之前，指定学生朗读生词。由于学生母语的迁移作用，学生的发音常常处于不稳定状态，因此，生词发音标准的确定是一个反复训练的过程。这一过程不仅仅体现在生词处理阶段，在课文语料处理和练习当中也同样如此。正因为如此，我们强调要加强教师的课堂改错意识。在这方面，分国别的母语负迁移发音研究可以为我们提供不同国家的学生在确定发音标准时的规律。

3. 确定生词词义

有些生词具有多个义项。首先检查并确定生词的翻译是否符合课文中的使用义项。其次通过词语组合搭配确定某一生词在课文中使用的义项，词语组合搭配包括当前语料中的生词与生词搭配、生词与已学过词语的搭配、与该生词最常见的词语搭配等。比如“打”有诸多义项，通过与“电话”的组合搭配就可以确定生词“打”的义项。

4. 确定生词用法

在生词表中有词义翻译的情况下，生词处理主要是用法和发音的确定。反过来生词用法的确定会对生词词义的确定有帮助，可以加深学生对词义的理解。比如“官司”一词，在确定“A 跟 B 打官司”和“B 跟 A 打官司”的用法过程中，会促进学生对“官司”一词的理解。词语的格式化处理（搭配法）是确定生词用法，特别是确定汉语动词用法的重要手段。比如“见面”一词的用法，就是“跟”和“见面”一词的格式化处理。又比如“组成”一词，在“由……组成”的搭配格式中，通过学生熟悉的语言环境组成句子，对学生理解和掌握该词语的词义和用法会有很大帮助。比如：“大阪大学由三个校园组成。”对于大阪大学的学生来说，这样的例句很容易理解。那些不能格式化处理的生词，可以在当前语料和学生学过的词汇范围内，找出跟该生词最常搭配使用的其他词语，来确定该生词的用法。由于在一般词典里只解释词语的意义，很少有词语的用法说明，所以在生词处理教学中，生词用法的确定比生词词义的确定更为重要。一般来说，为了尽量减少教师的讲解用语，可以采用朗读教学行为中的领读教学策略来处理生词的用法。也就是说，教师把跟该生词最常搭配使用的其他词语与该生词放在一起，进行重复领读即可。某些在生词表中难以说明的生词词义和用法，按照语境法的处理方式，既可以在生词处理教学阶段来处理，也可以在课文处理教学阶段来处理。因为课文语料本身就为该生词提供了语言环境。

为了让学生尽快理解生词，我们不反对某个生词的提问设计，但以言语技能训练为目的的提问要在处理课文阶段结合课文的内容和情景来进行。在课堂教学观摩中，我们发现有些教师处理生词时几乎针对每个生词都要提问。比如：

收入：你觉得老师的收入高吗？

看不惯：有人闯红灯，你看得惯看不惯？

决定：你决定周末做什么？

组成：两个不相爱的人能组成幸福的家庭吗？（课文中的格式语言点是“由……组成”）

表面来看，这些提问语都属于交际提问，与学生有课堂的教学互动，其实大量的生词提问会带来以下几个方面的问题：

(1) 生词处理属于对课文的感知，大量的生词提问影响处理课文的时间。

(2) 教学目标不明确。提问语之间无内在联系，影响学生记忆。

(3) 脱离课文的语言环境，缺少对课文内容的利用。

(4) 容易脱离课文中的格式语言点。

汉语虚词的处理常常表现为语法问题，而不仅仅是词语问题。教学中不能把虚词仅仅作为词语语言点来处理，而要尽量从格式的角度进行格式化教学处理。如果我们把生词中的某些虚词用法与语法联系起来处理，那么在语法练习阶段其实也包含着生词词义和用法的确定问题。因此，课文语料处理和练习设计等教学行为与生词处理教学行为并不能截然分开。

二、练习语料的课堂教学处理

各类汉语教材在练习的题型设计、练习的种类、练习的数量、练习与言语技能之间的关系处理等方面不尽相同。一般来说，教材的练习设计是教材编写者教学思想的集中体现。言语技能训练目标的不同往往通过练习表现出来。教师对练习语料的课堂教学处理过程就是对教材编写者的教学思想的执行过程。教材的优劣在很大程度上取决于练习的设计。课堂教学的优劣也在很大程度上取决于对练习的处理。

按理说，如果不是为学生自学而设计的教材，教材中各种类型的练习都应该适合于课堂教学的练习需要并具有课堂教学的可操作性。但实际上，就目前各类教材的练习设计来说，并没有很好地区分课堂练习和课下练习的不同。言语技能训练目标的不同也没有很好地体现在练习题型的设计方面。长期以来，“填空”、“完成句子”、“造句”等传统的练习手段成了各类教材通用的单一的练习方式。提问语的练习设计也没有跳出第一语言教学的注重语言内容理解的设计思路，许多教材编写者缺乏从听和说言语技能训练的角度来设计提问语的教学意识，提问语的数量也远远不能满足言语技能训练的需要。练习语料的数量与课文语料的数量不成比例，不能满足和实现对课文语料的充分利用和练习。

我们认为第二语言教学练习设计的主要原则是具有言语技能训练意图的无新出生词的已学课文词语和语法项目在不同语言环境中的重复再现。按照这样的原则来设计练习，教材练习的编写难度肯定会加大，但这可以在很大程度上方便教师处理教学语料，充分实现对学习者的言语技能和言语交际技能的课堂训练。在有限的词语范围内，如何巧妙利用教学语料，设计出种类丰富的、体现复现原则的练习，这不仅仅是教材编写者应该面对的问题，更是教师处理教学语料应该考虑的问题。关于这个问题，我们在“恢复记忆”和“语料重复处理教学行为策略”等章节中再详细论述和举例。

通常情况下，教师对练习语料会做出以下几种方式的课堂教学处理：一是按教材练习顺序依次或有选择地操练；二是把教材练习按特定的教学设计编入教学步骤中操练。我们认为不管哪种处理方式，鉴于目前汉语教材的编写现状，教师应该对教材中的练习有所选择，使其符合第二语言课堂教学言语技能训练的需要。练习的课堂教学处理原则是选用那些适合在课堂上进行操作的练习。在必要时，教师可以依据教学语料，根据学生的实际情况和言语技能训练目标自主设计符合课堂教学需要的练习和课堂教学活动。特别是体现交际性原则的提问语设计。由于各类教材中的练习题种类很多，限于篇幅，这里不能一一加以分析。下面仅以教材中常见的造句练习为例，讨论分析练习语料的课堂教学处理及练习的设计问题。

(1) 造句练习的教学处理

教材中的没有语义介入或语义介入过少的造句练习不适合在课堂上进行操作，比如单词造句等等。翻开对外汉语教学的各类教材，造句这种练习方式随处可见。课堂教学中，造句也是一些教师经常使用的练习手段和教学行为。这里所说的造句不是表达造句者思想的造句，而是指学生根据教师或教材指定的一个或若干个词语自主地按语法要求生成句子的练习。这包括教师组织学生在课堂上做课后的造句练习和教师在讲解课文词语或语法时让学生做即时的口头造句。造句有口头造句和书面造句两种形式。朱纯(1994)先生认为口头造句和书面造句有以下区别：

1) 口头造句有时间限制，要求迅即完成，而且无暇修改和校正。书面造句一般不受限制(例如课外作业)。即使限时完成(课内练习)，也总是比较从容，完成后还能再予以检查改正。
2) 口头造句多为急就，无法使用工具书；语法、词汇的使用一般较简单。反之，书面造句有较多时间考虑，而且有可能使用工具书，语法、词汇的使用相应较复杂。
3) 口头造句主要依靠发音器官的发音技能来实现输出功能，造句的效果部分地取决于发音的质量。书面造句主要依靠手的书写技能来实现输出功能，从而书写在书面造句方面也有一定地位。

各类教材中的造句练习形式多样，常见的造句练习方式有：

1) 用指定词语造句。

2）完成句子。

3）模仿造句。

4）连词成句。

5）根据提示造句。

6）用指定词语完成对话。

从对外汉语教学的特点和规律来观察，我们认为造句这种练习方式在听、说、读、写四项言语技能训练及相应的测试中，地位和作用不同。教师应根据课型和训练目标的不同科学地使用造句。特别是在课堂教学中应慎用或者不用造句。目前的课堂教学大多是班级授课，班级授课需要教师把握公平教学原则和教学进度。而课堂造句对此构成直接的影响，特别是课堂即时的口头造句，影响更大。

从表面上看，造句是一个组词成句的语言思维过程，只要学生把指定词语与其他词语按语法规则组合起来，句子就造好了。实际上，问题并非如此简单。课堂口头造句时，学生常常苦于思考语言情景而难以关注句子，再加上时间的限制和发音技能的制约，各种问题集中在一起，组词成句的造句效果往往不理想。而且其他学生游离于练习之外，全班的教学处于停顿状态。一个学生占用的时间过长，对其他学生来说就很不公平了，教学进度也因此而受到影响。在教师组织学生练习的教学时间内，应保证给每个学生相对公平均等的练习机会，而课堂口头造句恰恰造成了练习机会的不平等。

课堂造句面对的常常不仅仅是组词成句的问题。口头造句即使在用词和语法上没有问题，发音也可能不准，当然也可能用词、语法、发音都有问题。课堂书面造句时，即使句子的语法正确，但个别汉字写错了，我们能否就此认定这个句子是正确的句子呢？在第二语言教学中，学生说汉语的能力和写汉字的能力是两种不同的言语技能，两者不能混为一谈。因此，课堂造句把第二语言学习中的诸多问题集中在一起，使教学变得复杂而难以控制。杨惠元先生在论述教师的课堂教学行为“教师指导操练”的“控制性原则”时指出：有不少老师让学生在课堂上口头造句，我们不主张使用这种方法。理由有四：一、学生思考占用的时间太多，降低了开口率，也放慢了课堂教学的节奏；二、学生只想自己的句子，听不到别人说，不利于互相学习，降低了语言信息的吸收率；三、学生思考的时间有限，造出的句子错误率较高；四、教师控制不了学生的思维，在没有准备的情况下，对学生的错句很难准确地指出问题的关键，增加了教师讲解的难度。（杨惠元，2007）

课堂教学是在教师组织下的学生个体行为的总和。针对学生的任何一个教学行为都是整个课堂教学的有机组成部分。诸多有计划、有组织的课堂教学行为构成课堂教学系统。因此，对外汉语课堂教学中任何一个学生的课堂言语行为，都不能游离于整个课堂教学系统之外，更不能因一个学生的课堂言语行为，影响整个课堂教学系统。指定词语造句在所有的练习方式中，学生的个体行为性最强，或者说在课堂教学系统中的变量最多。教师难以控制和把握，再加上练习时间上的不平等和不公平，造成一个学生费时造句，而其他学生事不关己，无事可做。而且一个学生造句中的错误往往会给其他学生留下不良的印象，从而可能导致该错误的心理感染。

造句主要考查学生组词成句的能力，因此是对第二语言语法和句型的一种训练，西方许多语言有词的形态上的语法标志，词序比较自由。把西方语言作为第二语言的学习者所犯的造句错误大多是形态方面的错误，语法的训练就显得格外重要。因此，造句这种练习方式是适合西方语言语法训练的一种必要的训练手段。汉语缺乏词的形态标志，词序和虚词是组词成句的主要手段。由于没有形态标志和虚词表义的微妙，学生对汉语的词序和虚词常感到难以琢磨。因此，造句的错误除词序方面的问题以外，主要集中在词语的用法方面。

许多教师在教学实践中把词语的搭配归入一定的格式，并以此固化词的顺序。这种格式化的教学处理很适合替换练习。如果教师把本该属于某一格式的词语单独拿出来让学生造句，那么学生造出的句子往往会缺少该格式的与该词语相搭配的另一词语。比如："快……了"、"再也不……了"等，学生在表达时常遗漏"了"。造成这些错误的原因是教材或教师缺乏对词语搭配的格式化教学处理。因此，格式的替换造句练习更符合汉语的实际。但即使是格式造句，也不适合在课堂上让学生自主完成。

造句练习分为课上造句和课下造句。课上造句是一种教师参与的课堂教学行为。课下造句有两种方式，一是非课堂教学行为，即教师课下书面批改作业；一是课堂教学行为，即教师在课堂上讲解学生课下所做的造句中的错误。由于造句的过程在课下，也就回避了课堂造句对课堂教学的消极影响，因此，应是一种积极的教学行为。

教材中的各种不同类型的造句练习都应作为课下作业来处理。正像杨惠元先生所说"在课堂上让学生口头造句，是教师自讨苦吃、费力不讨好。我们认为造句适合课下笔头练习，学生有充裕的时间思考，可以减少错误，教师批改也有充裕的时间思考，避免讲评失误。"（杨惠元，2007）在听、说、读、写四项言语技能课堂训练及相应的测试中，都应慎用课上造句。尤其是听力训练及测试最不宜使用课上造句。听力训练是对学生听辨语音和语义的能力的训练，而造句是训练学生自主生成句子的能力，二者训练目标不同。因此，无论口头造句还是书面造句，在听力课上都不宜使用。听力测试更不应使用任何形式的造句。

对于西方语言来说，连词成句主要是形态变化方面的练习。对汉语来说，连词成句主要是词语的搭配和排列顺序的练习。可以说，连词成句是一种多词造句，相对于单词造句来说，它对语法项目的练习意图更为明确。连词成句可以把语境控制在一个固定范围内，而单词造句的语境太多，教师往往很难控制学生会造出什么样的句子，比如"用指定词语完成对话"：

A：你这次考试考得怎么样？

B：____________________。（总算）

以上练习其实是要求用"总算"做单词造句。下面是笔者用"总算"造出来的几个句子：

总算都答出来了。

总算及格了。

总算达到妈妈的要求了。

总算考完了。

总算考了一百分。

以上这些句子中，"总算"一词都在句首，而其后的词语可以说五花八门。如果学生造出的句子在"总算"之后的词语上有错误，那么这就不属于"总算"一词的语法问题了。另外，以上句子中都有"了"。这说明"总算"和"了"具有搭配关系。但从练习的题目上来看，并没有把"了"和"总算"放在一起。这样，学生造出的句子就很可能没有"了"。而这样的属于"总算"一词的语法错误在练习的题目中又没有体现出来。这完全是题目设计和没有格式化教学意识造成的。因此，由于单词造句的语境太多，教学意图很难明确，各种问题都集中在一起，完全"是教师自讨苦吃、费力不讨好"。

一般来说，给出的语境和线索越多，学生生成句子的能力就越强。语境和线索既可以是教材中或教师的板书中给出的，也可以是教师在课堂上口头给出的。比如，要求学生根据提示，用"快……了"造句：爸爸 4 月 1 号回国，今天是 3 月 30 号。——爸爸快回国了。由于语义介入较多，这样的造句练习比单词造句效果要明显的多。

我们可以做这样一个调查：对同一个需要练习的语言项目，按照目前多数教材采用的各种不同的造句练习形式，设计出不同的造句练习，然后，比较不同的练习形式中学生的错误率。这样就可以看出学生生成句子的训练效果。根据初步推测,影响造句练习效果的主要因素是有无语义介入和语义介入的多少。但这有待于调查的验证。要证明哪种练习形式效果好,就必须把需要练习的语言项目放入不同的练习形式中进行比较。这样得出的有关错误率的数据就可以说明问题。也就是说,对同一个语言项目来说,错误率低的练习形式当然比错误率高的练习形式效果好。同样,教材中的其他练习形式,都可以做这种比对。当然,影响学生偏误的因素很多,调查中应该对这些因素加以综合考虑。这样的调查研究可以为教师的课堂教学和教材编写中的练习设计提供依据。目前这种基于练习形式(练习题型)的调查和统计研究还很不充分。

在口语训练中,我们不主张"谁能用这三个词语说一段话?""谁能用今天学过的'把'字句说三个布置教室的句子?"这样的语言表达造句练习。且不说学生是否能够听懂,这样的表达练习由于学生当下所凭借的词语太少,语义介入不够,而记忆中的词语由于受到言语技能的限制,不能及时流畅地调动出来,很可能会出现课堂教学的停顿。我们认为以训练语言表达为目的的会话练习最好在教师的控制和带领下,通过提问语的设计来一步步完成。下面以一段教学语料为例对此加以说明。

中国的有关法律规定,人如果伤害了野生保护动物,就要受到处罚。然而,如果人受到野生保护动物的伤害,结果会怎么样呢?

最近在黑龙江省的一个林场发生了这样一件事。星期天,林场的一位工人到离家15里外的山上去玩儿。在回家的路上,突然遇到一只东北虎。尽管他是一个又高又大的小伙子,但怎么能打得过老虎呢?只是几秒钟,他就被老虎按倒在地上。可能是老虎不太饿,所以没有吃他,但他的一只胳膊和一条腿却被咬断了,不停地流血;脸上和身上也被抓伤了。后来,他被送进了医院,先后做了三次手术,花了3万多元。

这个工人的命虽然保住了,可是,他还得继续动手术,不然的话,他就会成为残疾人。麻烦的是他已经没有钱了。他如果是在工作的时候受的伤,就可以得到单位在经济上的帮助。如果是被人打伤的,也可以得到打人者的赔偿。现在,他是在玩儿的时候被老虎咬伤的,谁来赔偿?手术费用很高,即使亲戚、朋友、同事或哪个好心人愿意出点儿钱,也是远远不够的。怎么办呢?真的无可奈何了吗?

幸亏这位工人有点儿法律意识，他请了一位律师。准备打官司。律师认为，东北虎是国家一类保护动物，应该受到法律的保护；但这位工人是国家公民，同样应受到法律的保护。当地政府和野生动物管理机构应当采取措施，防止野生动物伤害人，以保护公民的生命。因此，对老虎咬伤人这件事，当地政府和野生动物管理机构当然要负法律责任，应该赔偿这位工人的损失。

野生动物管理机构则认为，《野生动物保护法》禁止人伤害这些动物，但如果这些动物伤了人该怎么办，《野生动物保护法》里没有明确的规定。因此对老虎咬伤人这件事，野生动物管理机构不能负责。

以上语料为郭鹏先生编写的日本大阪大学汉语专业二年级学生使用的教学语料。限于篇幅，仅对以上教学语料中的最后两段，设计如下语言表达方面的提问语无文字凭借会话练习：

教　师：这位工人有没有法律意识？

学生1：这位工人有一点儿法律意识。

教　师：你呢？

学生2：我也有一点儿法律意识。

教　师：这位工人请了一位律师，准备跟谁打官司？

学生3：他准备跟当地政府和野生动物管理机构打官司。

教　师：他的律师认为，对老虎咬伤人这件事，应该由谁来负法律责任？（第三段中学了“谁来赔偿”的“来”。这里的“来”应属于“由……来……”格式）

学生4：他的律师认为，对老虎咬伤人这件事，应该由当地政府和野生动物管理机构来负法律责任。

教　师：他的律师认为，对老虎咬伤人这件事，为什么应该由当地政府和野生动物管理机构来负法律责任？

学生5：因为当地政府和野生动物管理机构应当采取措施，防止野生动物伤害人，以保护公民的生命。所以，他的律师认为，对老虎咬伤人这件事，应该由当地政府和野生动物管理机构来负法律责任。

教　师：他的律师认为，对老虎咬伤人这件事，应该由谁来赔偿这位工人的损失？

学生6：他的律师认为，对老虎咬伤人这件事，应该由当地政府和野生动物管理机构来赔偿这位工人的损失。

教　师：他的律师认为，对老虎咬伤人这件事，为什么应该由当地政府和野生动物管理机构来赔偿这位工人的损失？

学生7：因为当地政府和野生动物管理机构应当采取措施，防止野生动物伤害人，以保护公民的生命。所以，他的律师认为，对老虎咬伤人这件事，应该由当地政府和野生动物管理机构来赔偿这位工人的损失。

教　师：野生动物管理机构认为，老虎咬伤人这件事，应该不应该由他们来负法律责任？

学生8：野生动物管理机构认为，老虎咬伤人这件事，不应该由他们来负法律责任。

教　师：为什么野生动物管理机构认为，老虎咬伤人这件事，不应该由他们来负法律责任？

学生9：因为《野生动物保护法》里没有明确的规定。

教　师：《野生动物保护法》里没有什么规定？

学生10：《野生动物保护法》里没有动物伤了人该怎么办的明确规定。

教　师：你认为，对老虎咬伤人这件事，应该由谁来负法律责任？

学生11：我认为，对老虎咬伤人这件事，应该由这个工人自己来负法律责任。

教　师：为什么？

学生12：因为这位工人是在玩儿的时候被老虎咬伤的，所以，我认为，应该由他自己来负法律责任。

…………

以上练习中，学生的对话和回答，基本上是重复课文中的词语和句子。但是在要求学生不看课文的前提下，通过教师的提问，把课文的内容有机地联系在一起，变成了一段语言表达练习。这样的表达训练是通过对课文内容的利用，循序渐进地进行语言形式的训练。表面来看，学生的答句也是一种造句，但因为有充分的语境和语义的介入，在回答时，就可以把练习的重点集中在语言形式方面。

(2) 练习设计与言语技能的对应关系

汉语教材中常常使用的练习方式有：填空、造句、选择、判断对错、翻译、回答问题、改错、替换、完成对话等。而 HSK 考试多以选择题为主。因此，从让学生适应考试的角度来说，按照 HSK 等考试题型来设计以选择为主的练习方式，是提高教学效果的一个办法。如果从提高学生的言语技能的角度来设计练习方式的话，就必须考虑各种练习方式与听、说、读、写等几项言语技能之间的关系。从目前的汉语教材现状来看，以上两个方面的练习设计都存在许多值得深入研究的问题。在教师被指定教材的情况下，我们只能从语料处理教学行为的角度，根据课堂教学的实际需要，对教材中的练习加以取舍。

在各种练习方式中，只有提问(回答问题)是针对语料的言语交际互动的练习。在无文字凭借的状态下，提问练习是最接近语言交际实际的练习方式。因此，毫无疑问，听说课应该以提问的练习方式为主。但在现行的各类听说汉语教材中，提问练习无论是设计数量，还是设计理念都不能很好地适应课堂教学言语交际技能训练的实际需要。某些听说类汉语教材甚至没有提问练习。这样的教材无疑会把课堂教学导向停留在书面练习的脱离言语交际的"哑巴"汉语。为了避免这种情况，使用这类教材的教师就必须自行设计提问语练习。

目前，对于各类教材中练习题的题型设计和练习方式尚缺乏系统的研究和规划。许多教材的课后练习随意性较大，练习的题型设计缺乏系统性和科学性。比如，同样都是"表达"，写出来的和说出来的就分别属于两种不同的言语技能。但有些口语教材，在练习题的设计方面过于"书面"化，"写"的练习较多，"听"和"说"的练习较少，忽视"写" 和"说"作为两项言语技能的区别，练习题设计缺乏与听、说言语技能训练的对应关系。有的练习题甚至在表述上存在逻辑缺欠。比如："根据录音内容快速回答问题"，所谓"快速回答问题"有让学生加快答句的语速和加快反馈速度的双重含义。再比如："用正确的语调读下边的句子"。让学生用正确的语调来读句子，这是一个不言而喻的问题。有哪个学生愿意用错误的语调读句子呢？再比如："你能看懂下面的菜单了吗？"仅从题目来看，不知该练习题如何进行课堂操作。许多练习带有语文课练习的痕迹。比如："下边是外国留学生常说错的句子，你能改正过来吗？"(改病句)等。

很多听说课练习题型缺乏听说课言语技能训练的特点，往往还是替换练习、完成句子、根据所给词语完成对话、完成会话、选词填空等练习方式。即使是提问(回答问题)练习，在课文问题和交际问题的设计上和提问语的数量上都与课文不相适应。有的字数在500字左右的课文，提问语只有五六个，这显然不能适应课堂教学提问练习对听、说技能训练的需要。使用这种教材的教师就需要对教学语料进行处理，自行设计提问语，否则就无法实现听、说言语技能和交际技能训练的教学目标。

另外，大部分教材中的各种练习题集中在语法的理解和练习方面，即使是一些听说类教材也大多如此。我们认为教材中的练习题应该按照言语技能训练的需要，结合语法设计出针对听、说、读、写等不同言语技能的练习题。换句话说，练习题与言语技能和语言形式训练之间应该具有对应关系。

教材的优劣在很大程度上取决于练习的设计。特别是听说类教材，言语技能的练习设计更是能否实现听、说言语技能教学目标的关键。由于教材中的练习都是有文字凭借的练习，我们必须还要根据课堂教学的特点，设计无文字凭借的课堂言语交际互动方面的练习，而互动练习的主要方式是"提问"，因此，加强提问语的练习设计，特别是交际问题的练习设计是十分必要的。

许多教材中的提问语几乎都是围绕理解课文内容的课文问题提问语，缺乏交际问题提问语的设计。当然对课文语料的交际性处理不仅是交际问题提问语设计这样一种方式，但仅从课堂教学常见的口语练习方式来看，我们至少应该在数量上提高交际问题的设计比例。如果没有对课文语料的交际性提问语语料处理的话，就会在很大程度上制约课堂言语交际互动方面的教学效果。比如戴悉心、王静编著的一年级教材《汉语口语教程》，一共有20篇课文，其课后练习中的提问语设计都是"根据课文回答问题"。这样的提问练习完全侧重于对课文内容的理解。比如第九课《谢谢你的帮助》中的"根据课文回答问题"：

1）张勇找大伟什么事？
2）大伟最爱听的是哪种音乐？
3）大伟为什么喜欢纽约爱乐乐团的演奏？
4）"神通广大"是什么意思？
5）大伟什么时候订的票？订到了没有？
6）你知道张勇是怎么弄到票的吗？
7）大伟请张勇晚上做什么？为什么？
8）大伟为什么让出租车司机绕道走？
9）司机为什么不愿意？
10）大伟把什么落在车上了？
11）大伟找张勇帮什么忙？
12）张勇什么时候能把剧本还给大伟？

在海内外各种汉语教材层出不穷的今天，教师和教学机构在选择听说类教材时，应该关注教材练习的设计，而不仅仅是注重课文的内容和语法的说明。加强听说类汉语教材练习设计的研究和练习语料的动态处理研究是一个不容忽视的问题。如果被指定的教材中没有言语技能方面的练习或言语技能方面的练习较少，那么教师就只好在语料静态处理中补充或重新设计言语技能方面的练习。下面是笔者在《想说就说·汉语听说教程初级》（*Let's Speak*）第8课中设计的主要针对听、说技能的练习：

第8课　在咖啡店——你喝哪种咖啡?

子真喜欢意大利咖啡。她觉得意大利咖啡很好喝。小丽送子真一个小礼物。

小丽:我们去咖啡店,喝点儿咖啡吧。
子真:你喝哪种咖啡?
小丽:这个。对不起,我说错了,是那个。
子真:这种咖啡真香!
小丽:啊!不好意思,这是我的一点儿小礼物。你打开吧。
子真:哇!是玩具熊猫。真可爱!太谢谢你了!
小丽:别客气。我喝完了。已经六点了,我有点儿饿了。
子真:去吃饭吧!

生　词

1. 喜欢	xǐhuan	动		13. 香	xiāng	形
2. 意大利	Yìdàlì			14. 不好意思	bù hǎoyìsi	
3. 咖啡	kāfēi	名		15. 打开	dǎkāi	动
4. 觉得	juéde	动		16. 玩具	wánjù	名
5. 好喝	hǎohē	形		17. 熊猫	xióngmāo	名
6. 送	sòng	动		18. 可爱	kě'ài	形
7. 礼物	lǐwù	名		19. 别客气	biékèqi	
8. 店	diàn	名		20. 完	wán	动
9. 喝	hē	动		21. 已经	yǐjīng	副
10. 点儿	diǎnr	量		22. 有点儿	yǒudiǎnr	副
11. 种	zhǒng	量		23. 饿	è	形
12. 错	cuò	形				

练　习(练习中课文文本以外的词语都不是生词)

一、课堂提问练习:

〈课文问题〉	〈交际问题〉
子真喜欢意大利咖啡吗?	→你喜欢不喜欢意大利咖啡?

子真觉得意大利咖啡好喝吗？
子真喜欢哪国咖啡？　→你喜欢哪国咖啡？
子真觉得意大利咖啡香不香？
子真觉得她喝的咖啡香不香？　→你觉得意大利咖啡好喝吗？
→你觉得什么咖啡好喝？
小丽说错了什么？　→你写（说）一下儿他的名字。——他写（说）对了吗？
小丽送子真一个什么礼物？
小丽送子真的小礼物是什么？　→这是你送我的礼物吗？（任意物品）
→朋友的生日，你送朋友什么礼物？
→妈妈的生日，你送妈妈什么礼物？
小丽的礼物，子真打开了吗？　→请你打开书！
→请你打开铅笔盒！（饮料瓶、手机、书包等）
子真觉得熊猫可爱吗？　→你觉得熊猫可爱吗？
子真喜欢小丽的礼物吗？　→你喜欢熊猫吗？
→你能送我一个玩具大熊猫吗？
→你能送我一个真的大熊猫吗？
→你能帮我打开吗？
→你能帮我填表吗？
→你能一个人去中国吗？
已经六点了，小丽饿了吗？　→现在你饿不饿？
→我有点儿饿了，我们一起去吃饭吧！
她们喝完咖啡，去哪儿？　→今天你上完课，去哪儿？

二、听句子，选择正确答案：

1. 我觉得这种咖啡不好喝。

   问：他喜欢这种咖啡吗？（B）

   A. 喜欢　　B. 不喜欢　　C. 有点儿喜欢

2. 男：子真！我们学汉语吧。

   女：不好意思，我饿了，我先吃点儿饭。

   问：子真学汉语吗？（B）

   A. 先学汉语，然后吃饭

B. 先吃饭，然后学汉语

C. 不学汉语

3. 我在书店买了一本中文词典。

问：现在他有中文词典吗？（A）

A. 有　　B. 没有　　C. 大概有

4. 男：子真！这个玩具熊猫真可爱！你在哪儿买的？

女：这是小丽送我的生日礼物。

问：那个玩具熊猫是谁买的？（A）

A. 小丽　　B. 子真　　C. 朋友

三、选择正确的词语填入＿＿＿＿中：

1. 我们＿＿＿＿吃饭，然后去学校。（都、[先]、已经）

2. 这本书＿＿＿＿贵。（一点儿、[有点儿]、几点）

3. 这个玩具熊猫＿＿＿＿可爱了。（真、很、[太]）

4. 我的名字叫小丽，你写＿＿＿＿了。（开、完、[错]）

四、听句子，选择最恰当的回答：

1. 我的名字不叫子真。（A）

A. 对不起，我写错了。

B. 对不起，我写了。

C. 对不起，我写不对了。

2. 你喜欢哪种书包？（A）

A. 我喜欢小的。　　B. 我喜欢的小。　　C. 我喜欢小。

3. 太谢谢你的礼物了！（B）

A. 对不起。　　B. 别客气。　　C. 不好意思。

4. 我有点儿饿了。（C）

A. 我们去玩具店吧。

B. 我们去咖啡店吧。

C. 我们去吃饭吧。

五、读短文，判断对错：

今天我和朋友去咖啡店喝咖啡。我经常来这个咖啡店。那里的人已经认识我了。我的朋友第一次来这个咖啡店。他很喜欢这里的咖啡。咖啡店的人送我们两个小礼物。我们都很高兴。

1. 他和朋友经常去那个咖啡店。　（错）
2. 咖啡店的人不认识他的朋友。　（对）
3. 他的朋友送他两个小礼物。　（错）
4. 他的朋友觉得那个咖啡店里的咖啡很好喝。（对）

六、听第五题的短文，回答下列问题：

1. 他经常去那个咖啡店吗？
2. 咖啡店的人认识他吗？
3. 他的朋友是第一次去那个咖啡店吗？
4. 他的朋友觉得那个咖啡店里的咖啡好喝吗？

以上练习题与言语技能的对应关系如下：

1. “课堂提问练习”分为课文问题和交际问题两类，主要是听说技能和交际技能的综合训练。要求学生不看课文，用整句回答提问。根据教学时间，同一提问语可进行教师和学生之间、学生和学生之间的重复问答练习。
2. “听句子，选择正确答案”属于听力训练。
3. “选择正确的词语填入________中”属于语法和词语使用方面的练习。
4. “听句子，选择最恰当的回答”属于语法和听说交际技能的训练。
5. “读短文，判断对错”属于阅读和语法训练。
6. “听短文，回答问题”属于听力训练。

各类国内出版的汉语教材中常见的练习题大致有：

(1) 朗读下列句子，注意语音、语调
(2) 根据录音内容填空
(3) 用指定词语完成句子
(4) 用指定词语完成对话
(5) 用下面的词语说一段话
(6) 看图说话

(7) 听录音(或根据课文内容)回答下列问题

(8) 判断正误

(9) 复述课文

(10) 替换画线部分的词语

(11) 分角色表演

(12) 根据以下话题讨论

长期以来,对各类汉语教材中的各种练习题的题型特点与功能、题型设计原则、练习效果的证明、练习题与言语技能训练的对应关系、练习题的课堂操作与实施、练习题与考试的关系等等问题都缺乏系统深入的调查和研究。这样的研究不仅与教材编写有关,更与课堂教学密不可分。不能因为某些练习题已经司空见惯,就认为没有研究的必要。我们认为,不管哪一种练习,汉语教材练习设计的一条总的原则是,任何心智健全的以汉语为母语的人都能够无障碍地准确完成。作为一种教学语料,课后练习的使用和处理直接关乎"精讲多练"。教师在课堂上处理练习语料时,需要根据课型特点、学生水平、教学时间和练习题目设计的科学性等有选择地加以利用。目前教材中练习题的设计存在以下一些问题:

(1) 不管何种课型的教材,练习题的题型大同小异,缺乏不同言语技能训练的针对性。

(2) 题型设计随意性较大,缺乏针对学习心理和语言规律的创新设计。

(3) 语法练习和理解性练习多,言语技能方面的练习少。

(4) 练习中出现新的生词,练习难度加大。

对于以上几个方面的问题,本书尚无系统的调查和统计。在这里只是抛砖引玉,希望学界对此予以关注。

第四章

语料动态处理的教学行为

语料动态处理教学行为表现为第二语言课堂教学的一系列动态过程。这一过程就是感知、理解、模仿、记忆、巩固、运用、复习。其中，“理解”属于有文字凭借训练；“运用”属于无文字凭借训练；“感知”、“模仿”、“记忆”和“巩固”属于有文字凭借和无文字凭借两种训练的结合。在课堂教学过程的这七个阶段中，教师不但要把静态的教学语料处理结果转化为一系列动态的课堂教学行为，即把语料提问语设计、语言点认定、教学单元划分等教学语料静态处理的结果在课堂教学中以动态的形式表现出来，而且还要通过一系列动态的课堂教学行为，把教学语料内化为学习者对语料的认知和各项言语技能。由此说来，在整个动态教学过程中，教师课堂教学行为应包括转化语料处理结果的教学行为和内化言语技能的教学行为。感知和理解属于语料认知处理的动态教学行为，其作用是“懂”；模仿、记忆、巩固、运用和复习属于内化言语技能的动态教学行为，其作用是“会”。课堂教学的动态过程就是解决由“懂”到“会”问题。其中，“复习”不但作为一个独立的教学过程而存在，而且还以重复、再现等形式存在于其他教学过程中。吕必松先生把教学过程概括为感知、理解、模仿、记忆、巩固(1993)。刘珣先生把教学过程分为四个基本阶段：感知、理解、巩固、运用(刘珣，2002)。这里综合两位先生的看法，并在此基础上补充“复习(重复)”。对外汉语课堂教学过程图示如下：

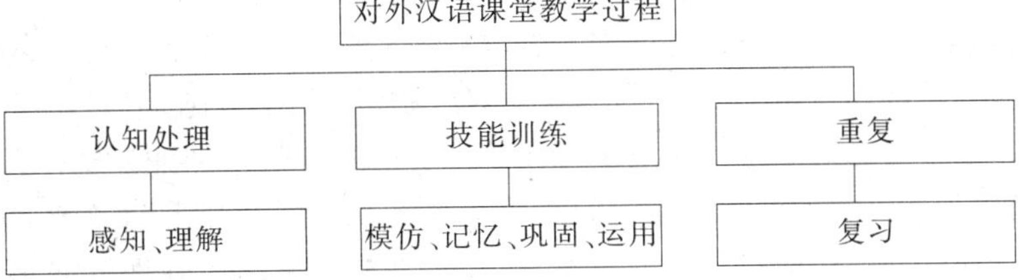

图4　课堂教学过程示意图

人们对“复习”的理解通常是对学过的课堂教学内容和言语技能的巩固。从整个教学过程来看，复习可以表现为一个完整而独立的教学过程(集中重复再现)，也可以表现为渗透到其他教学环节中的重复和再现(间隔重复再现)。对课文语料的认知和言语技能都需要通过不断地复习才能在学习者的大脑中得以内化。特别是在模仿、记忆、巩固、运用阶段所形成的各项言语技能，必须经过复习这一阶段的反复训练才能形成真正的言语交际能力。这也是解决由"懂"到"会"的关键。学过某一词语，并不意味着真正掌握了该词语。很多学习者都有过这样的经历：以前学过的词语，过了一段时间，或换了一个语言环境后，虽然听着耳熟，但就是想不起来这个词的语义，这种情况一方面是学习者自身遗忘的结果，但主要原因是缺乏复习阶段的重复再现训练。因此，复习(重复)阶段是其他六个教学阶段的核心。七个教学阶段的内在关系图示如下：

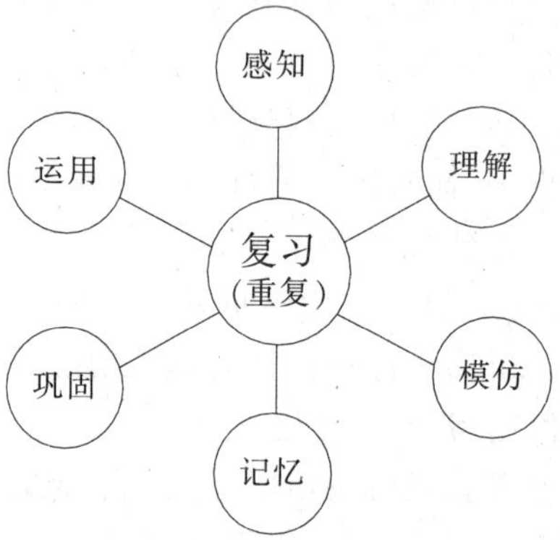

图 5　教学过程关系图

语料动态处理的教学行为主要体现在语料认知的动态处理教学行为和言语技能训练的语料动态处理教学行为当中。其中，言语技能训练的语料动态处理教学行为包括教学语料的有无文字凭借动态处理、朗读示范教学行为、提问的语料动态处理教学行为、课堂教学语言等方面的语料动态处理教学行为。诸多教学行为构成课堂教学语料动态处理的教学行为系统。在这个教学行为系统中又包含一系列的教学策略。我们把语料动态处理教学行为当中的各种教学策略看成是作用于学习者的课堂教学组织管理的教学策略问题。这种既作用于教学语料，又作用于学习者的课堂教学组织管理策略区别于只作用于学习者的课堂教学组织管理行为。把语料动态处理教学行为、课堂教学组织管理策略和课堂教学组织管理行为区别开来，有助于我们更清楚地观察课堂教学这个复杂的系统。

第一节 语料认知的动态处理

在七个教学阶段中,包含了一系列复杂的教学行为。根据可懂输入原则对教学语料进行认知处理是其他各个教学阶段中诸多课堂教学行为的前提。其他五个阶段的教学行为都是以语料认知为基础进行的。语料认知是指对语料的感知和理解。语料感知处理教学行为表现为调动学生已有的知识和技能来感知当前语料;语料理解处理教学行为表现为教师对知识的讲解和输入。我们主要从语料认知的手段和语料认知处理的教学过程两方面对认知阶段语料处理的教学行为进行分析。

一、语料的认知手段

语料认知离不开目的语的语言知识和文化知识的输入。但与第一语言教学不同的是,在第二语言教学中语言知识和文化知识只是作为语料的认知手段。语料认知手段是指对语料认知的教学处理方式及其教学行为策略,其手段主要是知识的输入和语码转换。通过语言知识和文化知识的输入,使学习者理解教学语料,为言语技能的训练提供可懂输入的前提。当然,在这个过程中,语言知识和文化知识本身的学习是必不可少的,但这不是初中级阶段第二语言教学的主要任务。随着学习者第二语言言语技能和交际技能的提高,有关目的语的文化知识水平也会随之提高。因此,语言知识、文化知识、言语技能三者是相辅相成的关系。

语言和文化既互相依存,又彼此不同。语言是文化的形式载体,而文化是语言的语义内容。文化可以分为语言文化和非语言文化。语言文化大都表现为词语的文化内涵,比如“吹牛”、“红娘”、“吃醋”等。而某些非语言文化与语言本身关系不大,比如武术、饮食、剪纸等。非语言文化既可以用本族语言来表述,也可以用外族语言来表述。汉语教学所关注的不是非语言文化,而是和语言密不可分的语言文化。

任何一个民族都有属于本民族的特有的文化,其文化作为知识可以被本族人和外族人学习。不论语言文化还是非语言文化,都属于知识范畴,即所谓文化知识。对第二语言学习者来说,文化知识既可以通过第二语言获得,也可以通过自己的母语获得。但语言文化必须结合第二语言的学习来获得。语言文化的学习可以反过来促进对第二语言的理解和使用。文化知识的学习方式有教师讲解和书面阅读两种方式。一般来说,通过母语获得的文化知识只需一次讲解或阅读即可完成，其心理活动属于认知范畴。而通过第二语言获得文化知识则与第二语言的技能有关，因而不仅仅是认知问题。

语言的获得过程是语言知识的学习和语言技能的习得相互作用的过程。（这里只是使用“学习”和“习得”的概念来说明“知识”和“技能”的获得方式不同，无意讨论“学习”和“习得”之间概念上的差异。）语言知识包括语音、词汇、语法、语用、语言文化等。这些语言知识的获得方式与文化知识的获得方式一样，既可以通过第二语言来学习，也可以通过母语来学习。从这一层面来说，语言知识和文化知识的获得都属于学习的范畴。但仅仅获得语言知识并不意味着真正掌握第二语言。第二语言的获得与第二语言言语技能的习得密切相关。言语技能的获得不能仅仅通过学习来完成，而必须经过一个反复训练的习得过程。知识的获得不需要经过反复训练，因此知识的获得方式是学习，技能的获得必须经过反复训练才能养成，因此技能的获得方式是习得。语言除了具有知识的属性以外，还具有技能的特性。文化虽然也具有知识属性，但其技能特性与语言知识关系不大。文化、语言、知识、技能这四者之间的关系图示如下：

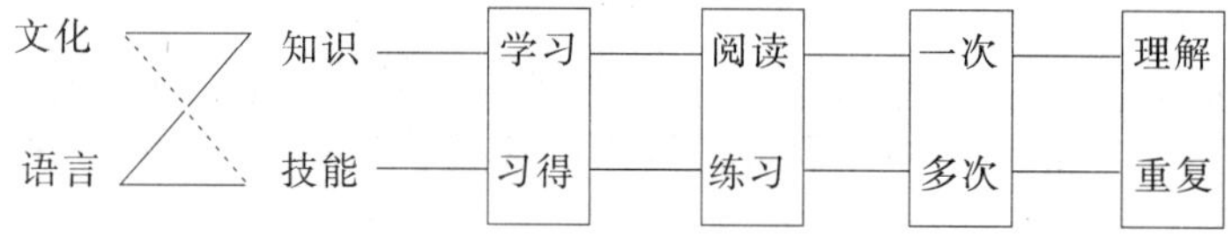

图 6　文化、语言、知识、技能关系图

任何一种技能的习得都必须经过反复的练习才能完成。就像儿童习得母语一样，技能习得不需要知识也可以完成。对第二语言的学习者来说，通过学习所获得的知识，可以对言语技能的获得起认知方面的促进作用。但我们千万不能夸大这种认知作用，更不能把这种认知作用当成言语技能本身。在当今信息时代的背景下，把认知理解作为第二语言教学核心的翻译法已经不能满足听和说的需要。因此，我们有必要把第二语言言语技能的习得摆在与语言知识和文化知识的学习同等重要甚至更高的位置上。

课堂教学中对语料进行感知理解的语料认知手段有知识的输入（语言知识和文化知识）和语码转换。

1. 语料认知与语言知识

第二语言的语料认知教学就是把学习者用母语建立起来的一套知识体系转换为以目的语为符号系统的知识体系。这包括目的语符号系统本身的语言知识（语音、词汇、语法等）和文化知识。第二语言语言知识教学的目的是语料认知，即为学习者准确理解、运用目的语提供可自主分析语言的依据，并在言语技能训练中提供语言自主生成、纠错的依据。既然是知识传授，教师的教学语言既可以是学习者的第二语言，也可以是学习者的母语。海外的许多汉语教学机构大都采用由本国教师用学生的母语讲解语言知识，而由中国教师进行言语技能训练的教学模式。除语言知识的讲授外，跟知识教学有关的教师教学行为常常是一系列检查第二语言知识掌握情况的练习。比如汉语声、韵、调的搭配和辨析等。目的语语言知识的学习贯穿于第二语言教学的全过程。即使到中高级阶段，汉语知识，特别是汉语书面语语言知识的学习仍然是汉语教学的主要目的。

语料认知需要第二语言知识的支持，但掌握目的语语言知识不等于理解目的语语料。二者之间具有一种辩证关系，即语言知识蕴涵于目的语语料当中，要理解目的语语料需要语言知识的学习，而语言知识的学习又离不开语料的理解。教师应善于利用学习者已有的目的语语言知识来帮助学习者认知理解当前所学的语言材料，同时，也应该从当前的语料当中，概括出新的语言知识，也就是所谓的教学重点。第二语言知识教学以理解为教学目标。在既有知识教学又有技能训练的课堂教学中，用于语料认知的教学应控制在最短的时间内，从而把有限的教学时间尽量多地用于言语技能的训练。为了尽量缩短语料认知的教学时间，就必须深入研究语料认知处理的教学行为。这也正是我们主张淡化语法教学的出发点之一。

汉语的语法实际上就是虚词的用法及在虚词的作用下一系列实词的搭配顺序和搭配关系的规律。这些属于语言知识。比如“把”字句的课堂处理，教师除了讲解与“把”字句有关的语法知识以外，把“把”字和其他一些虚词或实词搭配起来，固化为一定的格式的教学处理，可以将“把”字句的问题化繁为简。如“把……V在……上(里、中)”、“把……V上”等。表面看来，这样做局限了“把”字句的用法，实际上是对“把”字句的一种分阶段教学处理，学生一个格式一个格式地学习，最终循序渐进地理解并掌握“把”字句的用法。第二语言教学固然离不开教师对语言知识的讲授，但需要教师对语言知识进行具体化、格式化的分解处理。这个过程是言语技能训练的前提和基础。反过来，伴随与课文语言材料密切结合的言语技能的训练，学习者也会加深对第二语言知识和所学语言材料的理解。换句话说，言语技能训练的过程也是对语言知识和语言材料进一步认知和理解的过程。

第二语言学习的课堂教学与自学的区别就在于，学习者可以通过课堂教学进行语言知识的系统学习和技能训练，从而尽快地获得第二语言的言语技能。如果我们不把知识教学看成是第二语言学习的最终目的的话，那么，在语料认知的动态处理过程中，为了使学习者尽快理解教学语料，增加技能训练的教学时间，教师就需要运用各种教学手段和教学智慧，让学习者在最短的时间内获得语言知识，实现语料的认知和理解。这个问题属于语言知识的教学策略和教学技巧方面的问题。总之，语言知识、语料认知理解、言语技能训练，三者处于不同层面。第二语言语料认知的动态教学行为应该在这三个不同的教学层面上展开。三者互相区别，同时又互相联系，构成一个教学语料认知方面的教学行为系统。

2. 语料认知与文化知识

文化知识教学服务于语料认知。通过语料认知也可以学习语料中蕴涵的文化知识，但在初中级阶段，这不是第二语言教学的主要教学目标。目前学界有一种轻视语言形式教学、夸大文化教学的倾向，甚至把影响第二语言学习的语言之外的因素都归入文化。对此，我们的看法是，应该站在语言形式教学的角度来看文化教学，也就是说，在初中级阶段，文化教学应跟着语言形式教学走，而不是相反。即使到了中高级阶段，语言形式教学也应是第二语言教学的主要任务，只是从口语语言形式教学过渡到书面语语言形式教学。对于初中级水平的学习者来说，文化知识教学为语料认知服务。文化知识教学的目的是为了排除在语料认知理解方面的障碍，进而在可懂输入原则下展开语言形式和言语技能的训练。

当然，文化知识教学的另一个重要作用是培养学习者对中国文化的兴趣，其中自然也包括对进一步学习汉语的兴趣。文化知识教学的这种作用既可以通过使用汉语教学来实现，也可以通过使用学习者的母语讲授来实现。我们所关注的是如何通过汉语教学来学习中国的文化知识，以及如何通过文化知识教学来学习汉语。不同的教学阶段有不同的教学目标。在初中级阶段，文化知识教学的主要目的是通过知识的输入为语料认知和理解提供解读依据。文化知识及其教学是一个十分复杂的问题。作为影响语料认知处理的动态因素，我们这里仅从文化知识与语料认知的角度加以分析和讨论。

汉语教学中的文化因素主要有词语文化内涵（语言形式中的文化）、语言教学中的文化、言语交际中的文化、知识文化。文化教学研究者所谓的语言形式中的文化因素，实际上应包含四个方面的内容：词语的文化成因、词语的观念文化、知识文化（文化背景知识）、句义预设。

这里所说的知识文化（文化背景知识）是指与语言形式有关的知识文化。比如“晚婚晚育”在西方国家属于个人行为，无所谓褒贬，但在中国人的观念里，这个词语具有一定程度上的褒义。这就属于词语的观念文化。至于跟这个词语的观念文化有关的中国的人口政策则属于这个词语的知识文化。这种知识文化与语言形式的教学有关。当然，也存在与语言形式无关的知识文化，比如在一篇内容涉及中国人口问题的课文中，中国的人口政策也属于知识文化，但这种知识文化与语言形式的教学无关。所以这里所说的知识文化应属于两个不同的层面。对知识文化的这种区分具有语言形式教学和语言内容教学的不同含义。其教学对策也会有所不同。

在词语文化内涵的研究中不应把句义预设同词语文化内涵混为一谈。严格来说，句义预设不是文化因素。句义预设属于语言层面，它常常映射词语的文化因素。然而句义预设常常被研究者直接当成文化因素。如果对此不加以区分，就会淡化语言形式的教学，从而出现夸大文化教学的倾向。

(1) 词语文化内涵在对外汉语教学中的地位和教学策略

许多词语从形成之初到使用过程中蕴含着十分丰富的文化内涵，比如成语，另外也有像"矛盾"、"吹牛"、"二百五"、"过关"、"闹洞房"等。这些词语的文化成因不是第二语言教学的主要内容。学生了解了该词的语义并会使用该词就可以了，如果教师在课堂上讲解这些词语的文化成因，其课堂教学内容势必会超出教学计划，使教学处于无序状态。其实，即使是中国人，也未必都知道这些词语的文化成因，可这一点也不影响他们使用和理解这些词语。当然，在教材中可以设计某篇课文来介绍某一词语的文化成因，但课文中语言形式的教学也仍然是第二语言教学的核心。如果教师认为有必要讲解某一词语的文化成因，那么他必须在备课时做好充分准备，以保证其教学语言在学生学过的词语范围之内。了解词语文化成因的目的是为了更准确地理解和使用词语，因此，在这种情况下，词语语言形式的教学仍然重于文化内涵的教学。

从这个意义上来说，在现代汉语词语教学中，某些词语的词义演变也不是教学的主要内容。比如"勾当"，古时指做事，无所谓好事坏事，而现在专指坏事、阴谋，是贬义词。教学中只介绍该词语的现代义既可，没有必要"讲清楚当时和现在不同的历史文化背景"。(赖志金，2008)目前，有些教师在强调词语文化教学的同时往往轻视了语言形式和言语技能的教学，从而导致课堂教学"讲"多于"练"。

另有一类词语，文化含义和字面义并存，比如"眼红"、"吃醋"、"放羊"、"翻船"、"多嘴"、"撞车"、"咬耳朵"之类。与上面一类不同，由于受到字面义的影响，学习者理解的难点在于语言之外的文化含义。但学生只要记住其文化含义，在使用中一般不会出现由文化差异造成的偏误。因此，这一类词语文化差异造成的交际障碍并不大。

有一些词语或词组，文化含义常常表现为观念上的差异。比如"两性关系"、"有个性"、"再婚"、"晚婚晚育"、"堕胎"、"狗"、"猪"、"老黄牛"等等。文化背景不同，对这一类词语的文化阐释也不同。由于这种观念上的差异，常常造成交际上的障碍。比如：《汉语中级听力教程》下册(二)第二课《老年人的再婚》中说“再婚在中国人眼里有不幸的含义”，但再婚在西方人眼里没有不幸的含义。再比如，“猪”在汉语里有“懒”的文化含义，而在日语里没有这种含义。这种不同文化之间的差异不是词语本身具有的，而是附加在词语之上的观念文化所带来的。因此，像“再婚”、“晚婚晚育”这一类词语，在教学中有必要做异文化的观念对比。教师在对其观念文化的差异做客观地介绍和对比的同时，也正可利用其差异性，组织语言形式的练习。

(2) 句义预设在对外汉语文化教学中的地位和教学策略

词语的观念文化对句义的理解构成一定障碍，其中的一个主要原因是句义预设影响学习者对句义的理解和正常交际。而句义预设又常常被研究者直接当成文化因素。因此，在讨论词语文化内涵时，我们有必要把文化因素和句义预设区别开。林国立先生在《构建对外汉语教学的文化因素体系》(周思源，1997)一文中谈及“文化大纲的基本内容”时举了如下例子：

> 最近我的老师忙极了，他说他连午睡的时间也没有。
> 当了校长以后，他还是骑自行车上班。

上面两个例句中，在“午睡”和“自行车”这两个词语之上，具有词语文化内涵中的观念文化的差异，即“中国人一般情况下每天有午睡的习惯”和“普通中国人上下班一般骑自行车”，而其他国家可能没有这种生活方式和文化观念。所以，林国立先生分析说：“……中国人一般情况下每天有午睡和普通人上下班一般骑自行车这种生活方式则是文化因素体系和文化大纲的内容。”

文化不是个体行为，它具有民族性。个体行为所反映的静态的文化因素常常通过句义预设进入交际。因此，从语言层面来看，上面两个例句中的句义，“我的老师每天有午睡的习惯”和“他当校长以前一般骑自行车上下班”是这两个句子的预设，不是文化因素。“预设在话语本身上有标志，这些标志是从语言形式上(听觉上、视觉上)能直接接触到的教学元素。”这就是 Levinson 所说的“预设触发语”(Presupposition-triggers)。Levinson 给预设触发语下的定义是：“预设跟某些特定的词相连，我们把这些产生预设的词语称作预设触发语。”(温洁，1993)以上两个句子中有明显的“预设触发语”——“连……也……”和“还是”。

这里要注意预设和交际前提的区别。“交际前提”属于逻辑范畴，“预设”属于语言范畴。比如“我去图书馆”一句，“学校有一个图书馆”是“我去图书馆”的交际前提，而不是预设，更不是文化因素。下面仅以“当了校长以后，他还是骑自行车上班”为例，列举该句有关“自行车”这个词语的观念文化、知识文化、交际前提和预设：

a. 自行车——普通中国人上下班一般骑自行车(观念文化)
b. 领导(校长)不用骑自行车上下班(知识文化)
c. 他有自行车(交际前提)
d. 当校长以前，他骑自行车上下班(预设)
e. 当了校长以后，他还是骑自行车上下班(本句)

当然，并不是所有的句子都同时包含以上 a、b、c、d 四个方面。比如：

电视机都买好了，就等着办事儿了。
那时候，他们家过年连饺子都吃不上。

“中国人把电视机作为结婚必备的一个重要的大件物品”和“汉族人过年一定要吃饺子”的观念属于附加在“电视机”、“饺子”词之上的观念文化。这些观念文化进入交际后，“电视机”、“饺子”本身就超出了它的词义范围，通过“都……了”、“连……都……”这样的预设触发语，把中国人有关电视机和饺子的观念文化变成了句义预设。因此，教学中应从体现蕴涵观念文化的句义预设的预设触发语“都……了”、“连……都……”入手，给学生揭示中国人对“电视机”和“饺子”的观念文化。

知识文化是指包含语言在内的有关世界的一切知识，而词语观念文化仅仅是附加在语言形式之上的文化；词语观念文化一旦进入交际成为交际前提后，在预设触发语的作用下就有可能成为预设，造成预设对文化因素的映射。当然，文化因素也可以以比喻的方式直接进入句子。比如：

他是个典型的农民。
他真是一头老黄牛。

这里的“农民”不仅仅是指“在农村从事农业生产的劳动者”；“老黄牛”也不仅仅指“牛的一种”，句中的“农民”指的是农民身上的品质特点，“老黄牛”是比喻老老实实勤勤恳恳工作的人。这些附加在“农民”和“老黄牛”上的词语观念文化是这两个句子的语义核心。教学中，第二语言学习者的不同文化背景下这些词语的观念文化差异会直接影响学习者对句义的理解。

词语观念文化和句义预设是两个不同层面上的问题。句义预设属于语言层面，词语的观念文化是句义预设的上位概念。并不是所有的句义预设都映射文化因素，文化因素也不是一定要通过句义预设来体现。但在言语交际的教学中有必要对此加以区分，因为学生的问题可能是词语的观念文化不同造成的，也可能是对句义预设和预设触发语不理解造成的。对外汉语的文化教学有必要结合句义预设和预设触发语来揭示语言和文化的关系。

（3）目的语知识文化在对外汉语教学中的地位和教学策略

目的语知识文化浩如烟海，它蕴涵在大量的目的语语言材料当中。第二语言教学和母语教学同样都面临以语言材料为媒介传授知识文化的问题。目的语知识文化既可以用第二语言学习者的目的语来讲授，也可以用第二语言学习者的母语来讲授。既然是第二语言教学，在中高级阶段目的语的语言形式仍然是教学的核心。但与初级阶段的词语文化教学不同的是，中高级阶段的知识文化教学应从目的语的口语形式转向书面语形式。大量的知识文化往往以书面语的形式储存在目的语的书面材料之中。准确快速地阅读、听辨、理解书面语是中高级阶段学习者必备的言语技能。同时，提高以目的语知识文化为背景的目的语写作能力，也是中高级阶段的培养目标。汉语的书面语在音节的韵律、词语的搭配、句法的格式和固定的词语组合等方面有许多不同于口语的表达方式。在教学中，对这些书面语的表达方式同样需要进行听、说、读、写技能的训练和培养。

随着第二语言学习者目的语的听辨和阅读能力的提高，目的语知识文化也会在这个过程中得到丰富。但第二语言教学绝不能以丰富学生的目的语知识文化为教学目的，而应以提高学生对蕴涵目的语知识文化的语言材料的听辨和阅读的能力为教学目标。毕竟我们的教学是第二语言教学，而不是第二文化教学。

国外中文教育大多在训练学生汉语语言技能的同时，用学生的母语为学生开设许多介绍中国各种知识文化的课程。学生对有关中国的各种知识文化并不陌生，甚至某一方面比一般中国人知道的还要多。只是学生不具备或较少具备用汉语听辨、阅读、写作该知识文化的语言技能。因此，对外汉语教学中知识文化的教学仍然不能忽视汉语书面语言形式的教学。忽略这一点就会丧失对外汉语教学的特点，而把对外汉语教学混同于汉语母语教学。

周思源先生在谈及第二语言的文化教学时说："丰富的文化知识为语言表达提供了大量潜在的可能性。不仅仅是在'学语言'中学习有关交际的'交际文化'，而且是学习了必要的文化知识才会在交际中随机应变地以各种恰当得体的语言来使交际获得最大的成效。"（周思源，1997）这段话强调了文化知识对提高语言表达的重要性，以汉语为目的语的第二语言学习者通过自己的母语也可以建立有关中国的丰富的知识文化体系，但如果没有相应的汉语能力，他们是绝不会在交际中做到随机应变的。所以，在对外汉语教学中还应把提高言语技能放在首要位置，在言语技能提高的同时，第二语言的知识文化也会相应增加。但由于目的语知识文化也可以通过学生的母语来学习，因此，目的语知识文化的增加并不一定伴随目的语言语技能的提高。那些“哑巴”中国通，就说明了这一问题。

我们认为第二语言的文化教学的目的有三：通过文化知识的学习培养提高学习兴趣；掌握第二语言的交际文化，排除交际障碍；学习书面语的表达方式及书面语在口语中的使用。我们建议中高级阶段，特别是高级阶段的课程语料可按照书面语的体裁分为诸如公文语料（书信、通知、启事、申请等）、新闻语料课（新闻、消息、报道等）、论说语料（议论文、学术论文、法律文书等）、小说语料、诗歌散文语料等等。在语料内容的选择上，充分考虑不同专门知识文化的分布。比如经济类知识文化可放入新闻语料或论说语料等等。这样，学生既可以学到不同知识文化中的有关词语，也可以学到不同体裁中常见的表达方式。在对语料进行听、说、读、写等言语技能训练的同时，学生的知识文化也会得到相应的丰富和提高。

3. 语料认知与语码转换

在第二语言学习过程中，学习者需要把目的语语料转换为母语或其他可懂媒介语后才能理解目的语语料。因此，在语料认知阶段，为了理解教学语料，对生词和课文需要做语码转换处理。教学中的语码转换有：教材中的语码转换（生词翻译或课文翻译）、学习者的语码转换（查词典）、教师的语码转换（口头翻译）。对于教材中已有的语码转换，原则上教师无须做课堂教学的语码转换处理，如果教材没有生词翻译，一般来说，教师多以作业的形式布置学生查词典。

我们不提倡教师的课堂教学直接语码转换（翻译）。国家对外汉语教学领导小组办公室编《高等学校外国留学生汉语言专业教学大纲》(2002)教学原则中规定“用汉语组织教学，把媒介语的使用减少到最低限度”。教师在课堂教学中使用学习者的母语或其他可懂媒介语对语料的翻译，应在考虑学习者目的语水平和课堂教学实际需要的前提下加以控制。初级班限定在教学指示语（如：请打开书，请跟我读，请再说一遍等）和讲授用语。即使是教学指示语，教师也应借助手势尽快向目的语教学用语过渡。用学过的词语解释新出现的词语，而且不出现超出学习者所掌握的词语范围的新词语，这是第二语言教师的教学基本功。

日本有一所中国语文化学校，大部分教师是中国人。这些教师中有些是用日语讲汉语课。结果有许多真正想学汉语的日本人不满意，他们说：“我们花了时间和精力是来听、说汉语的。”因此，用汉语教汉语应是汉语教师的一项基本业务素质。作为汉语教师，不仅在课堂上尽量不用学生的母语，就是在课下与学生交谈时，也应该时刻牢记自己的职业责任，把跟学生说汉语作为自己职业道德和行为规范的一个组成部分，这样才可能成为一名受学生欢迎，并具有职业吸引力的教师。

关于第二语言课堂教学教师使用学习者的母语或其他可懂媒介语的问题，不同的教学法有不同的要求。一般来说，传统的第二语言教学法，比如翻译法，主张教师在课堂上使用学生的母语授课。使用语码转换实现语际之间的直接对应。这样做能较快地解决学生对语料的感知和理解，但不利于学生听、说等言语技能的提高。大部分教学法，特别是直接法和听说法，为了更有效地训练学习者的言语技能，不主张用学生的母语来组织课堂教学，或者说，把使用学生的母语降到最低限度。与注重语法知识讲解的传统教学法相比，直接法或听说法更注重言语技能的训练。因此，直接法或听说法强调实现语料认知手段和方式的多样性与灵活性。

各种语料认知手段和方式的使用是为了实现语码转换，反过来，语码转换的目的也是为了实现语料的认知。我们之所以把语料认知手段和方式与语码转换区别开，是因为从言语技能、文化因素来考虑，语码转换与语料认知不存在必然的因果关系。也就是说，语料认知的真正含义是语料交际功能的认知，而语码转换仅是语际之间的语言对应。语码转换分为直接语码转换和间接语码转换。

直接语码转换就是教材中的语码转换（生词翻译或课文翻译）、学习者的语码转换（查辞典）、教师的语码转换（口头翻译）等语际之间的直接对应。间接语码转换指不使用学习者的母语或其他可懂媒介语，而是通过形象化手段，如教师的体态语表演、教具、多媒体设备和语言自身的解释功能等，比如以旧词解释新词、设计语言环境、利用上下文、例句、近义词反义词比较、根据语素推测词义等方式来实现学习者对语料的认知。这方面的教学策略可参见崔永华、杨寄洲主编的《汉语课堂教学技巧》一书。

多种语料认知手段的使用可以活跃教学气氛，提高学生的学习兴趣，但主要还是以实现语料认知为目的。强调课堂教学趣味性的同时不能背离语言课课堂教学言语技能训练的宗旨。比如教师的体态语表演、形象化教具的使用、多媒体设备等本身常常会把学生的注意力从语言学习中吸引开，从而弱化了对语料的认知和技能训练。因此，语言教学绝不能以语料认知或语码转换为最终目的。教师必须时刻清醒地认识到语料认知只是为言语技能训练做准备，语言教学的最终目的是提高学习者的第二语言交际能力。如果具有这样的语言技能教学意识，那么教师在做体态语表演时就要一边做动作，一边不断重复表示该动作的词语或句子。也就是说，教师做动作或让学生做动作一定要边做边说，以此来建立动作与词语之间的音义连接。比如："举手"、"站起来"等，教师可一边做动作，一边重复说出词语，并指示学生一起做动作，一起说出该词语。再比如："睡觉"、

"抽烟"、"鼓掌"等词语，教师做动作后，让学生说出该动作的词语。这样的练习一方面是语料的一种认知手段，另一方面也是紧紧围绕语料的语言形式训练。

儿童语言教学中的动作有做游戏或增加趣味性的教学意图。在成人语言教学中，动作是为语言教学的认知理解服务的，不能让动作屏蔽了语言。如果教师的动作太多或过于滑稽，学生的注意力就会从语言转向动作。心理学的实践表明，当面对多项刺激时，人的注意力会自然趋向刺激较强的一面，从而忽视其他刺激。我们可以做一个实验，找两个难度相当的句子，先说其中一句让听者复述，此时只给听者以听觉刺激，被试者一定会流畅地复述出来。然后再用第二个句子让被试复述，此时辅以跟该句意思相关的动作，给被试听觉和视觉的双重刺激。这时由于动作的影响，被试就不一定能顺利复述出该句。按照格式塔理论，对第二语言学习者来说，画面和声音互为背景。以视听教学为例，当学习者注意画面时，声音即为背景；反之，当学习者注意声音时，画面即为背景。在学习者听力认知阶段，往往关注于画面或动作，这时语音变为背景。当画面或动作的认知作用完成后，为了听辨语音，画面或动作变为背景，这时对于语音听辨来说，复杂而又夸张的画面或动作就会干扰学习者的语音听辨，从而降低语音听辨的效果。从这个角度来说，目前很多电视外语讲座都有动作过多、过于夸张滑稽的毛病。解决这个问题的办法是重复，同样的画面或动作通过适当的重复，就可以在听力技能训练过程中，降低画面或动作对语音听辨的干扰。由此可见，课堂教学中，教师的动作不宜过多、过于夸张。我们主张教师的动作应点到为止，宜准、宜雅、宜少。教师的工作不同于演员。语言教学也不同于娱乐节目。课堂教学的趣味性表现在教师通过对语料的巧妙利用和课堂教学的组织控制来玩语言。

在形象化教具的使用中，教师同样要避免学生的注意力被形象化教具分散，应该把教学的形象化和趣味性表现为语言的游戏，而不是只注重教具或教学活动本身。基于这样的认识，在各种语料认知手段和方式中，我们更倾向于利用语言自身的解释功能来实现语码转换，也就是用学生学过的词语解释当前词语。比如以旧词释新词、根据语素推测词义、利用语境释义、例句释义、利用上下文释义、近义词反义词比较等等。这样做"不但可以帮助学生摆脱母语翻译的局限，正确地理解词义，调动学生的积极性，提高他们的汉语表达能力，而且对复习、巩固所学过的词语也是非常有效的"。（崔永华、杨寄洲，2002）

不管哪种语码转换，受文化因素和语用交际等因素的影响，学习者对语料的认知很难一步到位。因此，语码转换只是语料认知的初始。课堂教学中，经过教师对生词和课文进行认知检查、提问、在例句支持的基础上做替换扩展练习等动态教学处理以后，学习者对目的语的理解才会逐渐趋于准确和完整。

二、语料认知动态处理的教学过程

语料认知处理的教学过程分为语料感知处理和语料理解处理两种教学行为。

1. 语料感知处理

语料感知处理包括生词处理和课文语料处理。关于生词处理的问题，我们在前文的语料静态处理教学行为和语料认知与语码转换中已有所论述。生词的动态处理教学行为主要是朗读、纠正发音、说明词义和常见搭配。教学策略主要有朗读示范、领读、点读、纠正发音，通过朗读展示常见的词语搭配，使用生词表中的翻译说明词义等。因为生词动态处理的许多教学策略与课文语料动态处理的教学策略大致相同，所以我们在课文语料动态处理和言语技能动态处理中，再就以上问题详细论述。

课文语料感知处理就是把语料完整地展示给学生，通过视、听、读等训练途径使语言材料进入学习者大脑形成表象，让学生对语料建立初步的泛化的大致认识。"感知过程是通过展示语言材料和进行初级操练实现的。""在感知阶段已开始了识记，主要是机械识记，并形成初步的言语技能。虽然感知的主要是第二语言的外部特征，但它为进一步理解打下了基础。"(刘珣，2002)在这个过程中，我们对学生的要求和期望不能太高。教师所期待的只是学生通过对语料的这种泛化了解，利用已经听懂或读懂的语料中的片言只语，再加上作为成人所具有的关于世界的知识和一定的判断推理，对该语料整体有一个模糊的总体认知，为学生最终完全理解语料打下初步基础。对语料的感知，会直接作用于学生对语料的完整理解。为此，教师所展示的一定是全部语料，切忌一头扎进具体语料中。

语料感知的方式按照课型不同而有所不同。听、说课以朗读示范语料(或放录音)、学生有无文字凭借交叉感知等方式为主。会话课可以让学生听后复述大意，或通过对语料大意的提问感知语料。有文字凭借的领读，可以让学生对语料的形、音、义三个方面同时进行感知；无文字凭借的领读或听辨可以让学生对语料的音和义建立自然连接。语料感知的次数一般以两三遍为宜。中间以有无文字凭借相区别，既可以是看书——不看书——看书，也可以是不看书——看书——不看书。这要根据学生的汉语水平和语料的难易程度而定。

语料感知处理属于语料认知范畴。但除了对语料内容的认知以外，感知阶段也要开始初步建立语料的言语技能。这主要通过教师的提问来实现，提问主要涉及整篇语料的文化背景、预设和语料大意。此外，通过提问语的设计，再现学过的词语，在复习旧语料的同时，使学习者利用已掌握的语料和相关技能来感知并理解当前语料。此外，通过提问还可以检查学生利用已学过的语料和相关技能对当前语料（包括生词）的感知情况，了解学生在语料理解和相关言语技能方面存在的具体问题和语料难点，为下面几个阶段的教学做准备。

2. 语料理解处理

语料理解处理是建立在语料感知处理基础之上的教学行为。它属于有文字凭借的教学，多以教师的讲解说明为其主要教学方式。在这一阶段，除了词语认知以外，主要以展示语法点为主。对于语法点的认知和说明，崔永华和杨寄洲在《汉语课堂教学技巧》中介绍了许多解释语法点的技巧。由于汉语的语法项目大部分还是词语问题，在各种语法点语料认知手段和方式中，我们也同样更倾向于利用语言自身的解释功能来设计各种认知手段，以实现语码转换。另外在语料静态处理中被格式化处理的语言点的展示和说明，可以更有效地训练学生对语料的理解和生成能力。特别是语料生成能力的培养，是语料语法项目理解处理的最高教学目标。对这一教学目标，通常是在语料理解处理的基础上，通过例句和扩展等方式来实现。为了不增加学生理解当前语料的难度，用以支持格式化语言项目的例句，以语言的常用性和不出现新的生词为原则。

在语料理解处理这一动态的课堂教学行为过程中，教学的基本目的是解决学生对语料内容的认知问题。如前所述，不管教师采用何种语料认知手段，都应在重点解决语料难点问题的基础上，尽量缩短语料理解处理所占用的教学时间。如果语料静态处理做得充分的话，这一点是不难做到的。学习者对第二语言的理解不是一步到位的，而是一个渐进的过程，也就是从不理解、不太理解到似乎理解和完全理解的过程，理解的过程既要通过教师对语料的讲解来实现，也要通过练习来完成，特别是通过语料静态处理中所设计的课文问题和交际问题的提问等相关言语技能的练习来完成。换言之，练习的过程既是言语技能训练的过程，同时也是学习者对第二语言的理解过程。那种试图通过教师讲解，甚至翻译，期待学生马上理解教学语料全部内容的想法只是教师的一厢情愿。我们必须认识到学习者对语料的理解，除了语料认知处理的各种手段以外，还建立在大量练习的基础之上。通过练习，学习者可以进一步加深对语料内容和用法的理解。

如果教学语料难易程度适合学习者的目的语水平，那么，教师对教学语料的讲解在第二语言课堂教学中所占比重就不宜太大。特别是基础汉语教学，教师讲解的比重应更低，要把教学时间尽量留给训练言语技能的各项练习。但如果所选择的教学语料篇幅太长，则很难做到这一点。在以言语技能训练为主的第二语言课堂教学中，由于在一定的教学时间内要考虑训练机会的相对公平性，因此，理想的教学语料字数长短与课时安排、学生人数等因素有关。据观察，学习者对语料的理解，主要表现为以下几种情况：

(1) 理解了片言只语，但由此推导出的语料中心主题与该语料的真实主题不符。比如："有这样一些人，可以不抽烟，不喝酒，但却不能不睡午觉。某单位的副处长王兆和就是这样一个人。他一天到晚工作很忙，中午必须睡上一会儿。"学生听懂了：一些人，不抽烟，不喝酒，不睡午觉，一个人，工作很忙，中午必须睡觉，于是学生便由此推导出语料的主题是：一个人以前既不抽烟也不喝酒，而且不睡午觉。最近他工作很忙，所以中午他想睡觉。这与语料的本义相去甚远。

(2) 学生对语料整体语义理解正确，但对其中个别词语和句子理解有误。比如："他每天坐班车上班"。其中对"班车"一词，学习者只能感知是一种车，或者错误地认为是学校的校车。又比如："不瞒你说，老蔡，最近我们家特别不顺，干什么都不顺。这不，上个月，我爱人去广州出差，回来时给我买了双皮鞋，说是真牛皮的，可没穿两星期就坏了，你说气人不气人？"许多学习者可以理解这段语料的大意，但其中的"不瞒你说"、"真牛皮"、"你说气人不气人"、"这不"不太理解。生词表里只有"瞒"、"顺"、"气人"的释义。对于这种情况，教师在备课时应该具有一定的预见性，这样才能有的放矢。

(3) 完全不理解。学生告知完全不理解，但有时我们也不能完全断定这是真的。因为，学生可能由于不自信，对自己听到或看到的语料缺乏理解上的信心，他们也许正在揣摩之中，那些已理解的片言只语还不足以让他们做出肯定的判断。在这种情况下，为了回避说错，只好回答说不明白。对于学生在语料理解上的这种微妙心理，教师应细心体察。

我们应该避免语料理解处理中两种常见的截然相反的不当教学行为：重视理解而轻视课堂练习；重视操练，忽略可懂输入原则。那么教师怎样才能知道学生是否理解了语料，理解了多少，理解的难点在哪里呢？最好的办法是通过提问来检查理解情况。也可以采用复述、课后练习等方式来检查。而这属于教学语料言语技能训练范畴的教学行为。

第二节 言语技能训练的语料动态处理

孔子说"学而时习之"。在第二语言的学习中，对于语言材料的认知和理解属于"学"，对于语言材料的技能练习属于"习"。宋代的朱熹在《论语集注》中说

"习,鸟数飞也。学而不已,如鸟数飞也。既学而又时时习之,则所学者熟。"要达到"熟"的程度,只"学"是不够的,必须要"时时习之"。世人多从学习行为的角度来看待"学"与"习"之间的关系。我们从教的角度来看,作为教学行为,"学"与"习"的关系,正是认知理解与技能训练的关系。所以,第二语言教学研究不仅要重视感知理解等语料认知问题,更为重要的是对教学语料言语技能的训练。这一问题并不是"精讲多练"或"多听多说"所能言尽,也不是"课堂教学技巧"所能概括。在第二语言课堂教学中,"时习之"表现为一系列有计划、有步骤的重复再现,更表现为模仿、记忆、巩固、运用等一系列技能训练教学行为。模仿、记忆、巩固、运用等技能训练教学行为应当是第二语言课堂教学行为最本质的东西。许多不了解汉语教学规律的教师,课堂教学之所以不成功,其中一个重要原因就是忽视或轻视了模仿、记忆、巩固、运用等言语技能的训练。

我们通常所说的教师讲课、学生听课,是传授知识的课堂教学。如前所述,在第二语言学习中,一种语言的语音、语法等知识无疑是理解、掌握这种语言的基础。但语言知识必须转化为言语技能才能使学习者逐渐具备第二语言交际能力。语言知识的学习和语言技能的训练就像是一张纸的正反面一样缺一不可。语言知识教学有助于学生的语料认知和语言生成能力的培养,但不能直接转化为听、说、读、写等言语技能,当然也就不可能自由流畅地生成出第二语言的句子。

长期以来,语言学习被认为是学生的苦差事。应付考试成为学习外语的无可奈何的动力。知识和语法规则的分析和讲解被认为是外语教学的核心,结果造成"哑巴"外语。外语学习成了学习者旷日持久的负担。本来具有无限交际生命力的语言被禁锢在语法的课堂内,而不能口耳相传。因此,汉语教师应转变观念,把知识讲授为主变为言语技能训练为主。本着"语言是一套经过反复训练而养成的习惯"的教学理念,尽量减少使用学生母语,尽量减少知识讲授时间,真正做到"精讲多练"。就像训练驾驶员一样,只有反复操练,才能真正掌握技能。

一、第二语言教学中内容与形式的分离和统一

从构成语言的形、音、义三个方面来看,语料的形、音是语言形式,义是语言的内容。在第二语言教学中,语料内容和语言形式是既分离又统一的一个矛盾体。所谓语料内容和语言形式的分离是指学习过程中形、音与义常常处于分离状态。所谓语料内容和语言形式的统一是指通过言语技能的训练使语言的形、音与义实现如目的语人群一样的自然快速连接。理解了语料的内容,仅仅是语言学习的第一步。使用教科书学习第二语言就意味着从语言的"形"(文字)入手而进入"义"(语义),和语言的语音、语义相比,文字是第二位的。文字仅仅是最

重要的辅助性交际工具。它并不是语言本身，而是语言载体。因此，语言的本质是“音和义”。语言学习的本质也是“音和义”。教材中作为语言“音和义”载体的文字，只是语言学习的媒介物。因此，通过文字的“形”理解语言的“义”的课本教学只是“望文知义”的学习。

当“形”与“义”建立了联系之后，“形”的使命既告一段落。在此基础上，再使语言的“音”和“义”建立直接连接。“音”和“义”连接要通过一系列的听音辨义训练过程才能实现。这时，“形”从原来的媒介物，变成了“音”和“义”建立快速连接的干扰。对于初学者来说，无文字凭借状态下的“音”和“义”直接连接，中间往往要经过“形”作为过渡和桥梁。也就是说，当学习者听到某一个“音”时，往往要在大脑中，先浮现出相应文字的“形”的画面，然后再转换为“义”。这时，“形”既是“音”和“义”连接的媒介，同时也影响“音”和“义”连接的速度。由于汉字比拼音文字更形象化，所以“形”的媒介作用更强。因此，通过有无文字凭借的反复训练，使“形”的媒介作用逐渐淡化，从而实现如目的语人群的“音”和“义”的自然快速连接。这完全是一种语料内容理解教学之后的对语言形式的操练。没有这样的形式操练，言语技能的训练和语言交际能力的培养就无法顺利实现。

同样，语言规则也必须内化为言语技能才能转化为语言交际能力。言语技能训练本身也是语言规则内化为语言交际能力的过程。语言规则的内化是语言学家和心理学家提出的关于语言环境对语言能力影响的一种假设，它是建立在乔姆斯基的生成语法学派关于人类先天语言能力假设基础之上的一种假设。乔姆斯基认为人类大脑中有一种先天的语言机制，即普遍语法。他把这种先天的语言机制看成是语言能力，语言能力与处于表层的用语音成分表现出来的语言行为有区别，后者只是前者的一种外化的表现形式，并受前者驱使和支配。语言能力是一种潜在的能力，与人的智力无关，它是人类后天学会语言的内因。

按照乔姆斯基的理论，语言能力本身并不是语言，但它是产生语言的基础，人类的这种能力只有在外部特定的语言环境的反复影响下才能逐渐产生语言，儿童的语言习得的过程证实了这一点。儿童母语的习得不是从规则开始的，他们生活在自然的语言环境中，大量自然语言的反复输入激活了大脑中先天的语言能力。在这种能力的作用下，儿童在不知不觉中形成了各种规则，这就是语言的内化。语言的内化有两个特点：

1. 内化离不开语言环境。自然环境中大量语言素材的输入，在大脑中沉淀抽象出规则，而这些规则并不被人们所意识到。

2. 内化的过程完全是无意识的反复过程。整个过程通过感知、理解、模仿、记忆、巩固、运用而实现。

语言教学中语法讲解与言语技能和交际能力的提高之间不存在直接联系。只有语言技能的训练才可以使语言规则内化为语言能力。语言能力必须通过听、说、读、写等各项言语技能的反复训练才能获得。第二语言言语技能训练的过程实际上就是使学习者第二语言的语义内容和语言形式逐渐趋向统一，直至完全结合的过程。在语言学习过程中，语言的内容和形式常常很难同步，二者往往顾此失彼。在这个问题上，母语与外语的不同是，使用母语表达，往往会有不同表达形式和不同句式可供选择，应答反馈时的迟疑在语言方面往往是由于字斟句酌造成的。而对第二语言的学习者来说，表达句式十分有限，在学习的某一阶段，对同一内容常常只有一种表达方式，应答反馈时的迟疑在语言方面往往是由于表达内容和语言形式的分离造成的。对初级班的学生来说，语言的内容和形式的分离尤其明显，往往是听到或读到一个语言形式后，迟疑片刻，才能理解意义，或者在表达某个意义时，忘了该意义的语言形式。

对第二语言教学来说，语料内容的设计是为语言形式训练服务的，而语言形式的训练就是言语技能的训练，其最终目的是使语料内容和形式的结合在无文字凭借的情况下达到同步。从这个意义上来说，语料内容的设计和话题选择是一个无足轻重的问题。课文话题的选择和内容的编写更多的是要考虑体现语言项目(语法点)的编排和词语的复现，至于语料的趣味性和文化含量则是第二位的考虑。说的更直白一些，在教学语料的评估问题上，什么样的课文内容并不是特别重要，重要的是课文语料中的语法项目编排是否合理，词语再现是否充分，练习设计是否体现言语技能和言语交际训练的需要等等。语料的动态处理原则之一就是不管什么样的语料内容，教师要考虑的是如何利用教材中的课文语料内容设计出针对语言形式的言语技能训练的交际练习。

即使是内容有趣的语言材料，除了在初次阅读或听辨理解时会感到有意思以外，一旦转入语言形式操练，其趣味性也会慢慢消失。我们用母语读笑话时，如果想记住这个笑话，就需要记忆其内容，一般不会对该笑话的语言形式产生兴趣。因为记住了笑话的内容后，我们在用母语给别人复述时，不会遇到语言形式方面的障碍。但对第二语言的学习者来说，通过课文语料的有文字凭借的认知理解以后，记住笑话的内容不困难，难的是用目的语把笑话的内容复述出来。另外，也难以保证将来是否能再听懂这个笑话。这些问题都是语言形式方面的障碍造成的。再有趣的语言材料，一旦把它当做学习的语料，其内容的趣味性就会被学习者熟视无睹。即使是中高级水平的汉语教学，教学目标也仍然是语料内容和形式同步结合的言语技能训练及语言交际能力的培养。提高学生的学习兴趣不能仅靠语料的趣味性，而应该通过对语料的巧妙的利用，以在语料内容和形式的同步结合训练过程中给学生建立的交际成就感和满足感，来提高他们的学习兴趣，增强他们的学习动力。

简单来说，在言语交际过程中，“听”是通过语言形式（语音）理解语义内容，“说”是把想要表达的语义内容变为语言形式（语音）。对第二语言初学者来说，这一过程往往不可逆。也就是说，尽管经过了语料的认知和理解处理，在无文字凭借的状态下，学生常常还是难以把“听”到的语言形式还原为语义内容。同时，在想表达某个语义内容时，又限于语音、语法等语言形式而难以表达出来。

针对语言形式的言语技能训练是经过精心设计的对课文语料的一种再利用。绝非是对语言形式的机械操练，也不是缺乏教师控制的学生自主讨论。那种毫无教学意图的对语料的反复朗读；让学生就某个主题分组讨论，自主会话；请一个学生到讲台前主持一个自选的话题讨论等等，由于教师难以控制学生对当前所学语料的使用，也难以实施改错行为，所以都不是有计划的对教学语料的利用，更不是对语料语言形式的言语技能训练。如果我们能够认识到第二语言学习的关键问题就是语义内容和语言形式的分离和统一的问题，那么教师的作用就在于有计划、有步骤地对语料的语义内容加以利用和重复，通过有无文字凭借的训练方式，使语义内容与语言形式的分离逐渐得到重合，强化二者之间的内在联系，最终实现语义内容与语言形式的结合像使用母语交际一样自然。

利用语料内容为语言形式训练服务的言语技能训练体现在第二语言教学的各个方面。比如提问语的设计就是通过课堂提问，“强迫”学生利用课文语料内容进行语言形式方面的言语技能训练。再比如，对待学生的言语反馈也是要从语言形式训练的角度来进行评价和改错，即第二语言教学首先要把注意力放在语言形式上。美国普林斯顿大学的周质平教授曾举过这样一个例子，学生说“台湾应该独立”，这个句子的内容是有问题的，但在对外汉语教学的课堂上，我们必须判定这个句子在语言形式上是正确的。如果学生说“台湾独立应该”，那么从语言形式上来说，我们可以断定这个句子是一个错误的句子。周教授所举的这个例子很好地说明了第二语言教学语料动态处理过程中语言内容和语言形式的关系。

从语料内容为语言形式训练服务的角度来说，我们对教材编写的建议是，加强课文内容的动作性、程序性和情节性（画面和情景）的内容设计。尽量减少介绍性、议论性和描写性的话题内容。在利用语料内容进行语言形式和言语技能训练的过程中，那些富有动作性、程序性和情景转换方面的内容容易被学习者和教师记住。在语料的认知阶段完成了对语料的内容理解之后，在无文字凭借的状态下，学生和教师都可以依据内容的动作性、程序性和情节的连贯性比较清晰地回忆和串联语料内容。这样，就可以把训练重点更多地集中在语言形式方面的言语技能训练上。由于听和说的训练既依赖语料内容，同时又受到学生的"听"和"说"不适应目的语的技能限制，所以，在无文字凭借状态下的听和说言语技能训练中，如果总是受到课文内容被遗忘的制约，那么听和说方面的语言形式训练就会由于不断地回忆内容而受到影响。试比较以下两篇课文：

考完试以后

明子觉得考试不太难，她平时很努力，但一考试就紧张。今天考试终于完了。她终于可以放松一下了。明子觉得学习汉语不是为了考试，而是为了跟中国人交流。

李丽：考试考得怎么样？

明子：还可以。就是录音说得太快，而且只能听一遍。我听得似懂非懂。

李丽：你不是学得挺好的吗？

明子：是啊，不知道为什么，一考试就想不起来了。

李丽：这是心理问题，你太紧张了。

明子：算了，别说这个了。考试成绩无所谓。

李丽：现在考完试了，你想做什么？

明子：我想洗个澡，然后好好睡个觉。

李丽：那你就好好休息吧。

明子：这个周末我去王老师家包饺子。你有空儿陪我一起去吧。

李丽：好吧。

划　船

李丽和明子租了一条船，边划船边欣赏风景。月亮圆圆的，湖水静静的。有几只鸭子在湖面上游来游去。

李丽：那边有一座小桥。

明子：好像可以从桥下穿过去。

李丽：我们划过去。用力！

明子：你看，那是什么？亮亮的。

李丽：那是专门用来许愿的蜡烛灯。哎！你现在有什么愿望？

明子：我希望爸爸妈妈身体健康，也祝你万事如意。

李丽：谢谢。小心！对面划过来一条船。

明子：快停住！快停住！

李丽：不行，停不住。

明子：哎呀！撞上了。

在对课文内容的记忆方面，显然对“划船”的语料内容的记忆比对“考完试以后”的语料内容的记忆要容易一些。一般来说，在对话体课文中，如果像“考完试以后”这样的清谈类的聊天话语过多的话，学习者对内容的记忆和复述就比较困难，而“划船”这样的课文语料，由于动作性、情节性较强，学习者会比较容易地记住课文内容。对言语技能训练语料处理来说，在无文字凭借的状态下，“划船”的语料动态处理显然比“考完试以后”的语料动态处理要容易得多。特别是在提问时，当上一个问题的问答练习处理完以后，如果课文语料内容的动作性、程序性和情节性较强的话，教师和学生都可以比较容易地回忆并衔接下一个问题。否则，就会影响提问语的衔接，甚至在语料静态处理中，提问语设计也难以处理。

总之，在第二语言教学中语料内容是为无文字凭借的语言形式训练和言语技能训练服务的。

语料技能训练教学行为有模仿、记忆、巩固、运用和复习。各阶段技能训练的目标不同，与之相对应的教师教学行为也不同。如果说感知理解阶段是建立对语料的语义认知，那么模仿阶段的教学行为是建立目的语标准形式，并通过有无文字凭借的训练，建立语音与语义、字形与语义的直接连接，其目的在于最大限度地预防学习者的错误。记忆、巩固阶段的教学行为是储存、保持并强化语义内容记忆和技能记忆的成果，其目的在于最大限度地把短时记忆所建立的记忆痕迹转化为长时记忆，并使之储存在大脑中。运用和复习阶段的教学行为是通过语料的再现及其在一定语境中的变化形式，使记忆中的语料得到有效的恢复和提取，并在言语技能方面达到熟练。我们提出的提高学生汉语会话能力和交际能力的课堂教学原则是科学朗读输入、严格改正错误、快乐交际互动、词语不断重复。

科学朗读输入就是在语言知识和课文内容理解之后，通过以模仿为目的的朗读这一语料动态处理教学行为，教师领全班读和个别点读课文语句，以建立目的语的标准形式。教师的朗读示范以不断重复该语句为原则。比如某语句教师先朗读示范一两遍，然后全班带读一两遍，最后点读两三个学生时再重复两三遍。这个过程是标准发音的输入过程，同时也为改错做准备。

提高学生会话能力和交际能力还要严格改正错误。点读的过程就是全班集体改错的过程。改错行为包括中介语听辨—发现错误—改正错误—说明错误—预防错误。当然，错误可能一次改不过来，就像医生给病人治病一样，教师要树立改错的过程观。为此，教师必须加强课堂教学的改错意识。关于改错，我们在下文的“提问的反馈与改错功能及其教学行为策略”一节中再详细论述。

提高学生会话能力和交际能力还要注意快乐交际互动。快乐教学是现代教育学的基本理念。如何进行快乐教学，每位有经验的教师都有自己的方法和技巧。快乐交际互动是从语言教学的本质出发，实施玩汉语的教学策略。在交际问题的提问中，体现出快乐交际互动的教学效果。快乐交际互动的组织原则是机会公平。

提高学生会话能力和交际能力还要注意词语不断重复。外语学习的最大敌人就是遗忘。对付遗忘最有效的手段就是复习(重复)。与知识的获取不同，技能的获得是一个反复的过程。言语技能的获得必须通过多次重复才能完成。重复有机械的和非机械的两种：机械的重复有反复的听辨和朗读，非机械的重复是提问的问答练习。复习不但是学生的功课，更是教师必不可少的教学环节。课堂上不但要有专门的复习时间，更重要的是在提问语的设计中巧妙地利用以前学过的语句进行重复。这就是词语不断重复的含义。加拿大语言教育家麦基说：“几乎所有的学习理论都在不同程度上重视重复。”因为“重复能强化已学的模式并使它们成为习惯或技能。”

下面将从模仿、记忆、运用、复习等几个方面，对以上观点和言语技能训练的语料动态处理教学行为进行心理学和教育学意义上的分析，并提出相应的课堂教学策略。其中涉及的相关问题，与学者们所提出的“课堂教学意识”和“课堂教学技巧”不相抵触，并可互相印证。

二、以模仿为目的的语料动态处理教学行为

吕叔湘先生在《谈语言的学习和教学》一文中说：“学习语言的一般过程是模仿→变化→创造。儿童学语言的第一步是模仿。在语言教学中要注意模仿的重要性。学习语言不是学一套知识，而是学一种技能。”(吕叔湘，1983)模仿一定要建立在理解的基础上。没有语义理解的模仿，只能是一种机械模仿，跟鹦鹉学舌无异。“一个试图说一种语言的人，可能比一个只试图懂得那种语言的人要学得好。”(麦基，1990)模仿是一种学习行为，我们所研究的是与这种学习行为相对应的语料动态处理课堂教学行为。通过这种教学行为使学习者获得目的语标准形式。其目的在于预防学习者的错误。麦基说：“在语言上，不正确的形式用的次数越多，就越会养成不好的习惯，尽管使用者自己也知道不好。问题在于要最大限度的重复而犯最少的错误。要纠正不好的习惯，也许不正确的形式说了多少遍，正确形式也要说上多少遍。因此，预防错误要比纠正错误强。”(麦基，1990)

以模仿为目的的语料动态处理教学行为可直接作用于语法和语音两种模仿。通过模仿建立并强化目的语的标准形式，以达到预防错误的目的。因此，这一过程必然伴随着纠正错误的教学行为。纠正错误与对模仿情况的检查分不开。如果没有检查，就不能发现错误；如果没有发现错误，也就无所谓纠正错误；如果没有纠正错误，也就失去了模仿教学行为的意义，目的语的标准形式也就无从建立和强化。因此，与其花时间让学生做课堂造句或让学生自己朗读课文，不如通过以模仿为目的的朗读语料的动态处理教学行为，使目的语的标准形式先入为主。

以模仿为目的的语料动态处理教学行为表现为教师的课堂朗读示范。包括课文朗读示范、领读、点读、改错等一系列教学策略。朗读示范行为有三种，一种是教师独唱式的朗读示范，一种是全班领读时的朗读示范，一种是点读时的朗读示范。

教师独唱式的朗读示范是以全班学生听辨为目的的对课文的整体感知，展示目的语的标准；领读是以句子、短语或词语为单位对课文的分解朗读示范（见3.1），目的是让学生开口模仿目的语的标准；点读是针对学生个体对课文朗读示范和领读情况的检查。简单来说，领读的目的是模仿，点读的目的是检查。点读与前两者的关系是由点到面和由面到点的关系。在领读和点读过程中发现学生的错误，并加以纠正。以模仿为目的的朗读语料动态处理教学行为图示如下：

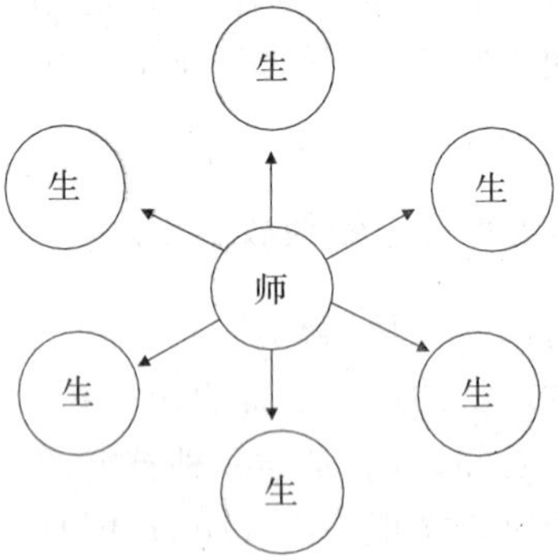

图7　朗读示范图示

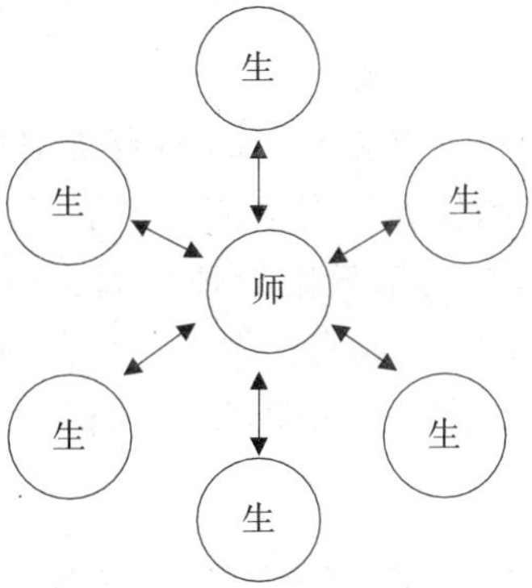

图 8 领读图示

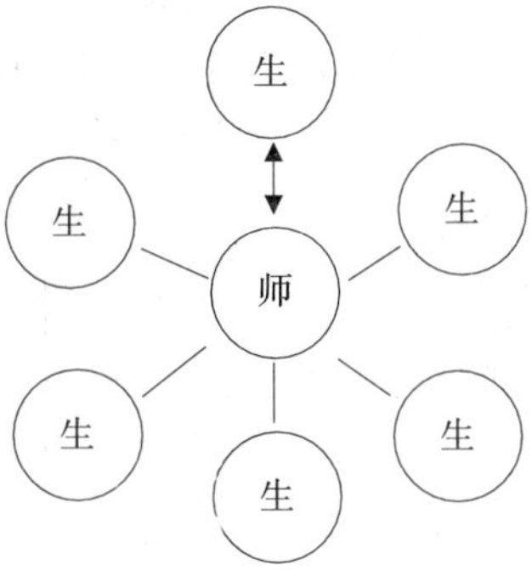

图 9 点读图示

课堂教学课文朗读示范是教师在课堂上展示教学语料，进行有无文字凭借感知听辨，以及领读和点读时语料朗读处理的一系列朗读教学行为的总称。朗读示范区别于朗读的不同之处是，朗读既是教师的课堂教学行为，也是学生的学习行为；朗读示范仅是教师的教学行为。因此，从教师的角度来说，朗读和朗读示范是两个不同教学层面的问题。朗读示范强调发音和语调的课堂示范作用。因此，朗读示范在保证朗读的基本语调、节奏和情感的基础上，针对不同条件下学生听辨和模仿语料的具体情况，朗读语速的快慢有所不同。朗读示范和学生朗读是听力和口语互动训练的基础和前提。否则，听力和口语的互动训练就会遇到发音上的麻烦，提高学习者第二语言交际能力的教学目标也就不会高效率地实现。在处理课文的教学过程中，除了提问的问答互动以外，听辨学生的发音问题和纠正发音只有通过领读和点读来实现。课文朗读示范属于言语技能训练的范畴。

(一)课堂朗读教学行为的调查

我们对《对外汉语教学课堂教案设计》(教育部对外汉语教师资格审查委员会办公室,2003)中的22篇教案做了有关朗读教学行为方面的调查。(第十篇教案有对话和短文两篇课文,按两篇教案处理。)“教案所设计的课型包括精读课(综合课)、口语课、听力课、阅读课、写作课、汉字课、视听说课、多媒体辅助口语教学课等。”由于仅研究课文语料的朗读,生词的朗读不在调查范围内。调查统计结果如下:

表1 课堂朗读教学行为调查统计表

课型		课文朗读示范	领读	点读	改错
综合·语音		—	+	—	+
综合		+	+	+	—
初级讲练课		+	+	+	+
精读		+	—	—	+
综合		+	—	—	—
综合		—	+	—	+
精读		+	—	—	+
综合		+	+	—	—
精读		+	+	+	+
选修课	短文	—	—	+	+
	对话	—	+	+	+
综合		—	—	+	+
高年级阅读		—	—	—	—
口语		+	+	+	—
会话		—	+	+	+
高级口语		—	—	—	—
听力		—	—	—	—
听力		+	—	—	—

续表

写作	—	—	—	—
汉字	—	—	—	—
多媒体会话	+	+	+	+
视听说	—	—	—	—

表2 课堂朗读教学行为的调查统计结果

	课文朗读示范		领读		点读		改错	
有无	+10	−12	+10	−12	+9	−13	+11	−11
比例	45%	55%	45%	55%	41%	59%	50%	50%

从以上数字可以看出，课文朗读示范、领读、点读、改错在对外汉语课堂教学中并没有得到足够的重视。即使把写作课、汉字课、高年级阅读课等非听说课排除在外，情况也同样如此。其中，“点读”教学行为的比例最低，为41%。另外，在各篇教案之后的“专家点评”中，有关朗读的点评也仅有三篇，比例仅占13.6%。

在所调查的教案设计中，很多教案没有课文朗读示范、领读、点读、改错这样明确的术语概念和类似的教学步骤，为了便于调查统计，我们按照其表述的教学意图，进行了归纳处理。另外，某些教案中安排有生词的朗读。即便如此，我们认为对课文语料的朗读处理，也是必不可少的。

（二）课堂朗读示范的教学示范策略

根据课堂教学需要，朗读示范是多次重复的教学行为。一次示范往往是不够的。每次朗读示范应该互相区别，而不是简单的重复。不同次数的朗读示范，语速和节奏应富于变化，自然与舒缓相区别，最终归于自然。我们既可以采取“自然（第一遍）—慢（第二遍）—自然（第三遍）”的策略，也可以采取“慢（第一遍）—自然（第二遍）—慢（第三遍）—自然（第四遍）”的策略。这样做可以让学生逐渐熟悉并习惯自然状态下的汉语发音，了解并掌握汉语句中的语流音变，最终听懂并说出符合汉语句子节奏的句子。当然，这并不是多次机械连续的朗读示范，中间需要穿插有无文字凭借的领读和点读等其他教学活动。一般来说，中国人说话的自然语速为120字/分钟。在自然语速状态下，汉语的句子会发生语流音变，由此也体现出汉语句子的节奏，包括语调、重音、停顿等。在朗读示范时，句子的节奏，语调、重音、停顿等必须得到充分的展示和表现。必要时，教师可以做一些夸张处理。这是学生感知并模仿汉语语音的前提和基础。

长期以来,语音教学主要侧重于声、韵、调等音节的单项训练。在初级阶段,语音的这种单项训练固然重要,但汉语的声、韵、调是一个整体,学习音节的目的是为了自然而正确地说话。因此,有语义内容的学习比语音的各单项训练更具有实际意义。可以说朗读教学行为是汉语语音教学的一个重要教学手段。

人们表达思想的最小单位是句子,句子中各个音节连续不断,形成语流,在语流中学习语音才有意义。“学习一种语言,如果仅仅是把单个音素或音位的音发得很准,还不能算学好了这种语言。因为在一个词或句子中,如果照单个音来读,使人听起来就好像是在认单字,而不是在说话。”(赵金铭,1997)因此,从句子出发,进行语音训练,不但可以让学生感知某音节在动态下的发音状况,避免认单字式的发音,而且在语料的认知处理之后语义的导入,也使学生不易产生枯燥感和无依托感。单词形、音、义的结合本身就使得语音教学有了依附体,但这并不是语音教学的目的,语音教学的目的是让学生通过正确的发音去进行交际,而句子是交际单位。因此,在句子中进行语音教学是一种遵循语言交际能力培养的行之有效的语音教学手段。正如赵贤洲、李卫民所说:“孤立的音素和单词的发音与在语流中的音素和单词的发音有一定的差异。学生在语流中整体感知句子的语音语调,较之孤立感知的音素和单词更为重要。”(赵贤洲、李卫民,1990)教师在领读教学中,把语音的单项训练与句子的节奏结合起来,让学生加以模仿,这样,学生学到的才是自然的句子。

在教学中我们发现,很多学生的汉语语调总是平平的,没有节奏。这跟许多教师语速过慢,忽视自然语速状态下的语音模仿有很大关系。有些教师对语音教学的理解只局限在声母、韵母、声调、变调等方面,甚至过多地介绍发音原理等语音知识,而对句子节奏及其模仿训练重视不够。这也正是我们强调朗读示范的原因所在。通过对朗读示范的语速与节奏等以模仿为目的的语料动态处理教学行为的把握,以教师“独唱”、全班领读、点读等多种朗读示范的教学策略,实现麦基所说的“最大限度的重复而犯最少的错误”。

(三)课堂朗读示范的领读策略

领读是指教师带领全班针对某一语言单位的朗读示范。语言单位可以是词语、句子、段落和语篇。教师的领读对学生模仿把握目的语的发音、语调、句调等起着至关重要的示范作用。同时,领读也是建立发音标准,预防学生发音错误的最直接、最有效的教学手段。因此,领读要求教师做到发音正确,吐字清晰,语速自然,节奏鲜明。如果说朗读示范是教师独唱,那么领读就是教师和全班学生的合唱。领读的目的是通过教师的朗读示范,使学生模仿标准的目的语发音、语调和节奏，同时发现学生在语音方面的问题。作为一种教学策略，在教师的朗读示范后，可以对领读进行带读和监听两种处理。

带读(跟读)是在课文朗读示范后，教师跟学生一起读，目的是引导学生始终保持正确的发音趋势，使学生的发音不走样，这就要求教师朗读示范的声音要足够大，以盖过学生的声音。只有这样，才能起到示范和模仿的作用。朱纯先生说："由于人在感知过程中对所感知的内容会产生短时的暂留，这就为模仿创造了很好的条件。因此跟读或跟讲总是能相当准确地在接受后立即再现出来。"(朱纯，1994)

监听是在课文朗读示范后，学生读，教师不读，以听辨学生的发音情况。在没有教师带读的情况下，学生的目的语发音趋势可能会受母语发音迁移等因素影响而处于不稳定状态。为此，教师需要在学生中一边做朗读示范一边各处巡视监听，以发现学生的发音问题，为点读做准备。我们反对在课文朗读示范之前，让学生先读。因为正确的语音形式的先期输入可以先入为主。

领读示范时，有时由于句子长，教师常常需要把句子切分为若干领读单元。我们在前面第三章的"句子的教学单元划分"和"句子的领读单元教学分析"中讨论过这个问题。加拿大的麦基教授举了一个跟读的例子，并对句子做了如下切分：Where/can I get/some toothpaste?（麦基，1990）我们对该句做如下领读处理：

教师：	Where	朗读示范
教师和学生：	Where	带读
学生：	Where	监听
教师：	can I get	朗读示范
教师和学生：	can I get	带读
学生：	can I get	监听
教师：	some toothpaste	朗读示范
教师和学生：	some toothpaste	带读
学生：	some toothpaste	监听

无论是教师的朗读示范，还是领读时的带读和监听教学策略，学生在有无文字凭借的情况下，教学效果是不同的。在有文字凭借的情况下，学生一边听教师的朗读示范，一边看着课文，一边读。在文字视觉和语音听觉的共同作用下，学生可以依据对生词的理解来理解课文的句子，并在教师的朗读示范下，对第二语

言语音进行机械地模仿。这时即使没有语义的介入，模仿也可以完成。因此，在有文字凭借的基础上，必须做无文字凭借的朗读训练。虽然无文字凭借的朗读也带有机械模仿的痕迹，但在有文字凭借朗读时所建立的词语和句子的意义及文字形式，以一种散乱而模糊的形式还存在于学习者的大脑中。无文字凭借的朗读训练可以使学习者对词语和句子的语音形式和语义内容实现直接快速地连接，并逐渐达到同步。无文字凭借下的教师朗读示范及带读和监听教学策略就是对音义同步连接的记忆强化和巩固，使学生在有文字凭借时所建立的音义连接的短时记忆变为长时记忆。因此，第二语言课堂教学朗读和朗读示范以有无文字凭借为基本训练原则。这种训练方式在听力训练方面比听力微技能训练更直接有效，同时也可以简化听力技能训练的教学环节。

由于领读教学策略具有说明词语搭配用法的作用，所以在处理生词阶段，教师可以把跟该生词最常搭配使用的其他词语与该生词放在一起，进行重复领读，以尽量减少教师的讲解用语，控制教师的课堂教学语言。

根据学生的实际情况，教师朗读示范的重复次数可以增加，也可以减少。在练习阶段，由于学生的发音处于不稳定状态，因此处理生词阶段的朗读示范、领读、点读及纠正发音，并不能保证在读课文时，学生的发音仍然正确。正像德国哲学家狄慈根所说“重复是学习之母”。我们认为朗读示范的重复性是取得语音教学效果和建立语言单位音义同步连接的关键。另外，多次的有无文字凭借的朗读示范也是认读汉字和使学习者建立汉语词与词之间语义逻辑关系的简单有效的教学手段。

（四）课堂朗读示范的点读策略

点读（分读）是对学生个体朗读情况的一种检查方式。可以说，没有点读，纠正发音也就无从谈起。在全班领读朗读示范的基础上，教师在点读时，如果发现某个学生的发音有问题，还要对该语言单位进行朗读示范。这包括针对个体的朗读示范和针对全班的朗读示范。学生个体的发音错误常常具有一定的代表性，因此，在改正个体发音错误的同时，还要让全班都参与到改错中来，这样既可以预防其他学生的发音错误，也可以维持全班学生的注意力。因此，点读过程中，在改正某学生发音错误时，教师针对全班的朗读示范和再一次带读是十分必要的。这是一个由点到面和由面到点的训练过程。

在点读改错时，切忌针对一个学生的改错时间过长和次数过多。在某个学生遇到发音困难而改正无明显效果时，除了进行全班朗读示范和带读以外，教师应及时换人。但需要注意的是，换人之后，还要回到该学生，对其点读。若仍无改善，教师可以全班领读为过渡再次换人。全班领读和换人的教学策略可以使每一个学生都参与到改错中来。

技能的训练是一套习惯的养成。学生发音始终处于从不标准到标准的中介过程中。我们不能要求学生的目的语发音一步到位。更何况，在学习过程中，学生的发音常常不稳定，时好时坏，因此，教师在点读改错的同时，必须以大剂量地输入正确的语音形式为基础。从这个意义上说，点读改错除了针对学生个体的改错以外，更重要的在于发现问题，并通过多次领读，针对全班强化巩固正确的语音形式。因此，我们认为以模仿为目的的大剂量地输入正确的语音形式比错误分析的效果要好。因为这样做可以最大限度地减少学生出现错误的可能性。课堂上的错误分析是对错误本身的一种讲解和说明，它属于知识范畴。在语料动态处理的课堂教学中，我们主张错误分析越简单越好。多数情况下，学生发音方面的错误属于技能范畴，有时并不是学生不明白发音的原理，而是他的发音器官不适应目的语的发音。这正是"懂"和"会"的区别。因此，对待学生的技能错误，必须要有一种反复训练的过程观。所谓"过程观"就是把学生的学习过程看成是从不标准向标准的过渡和中介状态。实际上，错误分析理论也在逐渐趋向于中介语理论的研究。"错误分析的进一步发展，就成为一种过渡语（中介语）的研究。"（张洪霞，2005）

点读时，教师针对全班的朗读示范和带读除了可以降低其他学生出错的可能性外，还具有调节课堂节奏和气氛、减轻学生焦虑的功能，可以使那些没有被点读的学生的注意力控制在教学范围以内。因此，教师的随机点读要比按学生可预见的形式（如座次等）依次点读教学效果要好。但随机点读要求教师在不同的领读单元内保证全班每个学生有相对均等的点读机会。点读时的即时朗读示范，也是教师处理课堂教学自身尴尬局面的一种不露痕迹的自救方式。更为重要的是，有无文字凭借的学生点读复述及教师点读之后的朗读示范对于检查和巩固学生的听力理解具有明显效果。这一点在国外对出声思考法的研究中，已获得了丰富且颇有启发意义的成果。（李艳红，1999）因此，作为一种教学技能，教师的个体点读和全班领读的结合是一种看似简单却非常有效的语音模仿和口语训练手段。下面是作者本人的一段有关朗读模仿教学的课堂实例。（省略"改错"）

朗读示范：	教师：	春节是中国的传统节日
领读：(带读)	教师： 全班：	春节是中国的传统节日
领读：(监听)	教师： 全班：	春节是中国的传统节日
点读：	教师：	春节是中国的传统节日
	学生 1：	春节是中国的传统节日
点读：	教师：	春节是中国的传统节日
	学生 2：	春节是中国的传统节日
领读：(监听)	教师： 全班：	春节是中国的传统节日
点读：	教师：	春节是中国的传统节日
	学生 3：	春节是中国的传统节日
领读：(带读)	教师： 全班：	春节是中国的传统节日

三、以记忆和巩固记忆为目的的语料动态处理教学行为

对语言材料的记忆贯穿于第二语言学习的整个过程中，当然也应贯穿于整个语言教学的各个教学行为当中。第二语言学习者常常抱怨课文太难、生词太多、记不住。可见记忆是影响学习者学习兴趣的重要因素。记忆是学习者的学习行为。以记忆和巩固记忆为目的的语料动态处理教学行为的目标就是帮助学生在认知理解语料基础上，通过言语技能和言语交际技能的训练记忆语料，并以此保持学习兴趣。

记忆是过去经验在人脑中的反映，也是人类对客观现实的反映。识记、保持、再认识和重现是记忆的基本过程，因此，识记是记忆过程的第一阶段，人的一切记忆都从识记开始。第二语言学习在语料的认知阶段就已发生记忆行为。但由于该阶段教学的主要任务是感知和理解语料，所以对语料记忆方面的学习行

为的干预主要体现在认知阶段之后的技能训练过程中。教学行为的具体表现也更多地在于如何强化和巩固记忆。朱纯先生在《外语教学心理学》中对学习者语言材料的记忆问题做了细致的分析。我们根据朱纯先生的论述，从教师教学行为出发，针对学习者语言材料记忆的特点，提出强化和巩固记忆的教学行为方面的若干教学策略，并试图分析与记忆和巩固记忆有关的言语技能训练教学行为的心理学基础。

（一）强化记忆意识——提出教学任务

以往的研究成果侧重于从学习者角度分析记忆的过程和规律。我们所关注的是在学习者的记忆过程中，根据学习记忆的规律，如何通过教师的教学行为帮助学习者记忆所学语料并通过技能训练巩固所学语料。这也是我们区别和处理教与学不同行为关系的一个重要方面。

识记、保持、再认和重现是记忆的基本过程。按信息加工观点，识记也就是信息的输入和编码过程；保持则是信息贮存的过程；而再认和重现便是信息的提取过程，或称恢复或输出。输入、储存、输出是记忆语言材料过程中的重要环节，同时又都是影响语言材料记忆效果的重要因素。为提高语言材料的记忆效果，有必要在这三个方面下工夫。实际上，在语料的认知理解阶段学习者对语料的记忆过程已经开始。语料的认知理解阶段是信息识记的输入环节。这一阶段的教学行为，我们在前文已有所论述。而记忆的保持、储存和重现输出则是通过作用于学习行为的一系列言语技能训练的教学行为来实现的。我们所要强调的就是这种以记忆和巩固记忆为目的的语料动态处理教学行为。

认知理解阶段的教学行为目的主要是为了使学习者理解语料并进行相应的语码和信息转换。但为了强化和促进记忆效果，在信息识记的输入环节中就应联系言语技能训练教学行为，提出教学任务。比如：理解之后的听写词语或句子，回答教师提出的问题等。教学任务的提出可以促使学生对语料进行有意识记。"'有意识记'指具有预定目的的，按一定方法、步骤，经必要的意志努力所进行的识记。有意识记是一种比较复杂的智力活动。其效果取决于识记的任务。"（朱纯，1994）教学任务的提出为学习者设定了必须进行有意识记的意志和内在动力，形成为了完成教学任务而努力记忆的学习效果。任何一个语料动态处理教学行为并非孤立存在，而是围绕着教学目标互相关联。在认知理解阶段提出教学任务是为在技能训练阶段巩固记忆所做的必要准备。因此，如果说认知理解阶段是建立对语料的记忆或记忆痕迹，那么在技能训练阶段就是强化记忆痕迹，并巩固记忆成果。比如，在让学生听辨课文语料的教学行为实施前，提出教学任务：

教师：请大家不看书，听一遍。听后回答问题。

全班：（听录音或听教师朗读）

教师：请大家不看书，回答问题。

"请大家不看书，听一遍。"是教师的教学指示语。该教学指示语的作用是实施当前的教学行为。"听后回答问题"也是教学指示语，该教学指示语的作用在于提出教学任务，调动学习者的有意识记，为实施下一个教学行为做准备。因此，提出教学任务、实施教学任务、完成教学任务是强化记忆的一个完整的教学行为。

心理学把记忆分为瞬时记忆（最长 4 秒）、短时记忆（最长 1 分钟）、长时记忆。在课堂上，学生面对大量的语言材料，在有限的时间内，储存在大脑中的大多是短时记忆。语料动态处理教学行为的目的之一就是把短时记忆转变成长时记忆。教学任务为把短时记忆转变成长时记忆提供了必要的方法步骤和训练基础。当课堂上某一教学任务变成一种惯例时，学生的有意识记就会成为一种自觉的学习行为。而学生一旦没有经过必要的意志努力进行识记，他可能会面对由于不能回答老师的提问而在全班同学面前感到难堪的局面。对学生来说，这种尴尬是一种无形的压力，当然也是一种无形的动力。因此，要求学生对有意识记的意志努力和提出教学任务有关，更与该教学任务的严格实施和教学策略有密切关系。

（二）意理识记——利用语料内容组织语言活动

学习者对语料的识记有意理识记和机械识记两种。意理识记是通过对材料的理解进行的识记。进行意理识记时，学习者必须运用已有的知识经验，积极思维，弄清材料的意义及内部联系方能奏效。我们必须明确，学生理解语料和记住语料是两回事。也就是说，学生理解了语料，但未必能把对语料的短时记忆自动转化为长时记忆。因此，在语料的认知理解之后，为了避免学生因机械识记所造成的死记硬背，由教师运用学生已有的知识经验，帮助他们积极思维，弄清材料的意义及内部联系，这比学生自己进行意理识记效果要好得多。为此，需要教师利用语料内容来组织语言活动。这是言语技能训练阶段针对记忆的非常重要的语料动态处理教学行为。课堂教学中最常见的利用语料内容设计的语言活动大多为提问、课堂角色会话、课堂讨论等。

以提问为例，把语料静态处理中设计好的问题问出去，需要具备三个前提。首先必须使学生完成对语料的认知理解，其次必须使学生建立初步的由模仿得来的听说技能，第三是在接近自然交际的无文字凭借状态下回答问题。语料的认知理解加上听说技能，才具备听懂和回答问题的基本条件。如果没有以模仿为目的的朗读行为所建立的听说技能，在认知理解之后马上提问，学生在听辨提问语和组织答问时，就会遇到言语技能方面的障碍，从而使提问行为很难顺利进行。提问本身既是对语料内容理解的检查，同时也是言语技能训练。为了准备回答，每个学生都会尽力在语料认知理解阶段积极思维，弄清材料的意义及内部联系，并尽量储存在记忆中。提问过程使学生对之前所建立的语料短时记忆处于不断激活状态，以应对在无文字凭借状态下能听懂并回答教师提问的教学任务。如果学生和教师达成这种对语料内容利用的默契，那么学生的意理识记就会随时处于活跃状态。在回答问题过程中，通过言语技能的实际操作，意理识记会得到进一步强化，从而使对语料的记忆转化为长时记忆。从这个意义上说，提问过程是一种高强度、高效率的语言活动。

第二语言教学活动的目的在于利用语料内容练习语言形式。因此，问题不在于活动本身是否包含趣味因素，也不在于内容本身的趣味性，而是对语料内容的利用是否有效。只有在此基础上，我们才可以谈论教学活动和语料内容的趣味性。我们更强调语言形式训练的游戏性，或曰“玩语言”，而不是单纯追求教学活动和语料内容本身的趣味性。当然，语言的游戏性、语言活动和语料本身的趣味性可以互相结合，特别是针对儿童的第二语言教学。但如果因为教学活动的趣味性而把学生对语言的注意力吸引开的话，记忆可能会受到影响。也就是说，语言活动的意义不在于活动本身，而是通过活动这一训练形式，完成记忆和言语交际训练的教学任务。这就需要教师具有高度的语言教学意识，在语言活动中随时重复并强调那些正在练习的词语和句子，随时关注学生出现的错误，并加以改正。总之，为了避免识记的机械性，必须在充分重视语言形式方面的言语技能和交际技能训练的前提下，灵活并巧妙地紧紧围绕课文，利用语料内容组织语言活动。在无文字凭借状态下，这样的语言活动对学生的意理识记会有极大的帮助。下面是作者本人的课堂教学实例：

课文语料：有一个姓周的老太太，连她自己也不知道自己到底多大岁数了，但她记得一个世纪前发生的事情。邻居说她至少 130 岁了。

教　师：为什么那位姓周的老太太，连她自己也不知道自己到底多大岁数了？（教师期待的回答是“因为她有 130 岁了。”）

学生 A：她脑子有病。

全　班：（哄笑）

教　师：姓周的老太太现在还记得一个世纪前发生的事情吗？

学生 B:她现在还记得一个世纪前发生的事情。
教　师:姓周的老太太现在还记得一个世纪前发生的事情吗?
学生 A:她现在还记得一个世纪前发生的事情。
教　师:那你刚才为什么说她“脑子有病”?
学生 A:…… 哦,原来是这样。

再比如:

课文语料:目前人类还不知道地球以外有没有高等生命。

教　师:目前人类知道不知道地球以外有没有高等生命? ——课文问题
学生 A:目前人类还不知道地球以外有没有高等生命。
教　师:你知道不知道地球以外有没有高等生命? ——交际问题
学生 B:我不知道地球以外有没有高等生命。
教　师:你知道不知道地球上有没有高等生命? ——交际问题、扩展问题
学生 C:我不知道地球上有没有高等生命。(没有听懂提问语,所以模仿前面的同学,机械式地回答)
全　班:(笑)
教　师:地球上有没有高等生命?(换人)——交际问题、扩展问题
学生 D:地球上有高等生命。
教　师:地球上有没有高等生命?(再回到 C 学生)
学生 C:地球上有高等生命。
教　师:在哪儿?(由于怀疑该学生再次机械式回答,所以追问)——交际问题
学生 C:在地球上。
教　师:在地球的什么地方? ——交际问题
学生 B:在日本。(全班哄笑)
教　师:在美国有没有高等生命? ——交际问题
全　班:(笑)
学生 B:在美国也有高等生命。
全　班:(笑)
教　师:(笑)……

利用语料内容组织语言活动,进行意理识记的关键在于教师对语言活动的设计,特别是提问语设计。也就是说,包括提问语在内的语言活动的设计要充分

考虑到对课文语料内容的利用和课堂教学的动态因素。交际问题提问语设计的理论基础之一也正在于意理识记。在语料动态处理过程中,把在语料静态处理中设计好的提问语放在动态的课堂教学中,可能会遇到各种教师期待之外的答案。在这种情况下,紧紧围绕语言形式方面的言语技能和言语交际技能的训练,充分灵活地利用语料内容组织语言活动,这是语料动态处理教学行为和教学策略艺术性的体现。

(三)记忆编码与技能记忆——多听多说言语技能训练的心理学基础

记忆是一种短时的学习行为,而巩固记忆则是作用于学习者的教学行为。记忆巩固阶段的教学行为是储存、保持并强化记忆成果。其目的在于最大限度地把短时记忆所建立的记忆痕迹转化为长时记忆,并使之储存在大脑中。长时记忆的形成是由于短时记忆活动痕迹的积累。短时记忆的材料,经过编码处理或语言复述才能进入长时记忆。人脑对语言材料的记忆有三种编码处理:语义编码、表象编码和运动编码。经过这三种记忆编码处理后,才可以在长时记忆中储存信息。

语义编码是最重要的记忆编码。语言形式与语义内容结合以后,大脑形成对语料的认知理解,也就是我们前面所说的"识记"。而识记是记忆的初始阶段。语义编码的过程即是通过视觉和听觉的刺激以后,大脑对语料的认知理解过程。在这个过程中,表象编码形成语言材料的视觉或听觉表象。视觉表象(读)和听觉表象(听)的形成实际上是有无文字凭借教学处理的结果。有文字凭借教学处理形成视觉表象,无文字凭借教学处理形成听觉表象。通过视觉(字形)和听觉(语音)的表象编码,人脑开始建立在识记之后语言信息中语言形式和语义内容的直接连接。这一过程是听力言语技能形成的开始。其特点是刺激与重复,通过刺激与重复,语义编码与表象编码发生联系。

但表象编码本身并不意味着言语技能的完善。如果说语言知识的特点是理解和记忆的话,那么言语技能的特点就在于模仿和练习。而语料的模仿和练习在大脑中也形成记忆痕迹,这便是运动编码。运动编码意味着对技能的记忆。外语学习中无论是发音,还是书写都无疑是很现实的运动技能,而读、听、说、写等各种言语技能也同样包含运动技能成分,也就是说,运动代码起着重要作用。运动编码必须以语义编码和表象编码为前提,才具备可操作性。而语义编码和表象编码只有通过运动编码的反复操作和训练,才能转化为现实的流畅的技能。这一过程,我们也可以称之为技能记忆。技能记忆的形成需要反复操作,通过反复操作,实现运动编码的完全自动化,使言语技能成为一种自觉的行为。可以说,技能训练就是对技能记忆的巩固。这就是多听多说的心理学基础。

因此，记忆编码中的表象编码和运动编码是言语技能形成的训练基础。这与游泳或驾驶汽车的技能训练同理。当然，言语技能的形成也并非如此简单。技能还分为运动技能和心智技能。运动技能表现为肌肉运动和明显的实际操作，心智技能指借助内部言语在头脑中进行的认知活动。因此，言语技能训练不能简单地理解为机械的运动编码记忆训练，我们必须把被理解之后的知识以一种认知活动的方式贯穿于运动编码记忆训练当中，才能真正实现技能记忆的训练目标。比如：模仿作为一种言语技能训练手段，以朗读示范及领读和点读为教学策略。但它仅仅是为了建立目的语的标准，本身在一定程度上并不涉及语料内容的认知活动。在建立目的语标准的同时，除运动技能得到训练以外，还要考虑如何充分利用被理解的语料内容设计有认知活动参与的练习，使心智技能与运动技能同时作用于技能训练，从而避免练习的机械性。"技能的形成要经过长期的反复练习，才能逐渐达到熟练程度。达到熟练程度的标志就是可以高度自动化地完成特定活动。也就是说，能够不假思索地依靠无意识控制完成一定的心智活动或肢体、器官活动。"（李秉德，1997）

按照记忆的内容可以将记忆分为形象记忆、逻辑记忆、情绪记忆、运动记忆等多种类型。第二语言学习的记忆是这些记忆类型的综合运用。但相对于认知理解阶段来说，言语技能的训练更多地属于运动技能和心智技能相结合的技能记忆编码训练范畴。其训练目的在于使视觉（文字）和听觉（语音）的表象编码从生硬趋向熟练，从结结巴巴趋向流利，从模糊趋向清晰。这样才能把多说多听、精讲多练的教学原则落到实处。

语义编码、表象编码和运动编码这三种记忆编码是以记忆为目的的语料动态处理教学行为中不可缺少的训练原则。如果我们按照这样的记忆编码原理来设计言语技能训练的教学行为，那么就必须要考虑练习的设计是否顾及到记忆编码的效率，以使学习者在目的语的恢复记忆的语言输出环节尽快实现高度自动化。

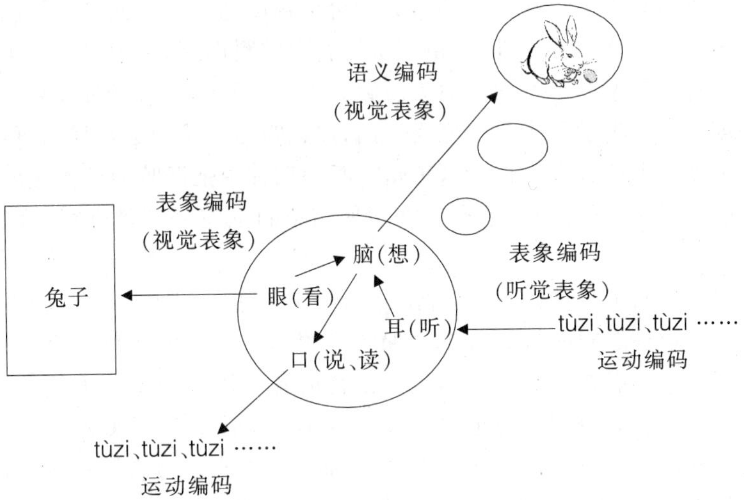

图 10 语言记忆编码示意图

了解学习者的记忆过程的目的是如何通过教师的教学行为帮助学生完成各项记忆任务。提出教学任务,组织语言活动,进行有无文字凭借的言语技能训练等等都是必不可少的有效的教学策略。其中,最重要的是针对技能记忆的教学行为和策略。

(四) 恢复记忆——再认与重现

根据言语交际的实际需要,储存在记忆中的语言信息必须能够及时恢复和提取并外化为现实的言语行为,才能真正完成交际任务。同记忆的输入、储存相比,虽然目的语记忆信息的恢复提取是信息的输出过程,但它不能等同于目的语语言输出。从信息输出到语言输出会受到言语技能的制约。在课堂教学中,目的语语言输出由语义认知和言语技能相伴而生,是语料认知和言语技能等方面的心智活动通过信息加工后综合外化出的言语行为。在言语行为发生之前,必须经过一个语言记忆信息的恢复和提取的过程。这一过程是通过交际动机和外部环境激活储存在记忆中的语言信息的过程。按照朱纯先生的分析,语言信息的恢复和提取主要包含两种形式:再认和重现。

(1) 再认

再认也称认知,是指原始刺激再度呈现时仍然认识的心理过程。再认可有不同的速度和不同程度的确定性。朱纯指出,通常外文的阅读属于再认。这也是第二语言学习中最典型的书面语学习再认活动。而在听力训练中，语言单位的再认活动更是表现出再认速度的差异和再认程度的不确定性。虽然阅读再认需要保证再认的速度和确定性，但由于听力材料转瞬即逝，听力再认则需要面对再认速度和再认程度两个方面的更大压力。如果说阅读再认通过放弃再认速度在某种程度上可以由学习者自主完成的话，那么听力再认则必须强调再认速度，并把再认速度的训练放在首位。这正是在听力训练中强调听力反馈速度训练的心理学原因，也是在下文中论述有无文字凭借语料动态处理教学行为的心理学基础之一。

再认取决于两个条件：1. 原始刺激在记忆中保持的牢固程度；2. 当前呈现的刺激与记忆痕迹之间的接近程度。保持牢固而且无太大变化则容易再认，反之则难于再认。我们在前文所说的巩固记忆的各种语料动态处理教学行为，其目的正是在于加强原始刺激在记忆中保持的牢固程度。反过来说，如果缺乏巩固记忆的各种语料动态处理教学行为意识，那么就会在学习者语料再认，特别是听力再认阶段，遇到再认速度和再认的确定性等方面的麻烦。

许多阅读和听力教材的语料分为精读与泛读、精听与泛听，而且一般来说，泛读或泛听语料在话题或语言点方面与精读或精听语料有一定联系。这样做可以扩大学生接触相关语言材料的范围，了解不同语言环境中语言点的使用情况。但是由于泛读或泛听语料所呈现的刺激与在精读或精听语料中所建立的记忆痕迹之间的接近程度差距较大，词语和句式的变化也较多，如果教师对泛读或泛听语料仅做泛泛处理或不处理，那么学生对语料的再认难度就会加大。况且精读与泛读、精听与泛听的不同，也会增加教学行为的复杂性。对语料中语言点在不同语言环境中使用情况的训练，完全可以采用其他方式，比如句式替换练习或扩展问题提问等练习方式加以训练。

第二语言教学中许多练习的设计、操作等教学行为原则就是恢复语料记忆的再认。我们通过记忆和巩固记忆的语料动态处理教学行为帮助学习者记忆语料，同时我们也必须以多种多样的练习方式帮助学习者恢复和提取储存在记忆中的语言信息，为使这种语言信息能够外化为言语行为做准备。以语料再认为目的的练习往往需要给出一些再认的线索，一般来说，给出有关信息的线索越多，就越容易再认。比如根据课文内容填空等。在多项选择的练习或测试设计中，常常会给出许多与正确信息相关的类似信息，以此训练或测试学生的再认能力。外语教学中常用的多项选择练习，基本上属于再认性质。只是有些练习提供选择的句子主要是意义上与原始句接近，旨在检查理解。这类以恢复语料记忆的再认为目的的多项选择不宜在语义理解上曲折费解，以至连说这种母语的人都难以选择。我们这里所说的再认，主要是语言形式上的再认。在课堂教学中，语料认知理解之后的听觉表象（语音形式）和视觉表象（文字形式）的反复重现和刺激，对学生的听觉、视觉表象与记忆痕迹之间的比对来说，是一种使二者不断趋于接近的训练。最终实现无障碍的记忆再认。这也是有无文字凭借语料处理教学行为的心理学基础之一。比如：

我的名字叫小丽，你写__________了。（开、完、错）

在语料中学生学习了"开、完、错"三个结果补语，在再认过程中，需要根据语言环境来恢复和提取这三个结果补语中的一个。这个练习中给出的再认线索与课文语料中学过的"对不起，我说错了"十分接近，练习的目的在于帮助学生激活课文中的原始刺激，以再现汉语补语"错"的语言信息。

（2）重现

重现亦称回忆或再现，指过去经历过而当时并未呈现的刺激，在脑中重新呈现出来的记忆过程。重现按是否有预定的目的，可划分为有意重现和无意重现。朱纯先生所说的有意重现通常都是自觉地回忆记忆中保持的材料。而无意重现一般是没有预定目的，自然产生的，多数是由于"触景生情"，这样重现的内容多数是对自己印象最深也最熟悉的。

在课堂教学中，大部分重现属于在教师指定下的有意重现。尤其是提问时，学生的回答通常是根据所提出的问题，重现记忆中保持的语言材料。可以说提问的作用就是教师在学生重现发生困难时予以启发，亦即提供某种线索或暗示，帮助学生恢复记忆。重现既包括语义编码记忆重现，也包括技能编码记忆重现。如果教师所提问题属于封闭式问题，学生的语义编码记忆重现则较容易完成。比如："你喜欢吃中国菜吗？"如果教师所提问题属于开放式问题，学生的语义编码记忆重现则较之封闭式问题要难一些。比如："你喜欢吃哪种中国菜？"这两种提问方式对技能编码记忆重现来说，都具有同样的言语技能训练意义。只是开放式问题比封闭式问题需要提取和重现的信息更多一些。通过提问可以有效地刺激储存在学生大脑中的记忆，使之重新呈现出来。这也正是提问这一教学行为在课堂教学中被广泛使用的重要原因。

无意重现通常发生在一定的具体语言环境的刺激之下。如果课堂教学中在规定话题下由学生自主表达，那么对记忆中保持的语言信息的重现会更多地表现为无意重现，比如课堂讨论。无意重现中由于没有预定目的，教师一般很难推测学生可能重现的记忆内容，也较难判断学生下一句要说什么。在学生重现发生困难时，教师较难提供某种线索或暗示，以帮助学生恢复记忆。因此，我们主张语料动态处理中以教师控制下的有意重现为主。

夏子给小丽介绍日中大学。日中大学有两个校园。小丽在教学楼旁边的书店里买词典。她每天都学日语。

夏子：这儿就是教学楼，我们就在这儿上课。
小丽：图书馆在哪儿？
夏子：在教学楼后边。
小丽：这儿有一个书店。
夏子：这里卖课本和词典。
小丽：这儿有中文书吗？
夏子：没有。你看，这本词典怎么样？
小丽：不错，不过很贵。
夏子：买吧。在那儿交钱。
小丽：现在几点？
夏子：大概十点。

下面是根据以上课文编写的判断对错的短文：（短文中课文文本以外的词语都不是生词）

我每天都学汉语，不过我没有汉语词典。小丽和我一起去书店，买汉语词典。书店里的词典很贵，我没有钱。我有一个学汉语的朋友，他有一本汉语词典。我们一起学汉语。

1. 他没有买词典的钱。　　（对）
2. 他的朋友也学汉语。　　（对）
3. 他的朋友有两本汉语词典。　　（错）
4. 他自己去书店买词典。　　（错）

这篇判断对错的短文设计目的是改变语言环境后，最大限度地使用课文中的词语并再现以前学过的课文中的生词，编写新的语料内容，以再现并练习当前课文中的词语和语法。这种不同语境下的词语再现练习可以帮助学生自觉地回忆记忆中保持的材料。虽然我们不能穷尽列举某词语出现的全部语境，但这样的语料动态处理会在很大程度上帮助学生重现并记忆语料。由于词语出现的语境多种多样，这就为教师对教学语料的这种再现处理提供了很大的设计空间。

实际上，学习者学过的每一个词语，都存在记忆的再认和重现问题。一方面，我们可以在教材编写中通过课文语料的编排来实现词语重现，另一方面，通过对练习语料的设计和教学处理，来实现词语重现。后者比前者的词语重现更灵活多样，效率也更高。从教材使用的角度来说，教师的语料动态处理教学行为在很大程度上要考虑如何在帮助学生恢复记忆方面对教学语料进行再认和重现的教学处理。

遗忘会出现在每个词语和语法项目上。即使是那些经过课堂教学反复训练过的词语，如果在一段时间内没有重现的机会，也会出现听力或会话上的障碍。特别是海外非汉语环境下的汉语教学更是如此。比如本人在日本某大学教汉语时，在教材的第1课中出现了"超市"这个词，虽然该词不是课文中的重点词语，但在第1课的课堂教学中对该词还是反复加以听和说的训练。到了学习第5课的时候，由于其间没有该词的重现和使用机会，随着时间的推移，大部分学生在第5课该词的听力理解上发生了障碍。因此，不仅仅是那些课文语料中的重点词语和语法项目需要重现，每一个词语和语法项目都应该尽最大可能做再认和重现的教学处理。这不仅是语义编码记忆的问题，更是技能编码记忆的重现。因此，可以说再认和重现的教学处理是帮助学习者恢复记忆的第二语言言语技能记忆训练的教学需要，也是教师的课堂教学复习意识的体现。

四、以运用和交际为目的的语料动态处理教学行为

对语言材料的运用过程，就是把语料放入真实的交际环境中，与交际对象完成一个言语交际的过程。运用既是一种使用语言的交际行为，同时也是"时习"的体现。孔子说："学而时习之，不亦说乎！有朋自远方来，不亦乐乎！"我们把孔子的这两句话联系起来看，就不难发现"学"、"习"、交际（运用）三者之间的关系。"学"后，通过"时习之"的反复和运用，学习者体验到"不亦乐乎"的交际愉悦。课堂上的交际对象通常是老师和学生或在教师指导下的同学和同学。这样的语料运用在很大程度上是对真实交际的模拟。只有在与中国同学或其他目的语人群的交际中，学习者运用课堂上学到的和练会的目的语，才可以体验到运用目的语与人交际的快乐。如果课堂上没有围绕语料进行的以运用和交际为目的的语料动态处理教学行为，也就无法实现对真实交际的模拟。孔子关于"学"和"习"作用于学习者的最高体验及"学"和"习"之后的运用作用于学习者的交际快乐，精辟地道出了"学"、"习"、交际这三者之间的内在联系。以运用和交际为目的的语料动态处理教学行为是帮助学习者实现课堂交际的关键。在海外非汉语环境下的汉语教学中，孔子的这两句话更具有教学上的指导意义。

语料交际运用就是把学生学过的储存在记忆中的语料提取出来，放入另一特定语境中，使之成为动态的可操作的交际成品（话语）。运用语料也就是对记

忆的又一次巩固。它训练学生对已记忆语料熟练的自主性提取和控制。麦基认为："运用是对一种语言的听、说、读、写四项技能的综合运用，这些语言技能必须协调成一种习惯的联合体。这样，学习者对这些技能才能经久不忘。习惯的形成只有通过使用才能巩固。"（麦基，1990）运用是帮助学生对语料进行自主的实战性的言语交际技能综合协调训练，同时也是检查教学行为成效的一种手段。

记忆是一种心理活动过程，前文所论述的就是学生在对语料的输入、存储、恢复等记忆过程中，教师如何帮助学生有效地完成这一记忆过程。但任何记忆都可能遗忘，即使采用各种巩固记忆的手段，随着时间的推移、语料数量的增加、内外因素的干扰等影响，对语料记忆的遗忘在所难免。艾宾浩斯遗忘曲线所证明的遗忘进程是先快后慢的规律。对已经识记的材料，不应是等待已经遗忘后再来追忆和复习，而是应在遗忘之前，通过各种活动运用材料，从而达到熟练掌握，战胜遗忘的程度。这就有必要在学习后迅速予以巩固，并合理安排复习性活动时间，才能取得较大的效益。在熟记过程中尤应尽早开始重现材料，应能使复习获得良好效果。重现是一个比较积极的过程，要求大脑皮层处于更活跃的状态，有利于牢固的保持。

麦基认为运用语料的方式有：问答练习、看图说话、复述、描述、阐述、叙述、翻译等。我们根据语料运用的交际性，把课堂教学运用语料的方式分为交际性语料运用和文本性语料运用两种语料动态处理教学行为。交际问题提问的问答活动等属于交际性语料运用。交际性运用其实就是利用语料的一次真实的交际。看图说话、复述、描述、阐述、叙述、翻译等属于文本性语料运用。

交际问题提问语的人称通常是第二人称"你"或第三人称"他（她）"。比如课文语料是"你多大了？"其中的"你"是课文中的"你"。教师针对某个学生问"你多大了？"其中的"你"是这个被问的学生。也可以指着A学生问B学生"他（她）多大了"。这样，学生会有真实交际的切身之感。之后，也可以再让学生互问，如此进行这种真实性交际的反复。这种语料运用方式可以使学生很快适应现实生活中的口语交际活动。因此，交际性语料运用是在具体的语言交际环境中训练学生对已记忆语料的熟练自主性提取和控制能力的最佳方式。这就好比学习武术，学习者可以学会一些套路，但这还不足以应付实战，他需要把所学套路中的招数拆开，变成对打。这样在实战中他才会运用自如，得心应手。语言交际千变万化，交际性语料运用不可能穷尽该语言项目在言语交际中的各种情况。我们只能在课堂上根据教师和学生的各种实际情况和语言环境，尽可能地进行该语言项目最常见的交际运用练习。比如：

课文语料"我本来想露一手，这回可出丑了"。其中对于"出丑"一词的教学

处理是：(提问语中课文文本以外的词语都不是生词)

1. 认知理解处理
2. 格式化处理："A 让 B 出丑"
3. 课文问题设计：他觉得今天出丑了吗？
为什么他今天出丑了？
他今天出了什么丑？(离合词的用法)
4. 交际问题设计：如果你的汉语不好，跟中国人说话的时候，你怕不怕出丑？
你说汉语的时候，出过丑吗？(封闭式问题)
你说汉语的时候，出过什么丑？(开放式问题)

(以上提问语是从学生的角度来设计"出丑"一词的交际语境。)

我的英语不好。我说英语的时候，你觉得出过丑吗？
如果我说英语出了丑，你会不会原谅我？

(以上提问语是从教师的角度来设计"出丑"一词的交际语境。被问的学生是母语为英语的学生。其中"原谅"一词是对学过的词语的再现。)

文本性语料运用是一种训练学生对已记忆课文语料的熟练的自主性提取和控制能力的课堂练习。它强调记忆提取的速度和熟练程度。文本性语料运用不涉及课文以外的语料运用的语境设置，因此，它是一种围绕课文语料本身进行的课堂练习。但这种文本性语料运用是交际性语料运用的训练前提和基础。如果没有文本性语料运用，交际性语料运用就会在言语技能方面遇到阻碍，从而影响交际性语料运用的表达效果。比如课文语料：

小时候，母亲就对我说："希望你将来多学几种语言，当个翻译，多到世界各地去看看。"我那时还小，不知道什么叫翻译。

下面是这段语料的课文文本问题提问和交际问题提问的动态处理的一段课堂实例：

教师：他小时候知道不知道什么叫翻译？
学生：他小时候不知道什么叫翻译。
教师：你小时候知道不知道什么叫翻译？
学生：我小时候也不知道什么叫翻译。

教师：现在你知道不知道什么叫翻译？
学生：现在我当然知道什么叫翻译。
教师：请问，什么叫翻译？
学生：……

课堂教学中，很多学生不能顺利地用汉语回答“什么叫翻译？”这个交际问题。原因就在于，这个问题在当前课文中没有课文文本问题作为训练基础。换句话说，过去学过的语料中没有出现过“把……V出来”(《现代汉语词典》的释义是“把一种语言文字的意义用另一种语言文字表达出来。”)、“把……变成……”(例如：把一种语言文字变成另一种语言文字)。或者，即使以前出现过这类表达格式，由于对这类表达格式的课文文本训练不充分，致使学生遗忘，学生只能努力恢复和提取大脑中零星的相关记忆，从而影响了当前的表达。当然，这个提问语对促使学生再现相关词语的记忆会有一定的帮助。但由于该提问语超出了本课教学语料的练习范围，而且这也是一种不必要在课堂上操作的课堂造句练习，所以，课堂教学中不做教学重点处理。

我们认为减少遗忘，最有效的提高语料记忆效率的语料动态处理教学行为就是对语料的交际运用和间隔重复再现。这两种教学行为的目的都是训练学生对已记忆语料熟练的自主性提取的能力。语料的交际运用可以在一次课堂教学过程中完成，而间隔重复再现则是一种需要若干次课堂教学来实施的语料动态处理教学行为。间隔重复再现也是一种复习。我们在下一节再来专门讨论间隔重复再现的问题。

五、以复习为目的的语料动态处理教学行为

复习是克服遗忘，改善记忆的十分有效的途径，其重要性已被广泛认同。第二语言教学融知识和技能于一体。无论是知识的学习，还是技能的训练都离不开复习。对第二语言教学来说，由于技能的形成要经过长期的反复练习，才能逐渐达到熟练程度，所以对言语技能的复习显得尤其重要。第二语言言语技能的复习建立在学习者对语料内容理解的基础之上，同时，言语技能的复习也可以逐渐恢复学习者有关语料内容理解的记忆。但反过来，有关语料内容理解方面的复习却不一定完全恢复相应的言语技能。也就是说，理解了语料内容与掌握有关语料内容的听、说、读、写等言语技能之间，还需要经过大量的包括复习在内的一系列言语技能的训练。正因为如此，复习的语料处理课堂教学行为与新语料处理教学行为有所不同。复习离不开语料内容，但课堂复习不仅仅是语料内容

的记忆和巩固。比如听辨或阅读的反馈速度、会话的语音语调流利程度、发音的准确性、第二语言言语交际的能力等都只有通过不断地复习才能逐步建立起来。这也是第二语言课堂教学的复习与其他知识性课堂教学的复习主要不同之所在。

由于语言信息的恢复和提取需要记忆中的再认和重现，所以，虽然复习是对言语技能的一种反复训练，但同样也需要建立在语料认知基础之上。只是在复习的教学环节中，语料的认知处理行为可以省略。我们这里要讨论的是以言语技能复习为主的教师课堂教学复习行为。

（一）学生的主动复习与被动复习

从学习者的角度来说，第二语言教学的复习行为有两种方式：学习者的自主复习和课堂上的被动复习。自主复习是学习者利用课余时间通过个体的学习策略或完成作业所做的复习。之所以把学生完成作业看成是学生的自主复习，而不是被动复习，主要是因为完成作业在教师的教学控制之外。被动复习是指课堂教学中在教师的指导和带领下，通过教师的教学行为所进行的复习。虽然学习者可以通过自主复习达到言语技能练习的目的，比如听录音练习听力，跟目的语人群会话等等，但与课堂教学的言语技能训练的复习相比，这种主动复习很难在发音的准确性、反馈速度、语言节奏等方面得到系统的巩固和提高。而且这种自主复习的学习行为，会由于学生的个体情况而产生差异。

当教学语料被确定以后，教师和学生在课堂教学前后，都会对语料加以处理。学生课前的语料处理是预习，学生课后的语料处理是复习。但学生的预习和复习是在教师控制之外的学习行为。因此，在设计语料处理教学行为时，有必要从教学行为角度来考虑学生的预习和复习的情况。换言之，学生的预习和复习应对应于教师的某一种课堂教学行为。如果不能把学生的预习和复习在某一教学行为中利用并体现出来，那么学生就很难把预习和复习变为一种自主的学习行为。比如，要求学生预习生词，教师就应有处理生词的课堂教学行为。要求学生复习课文，教师就必须在课堂教学中对课文实施相应的复习行为。反过来，如果教师的某种教学行为以学生预习和复习为前提，那么由于这种学生的学习行为在教学行为控制之外，一旦学生没有预习和复习，教师的这一教学行为就会遇到障碍。因此，教师的某种教学行为不能建立在这种难以控制的学习行为基础之上。在制订和设计某一教学行为时，我们不妨假设在学生没有预习和复习的情况下，如何实施该教学行为。这样一来，课堂复习就更成为了必不可少的教学环节。

通过课堂复习行为，不但可以巩固记忆，改善遗忘，还可以发现学习者对所学语料的掌握情况和所存在的问题，并及时加以强化或纠正。这样就需要由教师在课堂教学中实施以重复再现为目的的语料动态处理教学行为，以再现旧课的生词和句式。其再现策略为：有无文字凭借的交叉领读再现，提问再现，旧课生词和句式的重新编排再现，旧课生词和句式在新课中的替换再现，集中重复再现，教材课后练习和反复再现等等。

（二）语料重复处理教学行为策略

"几乎所有的学习理论都在不同程度上重视重复。"因为"重复能强化已学的模式并使它们成为习惯或技能。"（麦基，1990）重复不仅仅是指教材编写时某些词语和语法项目的重复，更为重要的是语料处理过程中，对教学语料的重复处理。当然，这里所说的重复不是机械的重复，而是结合语料，经过巧妙设计的具有明确教学意图的重复。这种重复处理常常表现为练习中的词语和语法项目的重复再现。重复再现作为一种语料动态处理教学行为，可以有间隔重复再现、集中重复再现、教材课后练习处理和反复再现等多种类型和教学策略。需要明确的是，在课堂教学中，这些以重复为目的的语料动态处理教学行为策略彼此并不对立，可以互相交叉。

（1）间隔重复再现

间隔重复再现是相对于集中重复再现来说的，它也是一种复习。它是在一定交际语境中把以前学过的相关语料通过与当前语料的巧妙结合再现出来。既可以在练习中重新编排再现旧语料，也可以采用格式空项替换、提问语动态设计等方式使新旧语料结合，来实现对旧语料的间隔重复再现复习。之所以为间断重复，是因为必须在找到新语料的恰当语境时，旧语料才可以再现出来。换句话说，在处理新语料时，必须要随时记起学过的语料，并加以巧妙利用。对于某些旧语料的词语或句子来说，何时能够再现是不确定的。但可以肯定的是，经过精心设计，旧语料一定可以找到与新语料的结合方式。课堂教学中语料处理时间上的间隔重复是在教师的控制和操作下发生的语料动态处理教学行为。因此，我们要强调的是教师对语料进行动态重复处理的教学意识。

间隔重复再现是一种即时复习。它不是一个独立的教学环节。只要语境合适，语义恰当，就可以在当前语料中再现学过的词语或句式。因此，间隔重复再现要求教师对旧语料烂熟于心，在语料处理和课堂教学中具有高度的再现意识。随着间隔重复再现次数的增加，会形成滚雪球式的复习效果。在巩固教学成果和帮助学习者记忆方面具有明显的教学效果。麦基认为："间隔重复一般认为比集中重复要好。如果所学材料是应当记住的，那就更应当采取间隔重复。重复是记忆所学东西的最重要的一种手段。"但麦基同时也强调："间隔的时间也不能太长，否则材料不是被遗忘就是使得人们对它失去了兴趣。”麦基还说：“时间的消逝会对记忆带来很不利的影响，那么定期的频繁的练习就是必要的了。即使每次练习的时间很短，也会促进记忆。据认为，几次短的练习比一次长时间的练习所得的效果更好。”（麦基，1990）“几次短的练习”既可以表现为间隔重复再现，也可以表现为集中重复再现。我们所说的间隔不仅仅是指时间上的间隔，更重要的是指对教学语料的巧妙利用。集中重复再现也可以表现为时间上的间隔，但它只是对语料的一种反复处理，对旧语料的重复再现处理方式表现为把学过的东西重新再学一遍。

间隔重复再现作为一种语料动态处理教学行为，除了巩固记忆的功能以外，还具有在新语料的恰当交际语境中使新旧语料有机结合的动态交际功能。这可以在练习设计的语料动态处理教学行为中巧妙地体现出来。有些教材的编写者主张采用在新课文中尽量重复再现旧词语的做法，我们认为这样做当然是有必要的，但是对于重复再现的次数来说，是远远不够的。

即使是在一篇课文语料内的重复再现，也会受到有限的所学词语的限制，而间隔重复再现则可以随着所学词语和语法项目的增加，在更大一些的语境范围内重现以前学过的语言项目。只要教师和教材编写者具有这种间隔重复再现的复习意识，那么就一定可以把学过的词语和当前所学词语巧妙地结合起来，在保证不出现新生词的前提下，设计出新语境中的新句子。

间隔重复再现既可以在课堂教学中由教师通过对课文的语料处理来体现，也可以在教材编写中通过课文和练习的设计来体现。这是一种不易被外人察觉的教学设计，其巧妙性只有设计者本人能够体会到，但对学习者恢复并巩固记忆，会起到十分重要的作用。教材中间隔重复再现的方式多种多样。比较普遍的做法是旧词语在教材中不同课文的不同语境中的再现。另外，也有一部分是练习或补充课文中的词语再现。我们认为不管何种再现方式，间隔重复再现的原则是在教材自足系统中最大限度地保证重复的次数和重复本身的系统性。不同的间隔重复再现方式可以互相补充，互相配合，互相呼应。只有这样，才能保证间隔重复再现不至于变成一种散乱无章的重复再现。关于“间隔重复再现”的实例，可以参考笔者编写的《想说就说·汉语听说教程初级》（*Let's Speak*）。

（2）集中重复再现

集中重复再现就是通常所说的复习。相对于间隔重复再现，集中重复再现是在学习新语料之前，对旧语料做集中重复，以再现学过的语料。集中重复再现和间隔重复再现都是重复。它们的特点都是以恢复记忆为目的，对储存在学生大脑记忆中的语料进行有效刺激，使之重新呈现出来。二者都以巩固记忆，改善遗忘为目的，属于恢复记忆的再现处理。不同之处在于对语料再现的方式不同。从课堂教学的具体操作来看，复习通常只涉及语料中语言项目本身，是对旧语料的相对完整再现。而间隔重复再现是已学过的语料与新语料的结合，是对旧语料的部分再现。

集中重复再现通常有单篇语料复习和单元复习两种情况。单篇语料复习和单元复习都是在新语料学习之前，对旧语料所做的专项集中重复再现课堂复习行为。一般来说，教师在学习新语料之前会安排一定的教学时间来复习上一次课学过的教学内容。这样的复习往往只针对一篇教学语料，我们称之为单篇语料复习。虽然是对旧语料的专项集中重复，由于受教学时间的限制，复习时不可能涉及语料的全部内容，只是某些教学重点的重复。复习时间往往要比新语料教学时间少，比如《对外汉语教学中高级阶段课程规范》(陈田顺，1999)在听力口语课课程规范中，把对前一课的复习和新课前的导入安排在一起，时间为 10 分钟。如果没有间隔重复再现，这样的复习时间对言语技能的巩固训练来说显然不够。

毋庸质疑，单篇语料的复习不但不是可有可无的，而且是单篇语料整体教学环节的一个重要组成部分。由于教师难以控制学习者的课后复习行为，如果课堂上没有对言语技能的复习，那么，通过言语技能训练所获得的技能记忆很快就会随着时间推移而被遗忘。因此，如果我们把复习看成是各教学阶段的核心，那么，只要不影响教材全部语料的教学计划和教学进度，单篇语料的复习越充分越好，复习时间越长越好，重复的次数越多越好。

单元复习通常以若干单篇语料为一个复习单元。相对于间隔重复再现和单篇语料集中重复再现来说，单元复习具有综合复习的教学作用。除了重复再现学过的词语和语法项目以外，在单元复习中需要按照新的话题重新编排学过的语句，使学过的词语和语法项目在一种新的语言环境中出现。其中当然也包括间隔重复再现。对学习者来说，学过的似曾相识的词语和语法项目，在新的话题和语境中显现出的全新内容，会对学习者产生一种新鲜的刺激。

作为一种教学策略，语料集中重复的再现顺序可以与课文语料本身的顺序不同。由于对学习者来说是一种被动复习，学习者就不能像学习新课那样按照语料或练习的排列顺序来预测教学内容。这对学习者第二语言听辨和会话能力无疑是一种很好的训练。

由于间隔重复的再现次数有限，何时能够再现也是不确定的，因此在某种程度上不能满足言语技能训练重复次数的需要。而集中重复再现复习行为可以根据学习者的具体情况控制生词或语法项目重复再现的次数。通过课堂复习行为，教师可以发现学习者对所学过语料的掌握情况和所存在的问题，并及时加以纠正。虽然集中重复再现复习行为与新语料教学行为有所不同，但复习的方式和手段与言语技能训练的方式和策略一样。复习方式在无文字凭借的口语表达训练方面主要是提问和复述；在有文字凭借训练方面主要是一系列教材课文之后的练习和各种各样的测验。当然，无文字凭借的训练比有文字凭借的训练难度要大一些。

教材课后练习也是一种集中重复再现。它也应由学过的词语或语法项目与当前语料结合而成。如前文所述，作为一种被指定的教学语料，教师需要对课后练习进行有选择性的语料处理。在麦基看来，练习和重复是一个概念。他从重复的练习特点出发，把重复分为四种基本类型：机械型、扩展型、变化型、运用型。机械型的练习就是不断重复完全相同的形式，目的是记住某些结构和语调模式以及学生将来在口头作文和会话中才能用到的某些俗话、套话和成语。机械型重复可用于跟读操练、对话范例复述、朗读、听写、标音、歌曲。扩展型重复是在机械型重复的基础上不断加入一些语言成分。变化型重复是在教师的提示下，由学生变换句中某一成分，再重复说出句子。这种重复用于填空、变换、转换、换位、多项选择、组句、重说等练习。运用型重复可用于问答练习、看图说话操练、复述练习、描述、阐述、叙述、翻译。正像麦基所说："语言主要是一套互相联系的习惯。习惯不是做一两次就可形成的，而是要做多次才能形成。某个行为在某个场合中做得越多，我们就越有可能在同样的场合中重复该行为。"（麦基，1990）按照行为心理学的"刺激—反应"理论，只有通过外界的不断地重复刺激，才可以建立正确及时的反应。在第二语言学习中，使学习者对学过的语料建立正确及时的言语技能反应的重要训练手段就是重复。

(3) 反复

除间隔重复再现和集中重复再现以外，还有一种重复，我们称之为"反复"。反复是教师和学生在课堂教学中对同一个语言形式的多次重复。反复具有机械重复的性质。比如以模仿为目的的朗读示范、领读、点读等都是对某一个语言项目的多次重复。对教师来说，朗读示范、领读、点读等教学行为是对同一个语言形式的多次重复，对学生来说，是对同一个语言形式的多次复述。这种反复的复述，既可以训练学习者的听辨能力，又可以训练学习者口语发音和句子的语调，同时也是为了加深记忆，其目的在于提高原始刺激在记忆中保持的牢固程度，使语言记忆在恢复提取时能够具有较高的再认速度和再认的确定性。一个词语或语法项目只说一次，或一个问题只提问一个学生，很难达到这种言语技能训练目的和效果。反复的次数，取决于学生对语料的掌握程度。

课堂教学中对语料的反复处理，还可以减轻学习者的焦虑感。第一遍没有听清，还有第二遍、第三遍，老师说的没有听清，还有全班的(领读)、某一同学的(点读)。机械型的没有听清，听扩展型的；扩展型的没有听清，听变化型的等等。这样的反复重复使学习者能够有更多的机会听辨语料。

在第一语言学习和交际中，反复重复是为了强调，而机械重复常常被认为具有消极含义。但在第二语言教学中，反复重复具有十分重要的训练价值和积极意义。即使是机械型的反复重复，在第二语言教学中也具有重要意义。在对外汉语课堂教学的评估中，反复、重复等教学行为应该作为一项重要的评价指标。

对正确的语言形式重复得越多，学生出现错误的可能性就越少。可以说，重复是预防错误的最有效的训练方式。我们一方面有必要在学生发生语音和语法等错误以后，对其错误的成因和错误本身进行偏误分析，另一方面，也要在学生发生错误之前，采取充分的预防措施。对错误的预防措施既包括讲解说明语料时对学生可能出现的错误进行预测，也包括言语技能训练过程中对正确的语言形式的重复。这是从知识和技能两个方面对错误的预防。目前人们似乎更多地关注于通过偏误分析对错误进行知识性预防，而在很大程度上忽视了对正确的语言形式的重复在预防技能性错误方面的重要作用。如果我们稍加观察，就不难发现，学生的错误大部分属于技能方面的错误。说得直白一些，大多数情况下，不是学生不明白该怎么说，而是学生的发音器官不听话。

词语重复再现不仅体现在一篇课文及其练习内，更重要的是在之后的课文、课后练习及单元练习中不断地重复再现以前学过的词语和语法项目。这样才能形成滚雪球式的复习效果。

(三) 集中重复再现(复习)的课堂调查

我们对《对外汉语教学初级阶段课程规范》(王钟华，1999)中的12篇示范教案做了有关集中重复再现的旧课复习时间调查。

12篇教案均为单篇语料教案，其中有4篇没有安排复习，比例为33%，(“一年级综合课短文阶段教案示例2”虽然有旧课复习，但没有注明复习时间，因此，无法统计在内)可见课堂教学的复习行为并没有在实际教学中得到教师的普遍重视。教师课堂教学的复习意识还有待进一步加强。安排旧课复习的教案有8篇，每篇的平均总课时为175分钟，平均复习时间为32分钟，平均复习时间约占平均总课时的18.3%。这个复习时间基本上反映了目前国内对外汉语教学的实际情况，因此，相对来说是一个较为客观的复习时间。

在12篇教案中，复习时间相差悬殊。复习时间最短的是“一年级听力课教案示例”，仅为2分钟，复习时间仅占其总课时的4%。“初级进修班综合课教案示例”的复习时间虽然是15分钟，但这个复习时间也仅占其总课时的3.75%，是12篇教案中复习时间占总课时比例最小的。复习时间最长的是“一年级综合课语音阶段教案示例”，为44分钟，复习时间占其总课时的44%。如此来看，目前在对外汉语教学中有关复习时间的问题是一个十分混乱的问题。

表3 课堂教学复习时间调查统计结果

教案	总课时（分钟）	复习时间（分钟）	复习时间/总课时（百分比）
一年级综合课语音阶段教案示例	100	44	44
一年级综合课语法阶段教案示例	100	12	12
一年级综合课短文阶段教案示例(1)	300	80	26.67
一年级综合课短文阶段教案示例(2)	300	无	
一年级听力课教案示例	50	2	4
一年级口语课教案示例	100	13	13
一年级阅读课教案示例	100	无	
一年级汉字课教案示例	50	10	20
初级进修班综合课教案示例	400	15	3.75
初级进修班听力课教案示例	100	无	
初级进修班口语课教案示例	300	80	26.67
初级进修班阅读课教案示例	200	无	

李德津老师在《对外汉语教学初级阶段课程规范》(王钟华，2001)“一年级综合课短文阶段教案示例(1)·教案说明”中强调了复习的重要性，“复习旧课是巩固所学内容、提高熟练程度必不可少的重要环节。”同时，他在自己的教案中，在100分钟的课时内，把旧课的复习时间规定为20～25分钟。

张伟老师在“一年级综合课短文阶段教案示例(2)”中没有注明旧课的复习时间，但他在“教案说明”中对复习做了专门的论述，在提出教师把所学的语法、重点词语按学生实际交际需要编排出新的句子、听写句子、跟说、AB对话、就课文提问、造句等复习形式的同时，他特意指出：“最后，我想提醒诸位注意复习时间，最佳为15分钟。”但他没有注明在多少课时之内进行15分钟的复习，也没有说这个最佳复习时间的依据。

刘珣先生在论述“课堂教学的主要环节”时认为“复习检查环节在 100 分钟的课时中约占 10～15 分钟”。（刘珣，2002）作为集中再现重复，15％或 18.3 ％的旧课复习时间，对教学语料内容的复习和检查来说也许合适，但对言语技能的复习来说，就显得捉襟见肘了。由于言语技能的复习时间与学习者人数、课时安排、语料长短等因素有关，因此，我们对复习时间很难做出明确的规定。比如，一周一次课与一周两次课，由于中间间隔的时间不同，根据心理遗忘的规律来说，教师复习旧课所花的时间就会不同。语料长短对旧课复习时间的影响更大一些。很明显，对长语料的复习肯定比短语料的复习所花时间要长一些。

如果说感知、理解、模仿、记忆、巩固、运用是单篇语料处理的六个课堂教学环节的话，那么复习就是建立在这六个环节基础之上的，有关语料认知和言语技能训练的最后一个教学环节。与单篇语料处理的这六个课堂教学阶段不同的是，复习更多的是以各种训练方式和教学策略重复再现语料。

词语重复再现语料处理教学行为的根本目的是言语技能训练。如果我们承认“多听多说”在第二语言学习中的重要作用，那么词语重复再现的作用及其教学效果就不容忽视。从目前的对外汉语教学的现状来看，我们认为一方面要加强教师在言语技能方面的复习意识，另一方面，在教材编写工作中认真对待并花大力气来设计词语重复再现等以复习言语技能为目的的练习。同时，加强课堂教学中言语技能训练方面的间隔重复再现教学意识和教学技能。总之，对外汉语课堂教学的研究重点是如何设计并组织以重复为原则的课堂练习。

第三节 语料的有无文字凭借的动态处理

教学语料的有无文字凭借处理是基于第二语言学习心理的一种体现教师课堂教学主导作用的课堂教学行为。有文字凭借处理属于对文字形式的视觉感知，无文字凭借处理属于对语音形式的听觉感知。特别是听力课堂教学，在有文字凭借状态下排除意义理解障碍，通过有无文字凭借的交叉感知训练过程，逐渐减少学习者对词语视觉形象的依赖，以达到在无文字凭借状态下的音义同步结合的听力训练目的。教学语料的有无文字凭借相结合的动态处理，是训练学习者语音听辨理解和会话交际反馈速度的教学行为。以往的听力微技能训练中，有把学生的学习行为当做技能或者当做教师的教学行为来进行课堂训练的倾向。

一、教学语料有无文字凭借处理的心理学分析

语言是一种音义结合体，而文字是语言的辅助性交际工具。教学语料是用文字记录下来的第二语言的样本。从这个意义上说，书面形式的教学语料是一种学习第二语言听力和口语的文字工具。换句话说，在听力和口语教学中，文字只是教学的媒介。通过文字这个有形的媒介，第二语言的音和义在学习者的大脑中发生联系。文字的这种媒介作用对第二语言的初学者来说，尤其明显。由于首先是通过教材中文字的视觉形象理解词语的语义的，所以当他们在没有文字的视觉形象状态下听到一个词语或一句话的语音时，首先会在大脑中把听到的语音形式转换为教学语料中看到过的视觉表象，而后，通过视觉表象理解话语的语义。如果通过教学语料中的文字媒介所建立的音义结合不牢固，那么，在无文字凭借状态下听辨语音时，就可能会发生延时反馈或听不懂。发话时，他们也同样把所要表达意思的相关词语的文字视觉表象，从大脑的记忆中检索出来，然后再把这些大脑中浮现出的词语的视觉表象按照第二语言的语法规则组织起来，甚至还会把这种视觉表象在大脑中检查一下，最后把通过教学语料中的文字媒介所建立的语音形式说出来。如果通过文字媒介所建立的音义结合不牢固，那么，在无文字凭借状态下，就可能会说不出或结结巴巴。通过教材所学的新语料中的词语几乎都会出现以上的形、音、义结合的问题，只是程度不同而已。不同词语的文字形式在形、音、义结合的过程中可能会互相干扰，从这个意义上说，教材生词表中的生词越多，词语形、音、义结合的难度就会越大。

心理语言学研究证明，人们在听完句子后保存在记忆中的主要是意义而不是表层形式。其实，这是以使用本族语为主的受试者进行实验获得的结果。对学习外语者而言，就会出现非常复杂的情况。对已经较熟练地掌握外语的受试者，有可能像感知第一语言一样，迅速理解并记住句子的意义。对初学外语或尚未熟练掌握外语的受试者，就难免会以较多时间停留在句子的表层形式上，从而理解很缓慢，因而很难听懂自然的言语。另外，即使已经获得对句子的理解，而这种理解也常常是借助本族语的译解。这样，如果我们记忆中保持的只是意义，也就是保持的只是本族语命题和概念。这样记忆句子对学习外语也就并没有什么好处。因此，外语学习者对句子的记忆，仍应努力在理解基础上识记表层形式。（朱纯，1994）由此看来句子的表层形式是第二语言学习者听辨、理解和表达第二语言的关键。在有文字凭借的情况下，文字（形）是学习者理解语料的表层形式，在无文字凭借的情况下，语音（音）是学习者理解语料的表层形式。既然外语学习者对句子的记忆，应努力在理解基础上识记表层形式，那么不管是语音的

表层形式，还是文字的表层形式，都必须建立在理解的基础之上才能实现记忆。如此说来，教师向学习者展示的是语音的表层形式，还是文字的表层形式，这个问题并不重要，重要的是理解之后对表层形式的识记。当学习者首次接触某一语言材料时，从认知难度上来说，语音的表层形式比文字的表层形式难度要大。也就是说，无文字凭借比有文字凭借要难。这是由于学习者习惯了用课本来学习第二语言造成的，也是学习者缺乏第二语言听辨的学习环境造成的。因此，从降低学习难度的角度来说，有文字凭借能够通过文字的知觉形象来减轻学习者的心理压力。所以我们主张先利用有文字凭借的知觉形象来解决对语料的理解问题，而后在理解的基础上再对语音的表层形式进行无文字凭借的听辨训练。当然仅仅进行一次无文字凭借听辨训练是远远不够的，也不能只是进行一串单一的无文字凭借听辨训练。对第二语言表层形式的识记，需要经过有文字凭借和无文字凭借交叉感知的反复训练才能逐步建立并完善起来。这里所说的反复训练与我们在前文所讲到的词语重复再现、反复等语料处理教学行为是紧密结合在一起的。

有文字凭借教学是一种阅读能力的训练，无文字凭借教学是听力和口语能力的训练，两者属于两种不同的言语技能教学。就听力训练而言，听力课所关心的不仅仅是学生是看懂的，还是听懂的，而更应该考虑学生懂了以后，在无文字凭借的情况下，间隔一段时间以后，是否还能准确及时地听懂。这是听力教学的根本任务。

教师必须帮助学习者建立词的知觉形象，这种知觉形象包括语音听觉形象和文字视觉形象，知觉形象的建立必须依靠有文字凭借的听觉训练才能获得。知觉的特点决定了在学习者知觉形象建立的过程中，有文字凭借训练比无文字凭借训练要容易得多。在这个过程中，词语的意义与知觉形象比较容易被固化为感觉记忆或短时记忆。但记忆中词语的听觉标准形象、文字视觉形象与意义之间的关系具有很强的不稳定性和延时性。这就需要教师通过一系列无文字凭借听觉训练来实现学习者大脑中知觉形象与意义的共时再现。这样，当学习者听到一个词或句子时，可以逐渐减少对词语视觉形象标准的依赖，而同步使用其语音标志和意义来解码。这才是无文字凭借听觉训练的目的。

当一个人不是第一次遇到给定的客体时，他面临的任务不是形成知觉形象，而是识别知觉形象。所谓识别知觉形象就是用记忆中保持的标准形象与知觉形象进行比较，对它们进一步分类并予以解释，之后依照记忆中的形象做出判断：

是“这个”而不是“那个”。在无文字凭借状态下，对第二语言学习者记忆中保持的词语或句子的标准形象与当前的知觉形象进行比较，同时在学习者感知过程产生某种困难时，回过头来进行有文字凭借感知。这是听力课堂教学有无文字凭借的交叉感知过程。

按照心理学的理论，词语的发音形象与词语的意义系统建立了同步联系之后，正常而非延时的听觉理解才能成为可能。因此，教师的教学行为就是帮助学习者建立词语的发音形象与词语的意义系统的同步联系。而后，一系列有无文字凭借训练则使这种联系在将来也能习惯性地达到同步。

二、教学语料有无文字凭借处理的教学分析

第二语言的文字形式既是学习者联系第二语言音义的媒介，同时也对第二语言音义的直接连接产生阻碍作用。作为联系第二语言音义的媒介，有文字凭借的课堂教学是十分必要的，但这只是手段，不是目的。第二语言听力和口语教学的目的是训练学生的无文字凭借音义快速结合，从而把字形对音义结合的阻碍作用降到最低，以至最终消除字形障碍，实现在学习者大脑中第二语言音义的直接结合。

以要求学生课前预习为前提的课堂教学无文字凭借语料认知处理，由于教师无法把握学生的预习情况，课堂教学的效率和效果往往会受到影响。因此，就听力课和口语课来说，教师处理教学语料的课堂教学行为应该是有文字凭借和无文字凭借相结合的过程。通过文字的媒介作用，贯彻可懂输入原则，进而在有无文字凭借的一系列训练过程中，使学生逐渐摆脱字形对音义快速结合的干扰，达到交际所需要的正常的理解和反馈要求。

某些听力教材的学生用书没有课文语料，也就是无文字凭借的语音听辨。表面来看，这样做是直接消除了字形对音义结合的阻碍作用，但同时也消除了字形对音义结合的媒介作用，增加了教学难度和学习难度。实际上，这是“理解后听”，还是“听后理解”的问题。(谭春健，2004)所谓“理解后听”的“理解”，就是有文字凭借的“理解”，所谓“听后理解”的“理解”就是无文字凭借的“理解”。不管是“听后理解”，还是“理解后听”，都只是使学生理解语料的教学策略和教学方式问题。如前所述，我们的目的不是仅仅让学生理解语料，关键是在理解以后，在无文字凭借的情况下，间隔一段时间，学生是否还能准确及时地听懂。因此，我们倾向于通过有文字凭借的“理解后听”，发挥字形对音义结合的媒介作用，尽快使学生理解课文语料，然后进行一系列的有无文字凭借的重复再现训练，使音义结合实现同步。

谭春健提出的“理解后听”教学模式建立在语料“形式—意义”的匹配上。他认为“课堂上学生的主要活动方式是:理解—听—内化—形成定式”。我们认为,作为教学策略,所谓“听觉输入”以后的“反复操练”一定是有无文字凭借的重复听辨训练。这才是“内化”和“形成定式”的关键。因为学生在理解阶段所建立的语言形式和意义的匹配是通过视觉的文字形式建立起来的,所以,“听觉输入”以后,需要再回到文字形式进行“听觉输入”的确认,然后再进行无文字形式的“听觉输入”。只有在学生具备了脱离文字形式的对标准语音形式的准确听辨能力以后,才存在对“不同的语调、语速、杂音相伴”的听辨问题。

有无文字凭借的重复训练只是解决对静态语料的理解后的“听觉输入”问题,更重要的是,教师需要把这些静态的语料转换成动态的提问,在无文字凭借状态下进行动态的交际运用训练,而不是“语段框架负载新信息,边听边理解”。因为,不管是“听后理解”还是“理解后听”,我们的最终目标并不是仅仅让学生“理解”语料,而是要训练学生具备语料的听辨理解能力以后,在自然交际的无文字凭借状态下,自由地使用学过的语料进行及时的会话反馈。从听力在交际中的地位和作用来看,听力课教学的核心目标是训练学习者的反馈。因此,听力课不能仅满足于学生听懂当前语料。从这个意义上来说,听力课教学与会话课教学是不能截然分开的。当然,有无文字凭借的听力练习在学生自学中也可以完成,但学生自己无法完成无文字凭借状态下动态的“听辨—理解—反馈”的交际运用练习,而这才是包括听力课在内的听说课课堂教学的主要任务。

在有文字凭借状态下排除意义理解障碍只是听力训练的手段,无文字凭借状态下的音义同步结合才是听力训练的目的。为此,学习者理解语料之后,教师还需要通过提问进行一系列的无文字凭借听力训练,使音义结合逐渐趋向同步,并通过复习和重现使这种同步的音义结合得到巩固。提问中应尽可能再现语料内容,让学生在脱离文字凭借的情况下,有更多的机会听辨语料中的词语和句式。同时,教师还要在学习者学过的词语范围之内,变换当前语料中词语或句式出现的语言环境,以此提高学习者对听觉对象特点的认识,增强识别听觉对象的能力。在这个过程中,当学习者产生某种听觉感知困难时,还要依靠有文字凭借,再现词语的视觉形象,来帮助学习者恢复词语的发音形象与词语的意义系统的同步联系。听力训练就是有文字凭借和无文字凭借相互结合的训练过程。从这个意义上来说,我们不主张某些听力教材不出现课文语料,而只是一味地做听辨练习。对于初级水平的学生来说,不管采取什么样的听力训练手段,我们必须要保证学生在脱离文字形式以后,能够自由地应对交际中的“听辨—理解—反馈”。

听力课课堂教学的关键不在于课前预习生词，听课文前讲练生词，也不需要听前、听中、听后的复杂的教学操作，而是课堂上对包含生词在内的全部教学语料进行理解以后的有无文字凭借的交叉听辨练习和无文字凭借的交际运用。这样做可以降低听力训练的教学难度。从听力在交际中的地位和作用来看，听力课教学的核心目标是训练学习者的反馈速度。预习生词是一种有文字凭借的学习行为，讲练生词是一种有文字凭借的教学行为。学生是否预习，教师无法控制，课堂教学中的词语教学要帮助学生把一个一个的音义结合体（词汇）输入大脑，而不仅仅是若干个生词的讲练问题。姑且不说教材所开列的生词对学生来说是否真的是生词，就是那些不久前学过的词语，学生也可能会在听辨当前课文时遗忘，更何况还有许多复杂的语法句式等问题。理解教材中所开列的生词，并不意味着对教学语料的准确听辨。因此，包括教材所开列的生词在内，课文中的所有词语都要做有无文字凭借的听辨训练，以巩固和提高以前学过的词语的音义结合速度。把学生对词语、句式的短时记忆巩固为长时记忆，最终实现如本族人那样的词语音义的快速结合，即在听到语音的同时，马上理解语义。

当然，在有文字凭借训练之前，我们不反对无文字凭借的感知、联想和猜测。但其目的只是让学习者在记忆中提取恢复学过的词语或句式，来帮助自己听辨理解当前的语料，而不仅仅是对新词语的语义猜测。从本质上说，这是一种带有复习性质的教学行为。对学习者来说，新词语的听辨只有在不断的重复过程中，才能使词语音义的结合逐渐趋于同步。在此过程中，教师可以通过提问，检查学习者对语料的最初感知、猜测、联想的结果，发现学习者听辨理解的问题，进而在有文字凭借听辨训练中有的放矢地加强学习者对语料中重点词语、句式的视觉形象、语音形象与意义之间的结合，为无文字凭借听辨训练打下基础。

第二语言教学是感知、理解、模仿、记忆、巩固、运用的综合过程。其中，感知和运用属于无文字凭借训练，理解属于有文字凭借训练，记忆和巩固属于有文字凭借和无文字凭借两种训练的结合。因此，教师应该在有无文字凭借之间展开各种课堂教学的训练。各种所谓的教学技巧也应以教学语料的有无文字凭借处理这一教学行为为基础。

我们对《对外汉语教学课堂教案设计》（教育部对外汉语教师资格审查委员会办公室，2003）中的22篇教案做了有关有无文字凭借教学行为方面的调查。其中有关有无文字凭借的表述方式有“打开课本”、“打开书”、“不要打开书”、“不看书”、“复述”等。我们用“有无文字凭借教学意识”来概括以上这些表述方式。这样，在21篇教案中，无论是朗读训练，还是提问练习，有有无文字凭借教学意识的只有4篇，比例是19%。在各篇教案之后的“专家点评”中，没有有无文字

有无文字凭借教学意识方面的点评。由此看来，目前，有无文字凭借教学意识，特别是朗读和提问练习时的无文字凭借教学意识亟待加强。

下面列举一个单篇语料的教学步骤和时间分布，来说明有文字凭借（看书）和无文字凭借（不看书）交叉感知听辨的教学过程。

课　　型：听、说综合课
语料字数：200 字左右
教学时间：90 分钟
学生人数：20 人

读(D)、听(T)、讲(J)、问(W)、练(L)、复习(F)

F　复习。（学生看书和不看书的反复听辨；提问）(15')
D1 领读生词，点读、改错。(10')
T1 学生不看课文，听课文录音，或教师朗读。(2')
W1 学生不看课文，教师提问课文大意。(5')
J　学生看课文，教师领读课文，并说明语法和课文意思。(10')
T2 听课文录音；教师朗读。（学生看书和不看书的反复听辨）(2')
D2 学生不看课文，教师领读、点读、改错。(10')
T3 听课文录音；教师朗读。（学生看书和不看书的反复听辨）(2')
W2 课堂提问练习。（课文问题和交际问题的提问）(15')
T4 听课文录音；教师朗读。（学生看书和不看书的反复听辨）(2')
L　教材中的其他练习。(15')
T5 听课文录音；教师朗读。（学生看书和不看书的反复听辨）(2')

在以上教学过程中，“T1”是无文字凭借的对语料的整体感知。“W1”是检查学生通过“D1”的教学行为，利用已学的知识和技能对语料的整体感知，找出并确认语料难点。“T2”是通过有无文字的交叉感知，对“J”的有文字凭借讲解的听辨训练。“D2”是在理解语料的基础上，通过无文字凭借模仿训练，建立语料的音、义的快速连接，为言语交际实践中及时准确的听辨反馈做准备。“T3”是通过对语料的再次反复听辨，记忆语料内容和语言形式，为“W2”的问答练习做准备。“T4”是通过对语料的再次反复听辨，巩固对语料的记忆，同时为“L”教学行为做准备。“T5”是对全部教学行为的总结。“T”教学行为同时具有其他教学行为之间的过渡功能。根据实际情况，以上教学步骤的顺序和时间分布可以适当调整。整个课堂教学模式运作的关键是有无文字凭借教学处理。该课堂教学模式的特点是：

1. 最大限度地重复语料。
2. 最大限度地预防错误。
3. 最大限度地实现对语音的改错。
4. 最大限度地实现利用语料的言语交际训练。
5. 最大限度地减少教师的课堂教学语言。

三、听力教学中的几种微技能训练分析

杨惠元教授提出了听力教学的八种听力微技能：辨别分析能力、记忆储存能力、联想猜测能力、快速反应能力、边听边记能力、听后模仿能力、检索监听能力、概括总结能力。其中，联想猜测能力训练（包括跳跃听力障碍能力训练）、边听边记能力训练、检索监听能力训练等都属于学生的学习行为。我们认为不能把学生的学习行为当做技能加以训练，也不能把学生的学习行为当做教师的教学行为来组织课堂练习。

比如联想猜测能力。虽然本族人用母语交际时，水平高的听者能够预测出言者下面要讲的内容，但这种预测是在基于语言理解之后的预设或会话含义等语用能力的作用下取得的，与第二语言学习者的词语联想猜测能力不可等同。有一种看法认为："本族人在听母语时也会遇到生词或不熟悉的内容，有时受到环境噪音的影响，个别词或句子也可能没听清，但一般不妨碍理解。这说明他具有跳跃障碍的能力。我们的听力教学也要训练学生学会跳跃障碍"。（李杨，1997）本族人交际时遇到的生词远比第二语言学习中遇到的词语障碍要少得多，依靠文化背景和语境跳跃词语障碍也要容易得多。更为重要的是，语言听辨时的联想猜测不是听力技能，而是一种无需加以训练的听者自动化的心理解码过程。心理学有关言语知觉的研究证明，如果客体对我们是陌生的，我们将自觉企图分析客体的标志，亦与某些已知的范畴联系起来。我们从外部世界接受某种信息时，我们立即将此信息与以我们的生活经验为基础的一定事物或现象联系起来。这是一个不自觉的或者说是自动化的过程。（朱纯，1994）简单来说，遇到听不懂的词语，学习者自然会根据各种线索去猜测。如果大脑中没有该词语的音义结合记忆，那么，再怎么猜也可能猜不出。在听辨语料时，学习者遇到障碍会自动跳过去。实际上，不跳也不行，因为语言是流动的。把这样一种学习心理

过程，确定为一种技能，进而表现为一种教学行为，显然不当。

在论述检索监听能力时，杨惠元教授提出："检索监听是一种重要的能力，必须经过专门的训练才能提高。"李杨认为："训练检索监听能力，关键是训练集中注意力，养成良好的听话习惯。"（李杨，1997）心理学认为，注意是人的心理活动对一定对象的指向和集中。人在注意时，心理活动总是有选择地反映一定的对象，而离开其余的对象，这样才保证了注意的方向。（车文博，1987）在教师指定检索监听词语后，影响学生注意力的因素来自其他非指定检索监听词语的影响和视觉形象的干扰等客观因素，而不是兴趣转移之类的主观因素。从这个意义上说，视听说课中视觉形象对听觉感知有一定的干扰作用。检索监听的目的是用被指定的检索监听词语检查与这个词语相关信息的听辨；或反之，用与该词语相关的信息检查被指定的检索监听词语的听辨。这种检索监听词语的听辨，属于言语听力技能的训练，与"训练集中注意力，养成良好的听话习惯"这种非成年人学习习惯的培养无关。成年的本族人从没受过检索监听的专门训练，却能从大段话语中听懂并且记住所关心的内容，根本原因是他们具有完善的母语听辨能力。因此，检索监听不是能力，而是人类根据言语交际需要所具备的自觉的心理活动。对集中注意力加以训练不是第二语言教学的任务，当然更不是对外汉语教师的课堂教学行为。

同样，边听边记也不是听力的技能。如果把"边听边记"中的"记"理解为记忆，这是学生学习第二语言的一种心理行为，同时也是教师针对这种学习心理行为所实施的一系列教学行为。但如果把"边听边记"的"记"理解为记录，那么有关书写记录能力的训练就不是听力课堂教学的教学目标。"好记性不如烂笔头"这句俗话不能证明书写记录能力与第二语言听辨能力之间有必然联系。书写记录是为了帮助记忆，但记下来的书写符号如果是不表音的汉字，那么就很难把从听觉所感知到的语音信息作为有意义的经验成分储存在大脑中。也就是说，不能保证把记下来的汉字再完全还原为语音信息。而且，写和听属于两种完全不同的技能。边听边记的能力首先表现为"听"的能力，其次表现为"写"的能力。把边听边记的能力看成是听力技能，就有失偏颇。如果记下来的书写符号是学习者所熟悉的母语文字系统（外文），那么学习者不但要边听边进行复杂的语码转换，而且学习者母语文字系统的介入会对第二语言的听辨产生一定程度上的干扰。在"边听边记"这个问题上，英语教学也有类似的情况。据《人民日报海外版》报道："新托福实施以来，虽然在语法上不再强求考生，但是在阅读、听力等项上都出现了新的题型，新托福考试的口语需要考生具有一定的速记能力，写作则对考生的单词量提出了更高的要求。相比而言，雅思更注重口语和表达，更能体现考生的英语实际运用能力，考生也更容易准备考试，取得高分。”所以，与托福考试相比，雅思考试的影响日益扩大。(《人民日报海外版》第6版，2008年12月20日)报道中所提到的“速记能力”与“边听边记”如出一辙，都与提高第二语言的听力、口语表达能力和实际运用能力相去甚远。

任何一种偏离教学目标的第二语言课堂教学行为都会对教学效果构成直接影响。我们必须紧紧围绕听和说的言语技能特点来设计课堂教学行为。对现行的某些比较流行的课堂教学行为有必要从教学目标和教学效果上进行反思。那些貌似细化的技能训练实际上使课堂教学行为复杂化。我们与其对那些复杂的听力微技能进行课堂训练，不如依据可懂输入原则，对教学语料首先进行有文字凭借的训练，在最短的时间内使词语的发音形象与词语的意义系统建立联系。这比无文字凭借状态下的联想猜测等教学行为要直接而快捷。学习者因意义障碍所造成的心理压力、学习难度也会由此降低，而且跟听前、听中、听后等教学行为比起来，可以简化甚至易于规范教师的教学行为。

如果说听力微技能训练是为了解决学习者对当前语料的听辨理解问题的话，教学语料的有无文字凭借交叉感知训练是为了使学习者能够建立听辨语料的言语技能的长时记忆，以便在无文字凭借的实际交际中，能够实现快速听辨和及时反馈。当然，要实现这样的教学目标，仅仅做有无文字凭借交叉感知训练是不够的。正如前文所说，为了帮助学习者恢复对言语技能的记忆，对教学语料的词语和句子的再认和重现处理，也是必不可少的。同时，课文问题和交际问题的提问语设计及其动态操练也是不容忽视的。因此，可以说，教学语料的有无文字凭借交叉感知训练只是整个教学语料处理结构系统中的教学行为之一。

第四节 提问的语料动态处理

提问的语料动态处理教学行为就是把设计好的提问语通过提问这一教学行为在课堂上逐一展示给学习者。这是一个师生互动的教学活动。它既是听、说技能训练的过程，也是师生课堂交际的过程，同时也是教师行使纠错职责的过程。由于提问的功能如此强大，它被广泛应用于第二语言的课堂教学。但与第一语言教学及其他各种类型的课堂教学不同，第二语言课堂教学的提问具有十分特殊的设计、方式、作用，在反馈、频度、词语复现、组织管理等方面也有特殊的要求。因此，要使提问发挥最大的教学效果，就要对提问加以课堂教学的优化处理。也就是说，提问并非是把设计好的提问语简单地转化成课堂提问，而是根据提问的功能需要，通过一定的方式和策略展示给学习者。包括提问语的难易分配，提问语语速的快慢，提问语的重复，提问的施受关系，学生的答句有无文字凭借等。它是教师根据教学对象的汉语水平、语料难度和言语技能训练目标等对提问语所做的提问方式和策略方面的课堂教学处理。

提问语的难易分配是指根据提问语的难易程度和不同学习者的第二语言水平，有选择地指定回答提问的对象。难一些的问题让水平高的学生回答，容易的问题让水平低的学生回答。为此，教师需要在语料静态处理中，对提问语进行难易度的分级处理。提问语的重复是为了让学生听清问题，训练听辨技能，使学生有时间考虑答案，也有时间组织语言。同时教师面向全班的提问语重复也会促使每个学生保持一定的紧张度，提高学生的注意力。提问语语速的快慢是指在提问语的重复过程中从言语技能训练的角度考虑，语速可以慢一些，从言语交际技能训练的角度考虑，语速可以快一些(这里所说的“快”指的是自然语速)。提问的施受关系是指根据教学时间，同一提问语可进行教师和学生之间、学生和学生之间的重复问答练习。这样做的目的是给学生练习提问语的机会，同时这也是另一种提问语的重复方式。特别是当某学生不能回答某个提问语时，让该学生复述该提问语，去问别的学生。这样的教学处理可以避免提问时课堂教学的停顿。

总之，针对提问的语料动态处理教学行为，从言语技能和言语交际技能训练的角度出发，根据课堂教学的实际情况，可以有很多具体的教学策略和教学技巧。对此，我们可以从提问的动态处理和提问的课堂教学组织管理教学行为策略两个角度来进行研究和分析。二者的不同在于提问的动态处理对象主要是教学语料，提问的课堂教学组织管理教学行为策略的对象主要是学习者。根据第二语言教学课堂提问的特点，我们提出第二语言课堂提问教师应具备的四个课堂教学意识：重复意识、改错意识、交际意识、公平意识。其中，重复意识、改错意识、交际意识属于提问的语料动态处理教学行为。公平意识属于课堂教学组织管理教学行为。下面结合提问功能，分析提问的动态处理教学行为和教学策略。

一、提问的言语技能训练功能及其教学策略

第二语言教学的提问练习在任何情况下都表现为对语言形式的练习，对语言形式的训练始终贯穿于第二语言教学的全部过程。教学语料的内容只是被用来做形式训练的材料而已。因此，提问练习的本质就是以一种动态的方式，对语言形式方面的言语技能，特别是言语交际技能进行训练。这是提问的各项功能中最重要的一种功能。目前某些汉语教材的提问练习只是仅仅针对课文语料的内容来设计提问语，缺乏针对课文语料的言语技能和交际技能的训练。这就完

全没有发挥出提问的言语技能和交际技能的训练功能。

提问对学生的听、说等言语技能的训练作用是显而易见的。学生聆听教师利用所学语言材料设计的提问语，是一种对语料的有效的听力训练；学生回答提问，是一种有效的会话训练。在教师提问的"逼迫"下，学生不得不在努力听辨的基础上开口说话。通过这样的训练，听和说的技能会逐渐从不熟练到熟练，从不标准到标准。学生的自主学习是无法实现提问的这种言语技能训练功能的。从这个意义上来说，外语的听力和会话能力要想在非目的语环境下短期提高的话，就必须要有一个目的语的同伴（教师）针对语言材料，做提问的言语技能和交际技能的训练。否则，听力和会话能力就很难真正提高。

有人主张通过学习者的大声朗读来训练外语的口语能力。这只是解决了一部分问题。也就是说，大声朗读可以训练"说"的一部分技能，即使发音器官适应目的语的发音。但如果没有同伴（教师）的带领和改错，这样练习出来的发音很可能走样。更大的问题是，朗读仅仅是对静态语料的一种发音练习。朗读所表现的"说"，不是真正的交际中的"说"。交际中的"说"是有语义活动的动态的"说"；是和交际对象互动包含交际技能的"说"；是无文字凭借的"说"；是以听力的及时反馈能力为前提的"说"；是已经变成一种习惯的脱口而出的"说"。这种根据表达需要，与交际对象共同完成的"说"的能力，只有通过提问练习，对言语技能和交际技能加以充分训练以后，才能获得。这样一个训练过程表现为同伴（教师）发现偏误，纠正偏误，有无文字凭借的重复等一系列对待学习者的提问反馈的训练手段。因此，可以说，只有提问才是真正提高学习者目的语的听力、口语水平和交际能力最有效的手段。

提问的动态处理表现为提问语的教学表达技能和教学策略。主要是重复的表达技能和语速的控制技能。重复的表达技能以教师对语料的重复意识为前提。我们在分析朗读的教学行为策略时曾经说过朗读示范、领读、点读的重复策略。这种重复的教学策略对于提问语的重复来说也同样适用。也就是说，教师可以通过点名回答、全班回答、教师说出提问语后，由 A 学生复述问 B 学生、教师领读提问语等多种方式来实施语料动态处理的提问语的重复。这种重复是一种由点到面和由面到点的有节奏的重复。因此，教师不但要具有重复意识，还要具有重复技能。比如：

教　师：请问，春节是中国的传统节日吗？

全　班：春节是中国的传统节日。

教　师：春节是不是中国的传统节日？

全　班：春节是中国的传统节日。
教　师：春节是中国的传统节日吗？
学生1：春节是中国的传统节日。
教　师：春节是不是中国的传统节日？
学生2：春节是中国的传统节日。
教　师：春节是不是中国的传统节日？（教师一边说出提问语一边指定学生3问学生4）
学生3：春节是不是中国的传统节日？
学生4：春节是中国的传统节日。
教　师：春节是日本的传统节日吗？
学生5：春节不是日本的传统节日。
教　师：春节是美国的传统节日吗？（教师一边说出提问语一边指定学生6问学生7）
学生6：春节是美国的传统节日吗？
学生7：春节不是美国的传统节日。
教　师：美国的传统节日是什么？
学生7：美国的传统节日是圣诞节(Christmas)。

语速的控制技能是指从第二语言听和说的言语技能训练出发，根据课堂教学的需要，对语料的朗读示范和提问语教学语言的展示速度进行或快或慢的教学控制。这里所说的"快"指的是自然语速。教师对教学语言语速的控制完全是出于言语技能，特别是听力技能训练的需要。这也正是出现"教室汉语"和"马路汉语"的原因所在。在听力的言语训练的过程中，肯定要有慢速的"教室汉语"的训练过程。但这只是一个训练过程，我们不能仅仅停留在这一过程。听力训练的最终目的是使学生在脱离了教材的文字凭借之后，也能听懂自然语速的"马路汉语"。因此，在听力的课堂教学训练中，教师的教学语言必须要从慢速过渡到自然语速。我们主张在课堂教学训练中，教师的教学语言应该是一个快慢相互结合，相互对照，相互关联的反复过程。也就是由快到慢，由慢到快，或者由慢到快，由快到慢，再由慢到快的过程。比如在上面的朗读重复和提问重复中，教师就可以根据学生的学习情况，在重复时有意识地调节每次重复的教学语言的语速。

二、提问的交际功能及其教学策略

提问是一种围绕教学内容的课堂教学的交际行为。在第二语言课堂教学中，它可以发生在师生之间，也可以发生在学生之间。师生之间通过提问所发生的课堂交流，也是围绕教学内容，彼此相互了解的一种情感沟通。在对外汉语教学的课堂上，汉语既是学习者的目的语和教师的教学内容，同时也是教师的教学语言和师生之间、学习者之间相互交流的工具。在教学过程中，汉语表现出多重特性。伴随针对目的语教学语料的教学活动的展开，目的语的课堂交际作用也同时发挥作用。因此，提问也就具有了实现语言教学和师生言语互动的双重教学功能。

(1) 师生交际

比如：

教学语料：小张：你去过上海吗？
　　　　　小王：我没去过上海。

A　教师提问：小王去过上海吗？
　　学生回答：小王没去过上海。

B　教师提问：你去过上海吗？
　　学生回答：我(没)去过上海。

A组课文问题的问答是师生围绕教学语料的教学互动，教师和学生的课堂教学角色分明。可以说，这是教师和学生发生交际行为的最基本的形式。同时也是教师的一种最基本、最典型的课堂提问教学行为。

B组交际问题的问答既是围绕教学语料的教学互动，也是师生彼此相互了解的一种情感沟通。教师和学生的课堂教学角色被淡化。如果说A组问答是在教师主导下针对教学内容的练习，那么以此为前提，B组问答就在目的语言语技能训练的同时，把师生之间的教学关系变成了师生之间一种真实的较为平等的交际关系。因此，从某种意义上说，教师的教学行为在这一刻转化成了交际行为。在教师的主导下，这种交际的问答角色还可以在师生之间互换。或者根据课文语料，教师接着学生的回答继续说下去，展开交际会话。比如下面一段笔者在日本大阪大学的课堂教学实例：(会话中都是学过的词语，没有新出生词)

教　师：你去过上海吗？
学生A：我没去过上海。
教　师：我去过上海。你去过北京吗？
学生A：我没去过北京。

教　师：你呢？

学生B：我也没去过北京。(教师提示学生使用“也”)

教　师：我家在北京。你家在哪里？

学　生：我家在大阪。

(2) 教师控制下的学生交际

以上A、B两组问答都可以在教师控制下指定两个或多个学生做问答练习。这种问答练习同样具有练习目的语和学生交际的双重课堂教学功能。在“上海”一词被“美国”、“颐和园”、“北京大学”等学生学过的其他地名替换的情况下，这种练习和交流的作用更加明显。这种练习体现了在教学过程中，注重实践性，着眼于提高学生的汉语交际能力的教学原则。这种即学即用的问答，既可以巩固所学的词语和语法项目，又可以提高学生使用目的语进行交际的成就感。同时，在这个过程中，也可以加深学生对目的语的理解和记忆。

学生和学生之间的问答应该在教师的示范和监控之下，问句由教师提供，学生A只是复述该问句。这样既可以使课堂言语训练控制在教学语料的范围内，有效地训练教学语料的词语和句式，同时，也可以避免让学生自主提问，而不知从何问起的局面。表面看来，这种复述很简单，但当教师无规律地指定复述者提问时，学生就必须要保持听课的警觉，否则无法复述提问。当然复述提问者还要具备听辨目的语的能力，更为重要的是，通过对提问语的模仿，可以保证在语音、语法正确的前提下即时说出该问句。对于课文问题提问语，教师可以通过问句的重复次数来选择回答提问的学生。对水平高的学生，只说一遍问句，反之则增加问句的重复次数。较长而又复杂的问句，教师也可增加问句的重复次数，以降低学生听辨的难度。如果学生A不能复述问句，则换学生B复述，由学生A回答。

一般来说，先提问课文问题，然后从课文问题自然过渡到交际问题。教师在面向全班说出提问语或重复提问语的同时，就应该选择好回答提问的学生，以免等提问语说出之后，再决定回答对象所造成的课堂教学停顿。由于交际问题的对象是定指的“你”，所以在课文问题提问语重复训练的前提下，交际问题不必反复说出，针对某一个学生只说一遍即可。当然，交际问题可以通过“你呢？”来变换不同的回答对象。比如：

教　师：他去过上海吗？(指着课本提问课文问题)

　　　　他去过上海吗？(重复课文问题，同时选择回答对象)

学生A：他没去过上海。

教 师：你去过上海吗？（交际问题。一边提问，一边选择回答对象）
学生B：我没去过上海。
教 师：你呢？（变换不同的回答对象）
学生C：我也没去过上海。
学生C：你去过上海吗？（教师用手势示意学生C问学生D，转换交际角色）
学生D：我也没去过上海。
学生E：你去过上海吗？（教师用手势示意学生E问学生F）
学生F：我去过上海。
教 师：他去过上海吗？（教师发现远处的学生G注意力转移，所以指着学生F问学生G）
学生G：他没去过上海。（学生G没注意听学生F的回答，所以根据前面听到的大多数回答而从众，答错内容。但语言形式没错，教师不能给予否定评价。）
教 师：他去过上海吗？（指着学生F问全班，同时也是对学生G的纠错）
全 班：他去过上海。
教 师：他去过上海吗？（回到学生G）
学生G：他去过上海。（意识到刚才答错，有点不好意思）

三、提问的理解记忆功能及其教学策略

除了对语料的认知处理以外，提问本身也是促进学生加深对语言材料理解的重要手段。我们必须认识到学生对语言材料的理解是一个渐进的过程，不会一步到位。在这个过程中，提问可以促进学生改进对在认知阶段建立的似懂非懂的理解。比如："我爱喝热茶，我觉得什么冷饮也比不上热茶好喝。"此句有两个汉语语法难点：疑问代词的任指和比较句。对此，教师的讲解和举例当然是必要的，但是通过对此句的提问更能揭示说话人对于"冷饮"和"热茶"的态度及二者之间的关系。对此句的提问语设计如下：

他喜欢喝冷饮，还是喜欢喝热茶？
他觉得冷饮好喝，还是热茶好喝？
他觉得冷饮比热茶好喝吗？
他觉得热茶比冷饮好喝吗？
他觉得冷饮和热茶，哪个好喝？
他觉得什么冷饮比热茶好喝？

他觉得什么冷饮也比不上热茶好喝吗？

当然，从语料理解的角度来看，以上提问语不一定在课堂教学中都加以展示。只要能通过提问的理解功能，确认学生对语料的理解就可以了。但从语料言语技能训练的角度来看，我们有必要对同一语料设计尽可能多的不同句式的提问语，以便根据学习者的课堂实际表现，对语料进行充分的言语技能训练。

提问也具有记忆功能。这种记忆功能是通过对语料的反复提问，在不知不觉中发挥作用的。这里所说的记忆，不仅仅是内容的记忆，更重要的是技能记忆。表面来看，提问语是针对语料内容而展开的，实际上，所谓语料内容，仅仅是被利用的材料而已。第二语言的教学目的是对负载一定语义内容的语言形式的言语技能训练。因此，反复提问的主要目的并不仅仅是训练学习者对语料内容的记忆，而是通过记忆语料内容来加强技能记忆的训练。从这个意义上来说，如果学生在提问的答句中，出现对教学语料内容的记忆错误，而语言形式方面正确的话，教师应对其答句加以肯定。一般来说，学生对语料记忆方面的错误常常是人物关系、数字等等。对此，教师还是应从培养兴趣和语言形式的言语技能训练的角度出发，在肯定语言形式的正确性之后，再指出其记忆方面的错误。原则上，除了数字教学之外，一般来说，我们不主张考查复杂的数字记忆。比如：

课文语料：

本台消息：第三届全国书市昨天在上海结束，为期十四天的书市共接待读者二十二万人次，零售图书一百四十万册，营业额达500多万元，超过了以往历届大型书市。其中个人购书占营业额的52%。（《汉语中级听力教程》第十四课，甲，简短新闻两则）

练习：根据第一则新闻的内容，回答下列问题：

1. 全国书市以前办过几次？
2. 这届书市是在什么地方举行的？
3. 这届书市是什么时候结束的？
4. 这届书市举办了多长时间？
5. 这届书市零售了多少册图书？

课堂教学中，第二题"这届书市是在什么地方举行的？"正确率最高。除此之外，其余四个有关数字的问题，大多数学生答不出或答错。其实，即使听力健全的中国人也很难准确记忆以上数字。因此，在第二语言教学中，应该把技能记忆与语料内容记忆区别开来。

四、提问的检查功能及其教学策略

在课堂教学过程中，教师还有一个职责是随时监听学生的发音和语法错误并加以改正。因此，提问常常被用来检查学习者对所学内容的掌握情况。但第二语言教学课堂中的提问更注重语言形式方面的检查，对教学语料的提问，在语义和语言形式两个方面呈现出十分明显的相互依存的关系。也就是说，提问既检查学习者对学习内容的理解，同时也检查学习者语言形式方面的掌握情况。

第二语言的听和说是两种不同的言语技能，教师对这两种技能的检查存在不同的检查取向。也就是说，根据不同言语技能训练的不同要求，对教学目标加以分解，明确对言语技能的检查取向。如果某个提问语的设计主要是为了重点训练某一种言语技能，那么对其他言语技能所出现的问题以不影响基本的交际为限度，可适当放宽要求。比如，一个以检查听力理解为设计目的的提问语，如果学生的答句中个别词语发音不准，但根据这个答句，教师可以断定学生的确听懂了问句的句义，那么，我们认为教师可以暂不追究其发音错误，以此来保持学习者的兴趣。课堂教学中教师对学生逢错必改，求全责备，往往会损伤学生的学习兴趣，同时，也使教师的教学行为主次不清。所谓"严格改正错误"，是以分清主次，保持学生学习兴趣为前提的。关于改错的问题，我们下文再详细论述。

提问是检查教学效果的有效的教学手段。通过提问，教师可以按照教学目标的要求，及时发现教学中存在的问题，并及时加以解决。比如，下面是一段课文语料中的对话：

A：今天是我的生日。
B：祝你生日快乐！

对上面这段静态的对话语料进行动态处理后，我们可以设计"今天是你的生日吗?"这样的交际问题提问语。预期答案是"今天不是我的生日"。但在课堂教学中，发现有一些学生回答"今天是我的生日"。一般情况下，这是不可能的，一定是有学生在机械地模仿课文，由此可见，学生虽然初步具备了"今天是我的生日"的言语技能，但还不具有相应的言语交际技能。因此，针对这种情况，教师还要对语料做进一步的动态处理。下面是课堂教学实录：

教　师：今天是你的生日吗？
学生A：今天是我的生日。

教　师：今天是你的生日吗？

学生 B：今天是我的生日。

教　师：（向全班示意）今天是他们的生日。我们祝他们生日快乐！

全　班：（笑）祝你们生日快乐！（在教师带领下全班用汉语唱生日快乐歌。）

学生 A：（不好意思地）今天不是我的生日。

教　师：今天是你的生日吗？

学生 B：（不好意思地）今天也不是我的生日。

通过提问的检查功能发现学生的问题以后，教师针对学生的反馈，尽量在课文语料之内，充分而巧妙地利用语料，来改正学生的错误反馈。也就是说，教师的课堂教学语言必须尽量控制在学生学过的词语范围和当前课文语料的词语范围内。在有限的词语范围内实施提问等课堂教学行为，这是汉语教师必备的教学技能。

五、提问的反馈与改错功能及其教学策略

课堂教学的朗读过程中，通过教师领读建立的发音标准，在言语技能方面常常是不稳定的。因此，在提问教学行为过程中，改错也必不可少。在“以模仿为目的的语料动态处理教学行为”一节中，我们讨论过改错问题，其中的观点同样适用于提问的改错教学行为和策略。根据前文对《对外汉语教学课堂教案设计》中的 22 篇教案所做的调查，改错行为的有无各占 50%，这说明在提问行为中，改错意识也同样没有受到足够的重视。目前，在提问反馈教学处理行为中存在的问题是，没有发现错误的教学意识，听不出学生的错误，或对错误的诊断不当等等。在教学实践中，我们常常发现有些教师在提问反馈教学处理时，把注意力放在语料内容或教学活动上，缺乏对语料的语言形式的关注。这样就很难发现学生在提问反馈中语言形式上的问题，实施改错行为也就无从谈起。

提问的交际功能、检查功能、理解记忆功能和言语技能训练功能，无不通过学生的反馈回答发生作用。在反馈过程中，教师实施改错行为。教师如何应对学生的提问反馈，是“注重语料的语言形式训练还是注重意义内容理解”这个问题的又一重要体现。改错行为包括听辨中介语、发现错误、改正错误、说明错误和预防错误。

(1) 发现错误与听辨中介语

发现错误的过程就是对学生目的语反馈的诊断过程。发现错误是及时纠正错误的前提。对于母语非汉语的教师来说，准确发现错误是最基本的教学技能。

这要求教师不但要自己的汉语标准，而且还要具有发现学生汉语错误的能力。对于母语为汉语的教师，发现学生的错误也需要具有一定的专业素质和高度的语言敏感性。准确听辨学生的中介语是教师发现错误的前提，同时也是汉语教师必备的专业技能。在汉语教师培训工作中，准确听辨学生的发音错误应该作为一项专业技能加以训练和考查。

汉语教师区别于普通中国人的一个重要方面就是能够听懂学生的发音和语法不标准的词语和句子。这是教师实施改错的前提。在发音方面，所谓的"准确听辨"一定是具体到某一个音节(字)的声、韵、调。改错时常见的问题是有些教师不指出到底是哪个音节(字)有错误，而是以词语为单位改错。比如学生把"重要"说成了"中药"，教师一遍一遍地重复"重要"这个词，结果学生不清楚到底是"重"错了，还是"要"错了。教师对学生发音错误的准确听辨和改错策略，与教师对学生的系统性错误的认识有密切关系。下面举例说明改错过程：

学生："中药"。
教师：不对。再说一遍。"重要"。
学生："中药"。
教师：是"重"，不是"中"(教师一边说，一边做第 4 声和第 1 声的动作)。"重要"。
学生："中药"。
教师：不对，再说一遍。"重"，"重要"。
学生："重"，"重要"。
教师：很好。

发现错误的过程就是对错误的认定过程。所谓第二语言的错误，一定指的是语言形式方面的错误。对错误的认定必须要把知识、内容、观念、形式等概念区别开。知识和内容方面的错误属于认知理解问题，观念方面的错误属于文化问题，形式方面的错误则属于言语技能问题。

发现错误的教学策略是"完句问答"，也就是要求学生在反馈时坚持使用完全句。这样做的目的是保证尽可能全面地发现并诊断学习者目的语所存在的问题。比如："你是日本人吗?"要求学生回答"我(不)是日本人。"不能回答"是"或"不是"，当然点头或摇头更不可以。即使某些较长的或句子成分较复杂的问句，也应坚持完句回答教学策略。在教师实施具有一定重复频度的提问语反馈训练中，完句回答可以强化全班对语料的听辨理解。由于完句回答具有复述性质，因此，它不但能诊断学生在发音和组词成句方面的错误，而且能够最大限度地检查学生对问句的听辨情况。

（2）改正错误和预防错误

改正错误是对目的语标准语言形式的再现。预防错误是实施全班参与改错的教学策略。对某些学习汉语的人群来说，往往存在一些汉语语音或语法方面的系统性错误。比如日本学生的汉语儿化音的发音普遍存在个体或群体的系统性错误。因此，提问时发现的问题，虽然是个体的问题，但我们有必要从预防其他学生犯同样错误的角度，再次进行全班领读。因此，我们这里所说的预防错误是指从个体发现错误后，针对群体的全班预防。教师对学生目的语错误的预防策略是一种全班参与改错的教学行为。也就是说，通过教师的讲解说明，全班参与改错，以预防别的学生出现同样的错误。全班参与改错的教学策略是教师领读的朗读示范。也就是说，领读既具有建立目的语标准的作用，也具有在言语技能训练过程中，预防其他学生犯同样错误的功能。在操作过程中，该教学策略既可以是发现某一学生的提问反馈错误并对其加以改正后，马上对该语句的正确形式进行全班领读和点读，也可以是在改错无效或屡教不改的情况下，进行全班领读和点读，以强化目的语的标准形式。这样可以预防在改错的过程中错误形式对全班的心理感染。同时，全班参与改错也可以集中其他学生的注意力，保持全班的紧张度。

当然，最有效的预防错误是对正确的语言形式的重复。可以说正确形式的重复次数与错误的出现次数成反比关系。也就是说，正确形式重复次数越多，错误的出现次数就越少。我们不主张课堂造句练习的原因就在于造句这种练习方式增加了学生出现错误的机会，而教师对此又很难采取预防措施。即使语法说明很充分，也难以避免学生在口头造句时出现错误。所以，我们认为听说课课堂教学应该把教学重点放在对正确的语言形式的重复上。对错误的预防措施不仅仅是指偏误分析，也不仅仅是指对学生可能出现的错误进行知识性预测，还包括言语技能训练过程中对正确的语言形式的技能性重复。这是从知识和技能两个方面对错误的预防。我们不能仅仅对错误进行知识性预防，而忽视正确的语言形式的重复在预防技能性错误方面的重要作用。有无文字凭借的朗读教学行为及其教学策略就是具有预防错误功能的正确语言形式的重复策略。我们期待的不是学生不犯错误，而是尽量少犯错误。

有人主张在纠正的时候尽量启发学生发现问题和解决问题，以此激发他们的参与意识和参与热情。我们认为这样做是造成错误形式心理感染的主要途径，是不可取的。“尽量启发学生发现问题和解决问题”这是第一语言教学的方法。杨惠元先生在《课堂教学理论与实践》(2007)一书中对“让学生自行改正或者同伴纠正”的观点有这样一段论述：

> 教师纠正学生的错误必须指导学生自己改正，让学生知道哪儿错了、为什么错、怎么改，而不要代替学生改正。有的学生说错了，老师让别的学生回答，即同伴纠正，然后马上进行下一个项目，对刚才说错的学生不管了。正确的做法是不能放过刚才说错的学生，让同伴纠正以后还要让他说出正确的。学生出现错误，老师不要重复学生的错误，也不要让学生重复自己的错误。比如学生说：“都我们去长城。”老师不要说：“都我们去长城？”应该说：“‘都我们去长城’，对吗？”也可以提示学生：“‘都’在哪儿？在‘我们’的前边吗？”经过纠正，学生说：“我们都去长城。”老师应该让学生重复几遍正确的，及时巩固。

以上这段论述中，我们完全同意“不能放过刚才说错的学生”、“老师不要重复学生的错误，也不要让学生重复自己的错误”和“老师应该让学生重复几遍正确的，及时巩固”的观点。但在具体的教学策略上，还有一些值得商榷的地方。

首先，教师是否重复学生的错误并不是一个问题，关键在于教师是否对学生的错误给予一个“对”或“不对”的明确评价和判断。技能性错误不需要“请你再想一想”、“这么说对吗？”等这样的启发式评价，技能性错误的根源在于不熟练。因此，对于学生的技能性错误，教师必须马上给予“对”或“不对”的明确评价，在改正后，直接重复并强化正确的语言形式。否则，教师的教学语言就会过于烦琐。与其让学生自己改错，不如教师直接说出正确的语言形式。知识性错误的根源在于不了解或不理解，而学生不了解或不理解的根源在于教师对语料认知理解的处理不到位。如果学生了解并理解了关于某语言点的语言知识，可是还出现偏误，那么，这也属于由于不熟练而造成的该语言点的技能性错误。因此，“都我们去长城”的偏误，如果属于技能性错误，那么如上所述，无需启发，在给予“对”或“不对”的明确评价之后，立即强化正确的语言形式即可。比如：学生说“都我们去长城”，教师说“不对，大家一起说：‘我们都去长城’，再说一遍，‘我们都去长城’”，说的时候，把“都”的语气加重，以强调“都”在句中的位置。这样做比“‘都’在哪儿？在‘我们’的前边吗？”要简单明确，同时也简化了教师的课堂教学语言。如果是由于学生不了解或不理解而造成的偏误，那么，启发也无济于事，只能是加强教师对语料的认知理解处理。因此，我们认为在第二语言教学中，特别是对初级水平的学生来说，不存在“尽量启发学生发现问题和解决问题”的问题。

其次，“同伴纠正”其实是另一种形式的“让学生重复错误”。比如教师说：

“刚才玛丽说的句子有没有问题？哪个词说错了？是声母的问题还是韵母的问题？应该怎么说？”姑且不说学生是否能听懂这么复杂的课堂教学语言。单就改错行为本身来看，这样的做法实际上是把学生的注意力引向玛丽所说的错误的句子，会造成错误形式的心理感染。再看下面的一个纠错行为：

教师：刚才玛丽说的句子语法有毛病吗？

学生：没有。

教师：很好。玛丽说的句子语法完全正确。可是发音有点儿问题。玛丽，你发现了吗？

准确地听辨学生的发音错误是对外汉语教学中教师的一项重要的教学技能，也是汉语教师培训的一项重要内容。如果是针对汉语为非母语的海外汉语教师培训，上面的教学行为就很有意义。但对于对外汉语教学的课堂改错来说，就显得十分啰唆了。在对外汉语教学的课堂上，让学习汉语的学生去发现错误，这就完全失去了教师的主导作用。这种启发式的课堂教学语言完全是无效的改错行为。另外，教师对玛丽的这种纠错行为，对玛丽的心理也可能会在一定程度上造成消极影响。

我们认为对学生的错误，特别是发音错误，教师马上改正即可。不要抓住某个学生的错误不放，以免错误的扩散和感染。对错误的偏误分析是必要的，但不要总是把学生的注意力集中在错误本身，更不要为同伴是否发现错误耽误时间。教师应始终强化正确的语言形式，从而把学生的注意力引向正确的方向。对于那些具有普遍性的错误，教师做朗读示范并在全班范围内进行领读或点读。正是基于这样的认识，我们不同意“纠正错误不完全是教师的任务，教师应该培养学生对自己和他人语言错误的识别能力”的观点。让学生识别错误，就要展示错误，这样一来，就为错误的心理扩散和感染提供了机会。我们认为发现错误、纠正错误完全是教师的任务。学生对错误的识别是建立在正确的语言形式的了解和技能操练基础之上的。正确的语言形式牢固地建立以后，对于错误的语言形式自然就会具有识别能力。因此，教师的主要任务是在发现错误、改正错误之后，通过各种训练方式，强化正确的语言形式。另一方面，根据有些学者的研究，学生的某些错误，其实是由于言语技能的不熟练而造成的失误。对此，只要加强言语技能的训练就可以避免这类失误。如果我们真要培养“学生对自己和他人语言错误的识别能力”的话，也是在大量输入正确的语言形式的基础之上才能实现，而不是通过“讨论有没有错误，是什么错误”、“鼓励小组成员互相帮助，发现同伴的错误并及时指出纠正”来实现。在这个问题上，我们还是要注意第一语言教学和第二语言教学的不同。对于教师的课堂教学行为，发现错误和纠正错误固然重要，但更重要的是通过知识性的讲解和大量的言语技能练习来预防错误。实际上学生的许多错误是由于教材误导，教学训练不够或不得法，以及教师讲解不到位造成的。关于这个问题，我们在"格式化教学处理"一节已经讨论过。比如教师在讲解"见面"一词时，在黑板上做如下板书：

A 跟 B 见面。　　√

A 见面 B。　　×

然后再通过大量练习，强化"A 跟 B 见面"这一正确的形式。这样，在很大程度上可以预防学生"A 见面 B"的错误。再比如"再也不……了"，一些教材或教师只把该语言点认定为"再也不……"，这就使学生说出"再也不喝酒"、"再也不吃那个菜"这样的错句。由此，我们认为，对于学生的第二语言错误，固然要从第二语言习得的角度来分析其错误的成因，在这方面，偏误分析理论取得了丰富的研究成果，但我们也必须认识到，学生出现的偏误，教师是有很大责任的。学生的很多偏误，实际上是由于教师讲解不明确、说明不到位、练习不够充分造成的。我们也必须反思一下现行的语法教学。"成年人学习语法的一个重要的学习策略是'类推'。汉语的结构讲究意义的搭配，在教学中如果我们只教汉语的句法规则，他们学习的就不是真正的语法。学生使用类推的方法往往一说出话来就错。因为句法规则框不住丰富多彩的语言事实。"(杨惠元，2007)在对外汉语教学中所谓的语法教学，其实就是词语搭配方面的词语用法的教学。比如"A 跟 B 见面"、"再也不……了"、"已经……了"等，只要教师明确指出词语的搭配用法，并且进行充分地练习，相信绝大部分学生不会出现"我见面朋友"、"我再也不喝酒"、"我来中国已经一个月"这样的错误。

知识和技能是两个不同层面的教学问题。纠错行为自然也处于这两个不同的层面上。纠错的有效性要从学生的反馈来判断，但要区分知识性错误和技能性错误。技能性错误未必与知识有关，而在知识层面上纠正了的错误，也可能会在技能层面反复。所以纠错的有效性必须要在知识和技能这两个不同教学层面上来观察。

比如"中国人春节都吃饺子"，纠错后，改为"中国人春节大都吃饺子"。这种错误属于知识性错误。对学生的这类错误的纠正，毫无疑问，可以保证一次见效。再比如"把这个东西不能放在微波炉里"，该句的错误是由于不了解汉语"把"字句的否定形式所造成，这种错误属于汉语语法知识方面的错误。问题是即使学生了解了"把"字句否定形式的语法知识，也还会出现这样的错误，这就属于技能性错误。对技能性错误的纠正是一个从不熟练到熟练的逐渐趋向标准的反复过程。在这个过程当中，一般来说，一次性的纠错基本上会达到令人满意的效果，但很难保证纠错的效果会一直不衰减地保持下去。因此，如果在技能性纠错层面来回答"什么样的纠错更有效"这个问题，答案就是"重复"。"重复是学习之母。"经过不断地间隔重复和反复纠错之后，学习者对某一个语法项目或发音达到自动化的如母语般熟练的表达程度时，我们才可以看到真正的纠错效果。而这个效果是教师（或教师们）和学生经过若干次反复的修正过程以后才能够实现的。

确定纠错的有效性要看教师是否坚持对技能性错误的重复纠错，是否不断强化目的语的标准形式。那种改过一次就期待学生不再犯错，进而收到纠错理想效果的想法，只能是教师的一厢情愿，同时也是一种教学法的缺失。看看驾校的教练们怎样给初学驾驶者纠错，就会对此问题有更深刻的认识。当然，如果一定要给纠错效果一个量化标准的话，那就必须设计出针对该纠错效果的测试和检查指标。如果我们把纠错的过程看成是一个如医生给病人治病一样的不断治疗的过程，那么测试就是对治疗效果的检查。如何设计科学有效的测试和检查指标，这是另一个值得深入研究的问题。多数情况下，纠错效果的检查指标是由教师根据目的语的发音和语法标准在课堂上主观判断的。如果教师自己的目的语都不标准，那么纠错效果的检查指标就会大打折扣。这样一来，即使发现学生的目的语错误，也很难取得理想的治疗效果，只会越改越错。比如下面的例子：

教师：他是哪个学校的留学生？

学生：他是北京大学（dāxué）的留学生。

教师：不是"dāxué"，是"dāxué"。

学生：dāxué。

教师：很好。再说一遍，"dāxué"。

学生：dāxué。

这位老师来自香港，虽然她具有听辨"大"的发音错误的技能，但"大"的发音技能不完善，导致在改错中把 dàxué 一再说成"dāxué"。

提问反馈与改错的教学行为策略都是以该教学行为不影响学生的学习兴趣和课堂教学进度为前提的。实际上，这也是我们制订教学计划和进行课堂教学的两大基本原则。因此，加强教师的课堂教学改错意识和重复意识及相应的教学行为技能的训练，应是教师培训的一项重要内容。但是目前关于对外汉语教师素质与教师培训研究的有关对外汉语教师应具备的意识中，并没有明确提出课堂教学的改错意识和课堂教学的重复意识。

(3) 改错的容忍度

教师对学生目的语错误的容忍行为是针对学生的错误太多及改错无效的一种教学处理策略。这是对待错误的态度问题。对学生目的语偏误过多的反复纠正，会影响学生的学习兴趣和全班的教学进度。对此，正如前文所说，除了采取全班参与改错的教学行为以外，换人也是一种有效缓解当前压力和增加其他学生练习机会的教学策略。换人之后，再回到该学生，如果还是无效的话，可以再换人，然后再回到该学生。如果仍然无效，就只有先容忍该学生的偏误，然后通过较长的学习过程来逐渐改善。因为对某些学生来说，改正一个目的语的偏误，特别是发音偏误，可能需要一个较长的时间过程。教师对学生目的语偏误的容忍行为只是在坚持改错过程观基础上的一种暂时的容忍。

态度决定行为。除了对偏误本身的教学处理以外，从语料动态处理教学行为的角度来说，教师对待学生目的语偏误的态度是决定其教学策略的关键。因此，对待学习者偏误的容忍度问题具有态度与策略的双重含义。采取什么策略决定于具有什么样的态度。实际上，不同的教学法流派具有不同的对待偏误的策略，但根本分歧还是在于对待偏误的态度差异方面。具体来说，教师常常要面对改与不改，改到何种程度，改多少次，以及屡教不改怎么办的问题。我们是追求理想标准，还是暂时容忍学生的偏误，给学生一个纠正偏误的过程，这就涉及在教学中对待学习者偏误的容忍度问题。在这个问题上，我们完全同意美国语言学家佐伊基(Arnold M. Zwicky)的看法："英语使用的规则繁多，掌握这些规则是很困难的，从这个意义上说，你永远也不会成为十全十美说英语的人。当然，学习汉语也是如此，对一个外国人来说，同样也不可能成为十全十美说汉语的人。从这里得到的启示是，既然说一种外国语不可能说得那么完美无缺，那就不必总是苛求自己，你可以只顾说而不必考虑规则都用得是否正确。这样来说也有些过分。我们还是要立足于学好、用好一种外国语。"(佐伊基，1989)佐伊基的话反映了一个外语学习的矛盾，就是我们总是追求标准，但又总是出错。在第二语言学习中，我们既不能苛求学生，同时又要严格把握标准，因此，根据每个学生的具体情况，教师有必要适时保持对待偏误的容忍度。

学生在一个句子里可能会出现若干个偏误，我们不可能一次性全部改正。许多改错无效及屡教不改的技能性偏误需要一个反复纠正的过程。对某些偏误教师需要保持一定的容忍。偏误在多大程度上影响交际是决定容忍度的标准。就像医生给病人治病一样，对于一个百病丛生的病人，医生不可能一次治好病人的全部疾病。那么到底应该先治疗哪种疾病呢？毫无疑问，医生肯定是先治疗那种最严重的,可能危及生命的那种病。对于其他不太严重的病,可以暂缓治疗或保守治疗。同理,在改错时,如果学生的偏误太多,那么就应该先改正最严重的那个偏误。所谓最严重的偏误,就是直接影响交际的偏误,也就是说,在交际时会造成交际障碍的偏误。所谓交际障碍指的是目的语人群听不懂或者听成其他的意思。对于这样的偏误,必须坚决地优先改正。对于其他在某种程度上不影响交际的偏误,我们可以先暂时原谅,也就是说,先保持一定的容忍度。因此,可以说容忍度高的偏误是那些不太影响交际的偏误,容忍度低的偏误是那些严重影响交际的偏误。

所以,对学生目的语的偏误,我们不主张逢错必纠,有错必改。否则,会在一定程度上影响学生的信心和学习兴趣。因此,教师在有理由断定学生的某个目的语偏误不会影响到将来正常的言语交际的前提下,可以对学生的目的语偏误采取一种暂时容忍的态度。

既然改错的容忍度问题是一个在不影响交际的前提下,把学生的偏误先暂时放一放的问题,那么从改错的"治疗"过程的角度来说,就需要针对每个学生的偏误建立"病历"。根据"病历",设计不同的"疗程"来"治疗"学生的"语病"。当然,对于那些普遍存在的系统性偏误,教师可以针对偏误,进行全班的系统治疗和预防。对于那些个别学生的"顽症",可以根据该学生的"病历",在课堂教学中进行有意识、有针对性的"治疗"。我们所强调的教师的改错意识,其意义也正在于此。这也正是把我们通常所说的"备课"中的"备学生"这个问题落实到实处。

尽管我们对学生的偏误采取暂时容忍的态度,但这只是一种教学策略。我们追求的教学目标当然是尽量地接近目的语的标准。但从课堂教学的实际情况来看,为了最大限度地给学生学习的成就感和满足感,保持学生的学习兴趣,我们对待学生的偏误就不得不做出一定程度上的让步。在追求标准和保持学习兴趣这二者之间,我们宁愿选择后者。因为追求发音和语法的理想标准,最终导致学生放弃第二语言学习的例子屡见不鲜。佐伊基先生的话是从第二语言学习的角度来说的,那么从第二语言教学的角度来看,又何尝不是这样呢?

六、提问的课堂教学组织管理功能及其教学策略

在语料动态处理时,教师占主导地位,因此,班级授课的教学形式和技能训练的特点要求教师在提问过程中始终扮演组织管理者的角色,公平而高效地组织全班每一位学习者全神贯注地参与到这一互动的教学行为当中。为此,教师在提出问题的同时,要始终保持提问的课堂组织管理意识,同时也必须要具有这种课堂教学的组织管理能力,以使每一位学习者最大限度地得到言语技能的

训练。

我们这里所说的课堂教学组织管理教学行为不仅仅是课堂教学技能或教师素质当中所说的组织学生集中注意力，稳定课堂秩序，引导学习，建立和谐的教学环境的问题。而是教师在教学语料的课堂动态处理过程中，根据课堂学习者的人数、目的语语言水平的差异等情况，在有限的教学时间内，使每个学习者在教师的控制下，最大限度地利用语料，公平高效地得到言语技能和交际技能的充分训练的各种教学策略和管理手段。课堂教学组织管理教学行为的主要手段是提问。如前所述，提问与教师语料动态处理教学行为密切相关，同时，在提问过程中，针对全班的每一个学生，公平、高效地实现提问的各项功能，这是课堂教学组织管理教学行为和策略的问题。

以教师为主导的课堂教学过程就是教师组织学生，实施语料动态处理的课堂管理的过程。教师实施教学组织管理行为的对象是学生。一般来说，师生课堂交际最直接、最常见的沟通手段是提问。提问除了具有语料动态处理的各项功能以外，也具有通过与教学语料处理有关的教学行为来控制课堂的管理功能，即通过师生的互动交流来达到控制课堂的进度、气氛和练习效果的目的。提问的各项训练功能，需要采用各种教学控制策略和管理手段，以体现自然、公平、高效的方式才能充分发挥出来。比如，提问通常表现为教师问，学生答。这样的课堂提问是一边倒式的提问，学生只有练习答句的机会，没有练习用目的语提问的机会，显然这不是实际交际的真实情形。这样的提问方式不但使学生变得紧张，即使是教师也常常会由于听辨学生的答句和改错而忘记下一个提问的问题。在组织学生练习的提问动态过程中，教师既要听辨学生的答句并改错，同时又要随时考虑提问机会的公平性，更重要的是要保证对教学语料的有效利用。如果教师没有一种驾驭课堂的教学组织管理能力，很容易在这样一个复杂的过程中顾此失彼。

课堂提问中常常出现的问题是，一个提问语只问一个学生，或只集中提问少数几个学生，忽视练习的公平性。另外也存在提问对象不合适的现象。比如：教师指着一个男生问一个女生："他睡觉前喝咖啡吗?"回答"喝"或者"不喝"都不合适。更为常见的问题是教师被学生的提问所控制，离题越来越远，从而忽视了对当前语料的有效利用，同时也失去了对课堂教学的控制。这种现象在中高级水平的班级较多。在提问后等待回答的时间问题上，常常出现两种截然相反的情况。一是等待时间过短。"有的教师提出问题后马上让学生回答，学生不能立即答出就换人，再答不出就自己把答案说出来。"(刘珣，2000)另一个问题是等待时间过长，不能及时换人。即使换人，也不知道换人后再回到该学生。有时，在点读或提问中，针对个别学生的训练时间过长而忽视全班其他学生。凡此种种，这些问题都属于与语料处理无关的课堂教学的组织管理教学行为的问题。

在班级授课制的前提下，如何使每一个学生在教师的控制下实现训练的公平性和注意力的高度集中，这个问题是课堂教学组织管理行为策略要解决的核心问题。这并不是指那种教师针对学生课堂纪律问题的“说教”。对初级班来说，限于学生的第二语言水平，我们不主张教师采用课堂教学语言来实施课堂教学组织管理行为，而是希望教师针对学生的学习心理和课堂表现，通过课堂教学的互动，利用语料动态处理的教学行为，作用于管理对象，实施课堂组织管理。这比“请大家注意听讲”、“请你不要睡觉”、“请你注意听他的回答”等教学语言要更直接，更有效。

案例一：个别学生注意力不集中。

比如我们在“提问的交际功能及其教学策略”一节中举过的例子：

教　师：他去过上海吗？（指着课本提问课文问题）
　　　　他去过上海吗？（重复课文问题，同时选择回答对象）
学生A：他没去过上海。
教　师：你去过上海吗？（交际问题。一边提问，一边选择回答对象）
学生B：我没去过上海。
教　师：你呢？（变换不同的回答对象）
学生C：我也没去过上海。
学生C：你去过上海吗？（教师用手势示意学生C问学生D，转换交际角色）
学生D：我也没去过上海。
学生E：你去过上海吗？（教师用手势示意学生E问学生F）
学生F：我去过上海。
教　师：他去过上海吗？（教师发现远处的学生G注意力转移，所以指着学生F问学生G）
学生G：他没去过上海。（学生G没注意听学生F的回答，所以根据前面听到的大多数回答而从众，答错内容。但语言形式没错，教师不能给予否定评价）
教　师：他去过上海吗？（指着学生F问全班，同时也是对学生G的纠错）
全　班：他去过上海。
教　师：他去过上海吗？（回到学生G）
学生G：他去过上海。（意识到刚才答错，有点不好意思）

其中，学生E问学生F："你去过上海吗？"学生F回答："我去过上海。"这时，教师发现学生G注意力转移，所以指着学生F问学生G："他去过上海吗？"由于学生G没注意听学生F的回答，所以根据前面听到的大多数回答而从众，回答说："他没去过上海。"接着，教师指着学生F问全班："他去过上海吗？"全班同学回答："他去过上海。"这样一来，显然让学生G意识到自己刚才没有集中注意力，因而感到了尴尬。这个例子充分说明，课堂教学组织管理行为对于集中学生注意力，从而高效地调动全班每个学生学习积极性的作用。需要特别说明的是，在实施以上管理行为的过程中，教师没有使用任何管理语言。完全是利用语料，通过提问练习来实施管理行为。这样的管理行为重复几次以后，学生们一定会注意听其他同学的问答，因为，没有人会愿意面对像学生G那样答错的尴尬。对全班学生来说，也起到了警示的作用。

案例二：课堂上个别学生打瞌睡。

个别学生打瞌睡是课堂上常见的现象。利用语料的组织管理策略是，在教师提出提问语之后，示意打瞌睡者旁边的学生去问打瞌睡者。用这种方式唤醒打瞌睡者，比教师直接去叫醒该生或直接提问该生更具有策略性。当然，打瞌睡者被叫醒后不能回答提问，教师可以再次重复该提问语，示意该生去问别的学生或者示意其他学生向该生再次提问。这不但可以缓解该生不能回答提问的尴尬，而且也是一种语料的重复策略，对于全班也具有警示作用。久之，打瞌睡现象就会减少。针对这种现象刘珣先生认为"应更多地采取突然提问的办法"。我们强调的是应该注意课堂组织管理的策略性，最好能与语料的重复利用相结合。

案例三：学生回答提问声音太小。

教　师：你去过上海吗？（交际问题。一边提问，一边选择回答对象）
学生B：我没去过上海。（学生B回答提问声音太小）
教　师：他去过上海吗？（提问远处的学生C）
学生C：……（学生C也没有听清，所以不知道怎么回答）
教　师：你问他。（或者用手势示意学生C问学生B）
学生C：你去过上海吗？
学生B：我没去过上海。（为了让学生C听清，所以只好大声回答）

以上三个案例都是教师利用语料动态处理的教学行为，发挥提问的课堂教学组织管理功能，实施课堂教学组织管理行为。提问的课堂教学组织管理行为作用的对象是学生。跟提问的其他功能相比，提问的课堂教学组织管理功能不涉及对语料本身的教学处理，它关注的是跟语料无关的学生的课堂表现问题。

第五节 语料动态处理与课堂教学语言

第二语言教学的语料动态处理的课堂教学语言就是教师在课堂上组织学生开口操练时所说的话。在对外汉语教学中，汉语既是授课的媒介又是授课的内容。汉语教师必须充分考虑到汉语作为课堂教学语言的特殊性。由于教学对象、教学目标完全不同，第二语言教学的课堂教学语言与第一语言教学的课堂教学语言有着显著的差异。在第一语言教学中，导入语、讲授语、提问语、过渡语、小结语等这些主要教学环节教师口语及沟通语、启迪语、激励语、批评语、暗示语等这些常用教育口语，在第二语言课堂教学中具有几乎完全不同的情形。其差异性在初级和中级水平的课堂教学中尤为明显。特别是初级班，在不使用外语的情况下，教师的课堂教学语言受到很大制约。因此，我们必须从第二语言课堂教学的特点出发，来观察并分析课堂教学语言和教师口语技能。

语料动态处理的课堂教学语言是语料动态处理教学行为的具体体现。根据语料动态处理教学行为，语料动态处理的课堂教学语言分为开讲用语、指示用语、讲授用语、提问用语、评价用语、改错用语、结束用语等。当然随着学生汉语水平的提高，可以在一定程度上增加一些教学用语。但教师的课堂语言必须严格控制在学生的可懂范围内。超出学生可懂范围的课堂教学用语不但学生听不懂，而且还会给学生带来心理压力，从而影响到学习的兴趣。因此，为了突出教学语料本身的教学处理，教师的课堂教学用语简单、明确即可。比如：

开讲用语：大家好！现在开始上课。

指示用语：请看书/请看课文/请看第 12 页/请不看书/请再说一遍/请跟我一起读/请用句子回答

讲授用语：(板书)这个词和这个词一起用/这个词在这个词的前边(后边)

提问用语：请回答问题/请问……/请你问他(她)

评价用语：很好/对/不对

改错用语：(应该)是……，

结束用语：今天到这里。下课。谢谢大家！/今天的作业是……

在对外汉语的听说课教学中，以上这些教学用语基本上可以满足教学的需要。对于零起点的班级来说，教师可以通过一边说教学用语，一边做动作的方式来让学生理解教师的教学意图。比如：伸出大拇指表示"很好"等等。做动作时一定要一边做，一边说，这样重复多次后，根据刺激反应的心理机制，今后即使不做动作，学生也自然能听懂该教学用语。在对外汉语课堂教学中基本上不使用小结语和沟通语、启迪语、激励语、批评语、暗示语等这些教育口语。下面针对对外汉语课堂教学语言中的一些问题，重点分析一下指示用语和改错用语。

指示用语是课堂教学中教师针对教学意图所发出的与教学语料本身无关的教学指令。是实现语料动态处理课堂教学行为的课堂教学语言，以让学生按照教师的意图来完成某一教学行为为目的，具有课堂教学组织管理的作用。指示用语的原则是简单明了。课堂教学中最常见的问题是，把指示用语说成提问用语或指示不明确，造成教学意图混乱。下面的例子是指令不太清楚的指示用语：

谁先回答？
谁先说？
哪位先说？说错没关系。
我们请玛丽再说一遍。
非常好。我们大家跟玛丽说一遍。

从表面来看，"谁先回答？""谁先说？""哪位先说？说错没关系。"等是提问用语，但这既不是我们所说的依据语料所设计的提问语，也不是我们所说的针对教学意图所发出的与教学语料本身无关的教学指令，只能说是第一语言教学中的启发式提问。在第二语言教学的课堂上，教学指示用语的指令必须明确地指向某个学生或全班，不能含糊不清。"谁先回答？""谁先说？"这样的教学语言很可能使学生面面相觑，造成课堂停顿。上面例子中的"我们请玛丽再说一遍。"既好像是针对全班，又好像是针对玛丽。如果是针对全班的话，全班学生的反馈应该是："玛丽，请你再说一遍！"如果是针对玛丽的话，可以直接对玛丽说："玛丽，请你再说一遍。"至于"非常好。我们大家跟玛丽说一遍。"则更不知是让玛丽做领读，还是让全班再说一遍。不如明确地说：

玛丽，……？
玛丽，请问……？
玛丽，请你回答。
玛丽，请你再说一遍。
非常好。请大家跟我再说一遍。

改错行为教学用语的原则同样是简单明了。正如前文所说，对于学生的偏误，我们不赞成"让学生自行改正或者同伴改正"这样的改错行为。在课堂上，教师代表着“标准”和“规范”，因此，在改错方面，必须发挥教师的主导作用。不管是语音偏误，还是语法偏误，都应该由教师在发现错误后，直接改正过来，并反复强化正确的语言形式。一般来说，改错用语常常和教师的评价用语和指示用语一起使用。在改错行为方面，许多教师采用启发式的提问方式，把改错行为当成提问行为，使用提问用语来改错。比如：

“我们下午四点回来学校”不对，应该怎么说？

这次他说得很好。还有哪个句子有问题？

刚才玛丽说的句子有没有问题？哪个词说错了？是声母的问题还是韵母的问题？应该怎么说？

玛丽说得对不对？

“都我们去长城。”“都”应该在哪儿？

他说得怎么样？

学生听不懂的课堂教学语言就是无效的课堂教学语言。因为听不懂，对于初级水平的学生来说，以上教学语言都属于无效的课堂教学语言。即使学生听得懂，由于是面对全班提问，提问的对象不明确，学生一般也会不置可否，性格内向的学生尤其如此。在这种情况下，要么教师期待有学生“接下茬儿”，要么就变成教师自问自答，或者因为怕得罪人或说错学生一律回答“对”、“很好”。

改错时采用启发式提问，促使学生思考，对于知识性错误的改错是完全可以的。但对于第二语言课堂上大量存在的技能性错误，光启发是没什么效果的，必须经过反复的练习才可以改正错误。因此，对于技能性错误，教师直接说出并反复领读正确的语言形式既可，不需要启发学生，更不要把玩学生的错误。

课堂教学语言的设计同样需要体现第二语言教学的特点。由于教师的课堂教学语言受到学生汉语水平的限制，对外汉语课堂教学语言的设计要比语文课的课堂教学语言的设计更为讲究。如果教师的课堂教学用语总是超出学生的可懂范围，这位教师就会被学生看成是不受欢迎的教师。由于教师的课堂教学用语不当而被学生投诉，甚至被“请”下讲台的例子时有发生。

目前，在有关对外汉语教师课堂教学用语的一些研究中，存在着混淆了对外汉语课堂教学用语与语文课的第一语言课堂教学用语的区别的现象。许多教师在课堂教学中仍然在使用语文课的课堂教学用语。对外汉语的课堂教学要根据学生的汉语水平和第二语言教学的特点，把教师的课堂教学语言严格控制在学生的可懂范围内。在学生学过的词语范围内，突出言语技能教学的特点，减少启发式教学语言，最大限度地重复正确的语言形式，精简课堂教学用语。这是对外汉语教师教学技能的重要体现。

第五章

语料动态处理的教学行为与课堂学习兴趣

第二语言教学的任何一种教学法，任何一种教学行为都必须要以建立、保持、激发学习者的学习兴趣为基本前提。语料处理的各种课堂教学行为和教学策略也同样如此。第二语言课堂学习兴趣与学习者对目的语文化的认知、教学语料的趣味性、课堂教学的趣味性和学习的成就感和满足感等诸多因素有关。对这些影响学习兴趣的因素加以分析，可以更好地发挥教学的主导作用，使学习者的学习兴趣从短时兴趣变为长时兴趣，同时也可以看出语料处理教学行为对课堂学习兴趣培养的重要性。

语料的趣味性大多表现为有趣的学习内容，课堂教学的趣味性多表现为有趣的课堂教学组织方式，语料动态处理教学行为与课堂学习兴趣的关系表现为言语交际训练中对语料的巧妙利用。而建立和保持学习兴趣的关键是学习的成就感和满足感。因此，不能把学习兴趣的培养简单地理解为教学语料和课堂教学的趣味性。

培养和提高第二语言学习兴趣，以提高学习者使用第二语言交际的成就感和对课堂教学的满足感为第二语言课堂教学行为原则。因为这是建立和保持学习者第二语言学习兴趣的最内在的驱动力。成就感和满足感建立在运用第二语言成功交际的基础之上。赵金铭在《对外汉语教学概论》中引用李泉的观点说："趣味性体现在教材内容和形式的各个方面，但以内容（尤其是课文）为主，内容有趣有用便能够'抓住学生'，特别是让学习者感到内容'学了有用'，才可能使他们产生真正的持久的兴趣。"（赵金铭，2004）这里所强调的是通过"内容有趣"来"抓住学生"，通过"学了有用"来保持学习兴趣。课堂教学中，使用能够"抓住学生"的语料是培养学习兴趣的基本条件，但不是主要条件。通过有趣的课堂教学活动和组织管理策略，把静态的教学语料转化为动态的言语交际，让学习者感到学了有用才是使学习者产生交际的成就感和满足感，从而保持持久兴趣的关键。

第一节 教学语料与课堂学习兴趣

教学语料内容的趣味性一直是编写对外汉语教材的一个重要原则。但正如前文所述，第二语言教学的首要任务是语言形式教学，语料内容作为语言形式教学的载体，为语言形式训练服务。即使是中高级阶段的教学，也必须把语言形式方面的言语技能训练放在首位，以提高学生的语言交际能力。教学语料内容的趣味性是在语言形式教学过程中为建立和培养学习兴趣而发挥作用。但如果我们把教学目标仅仅定位在理解语料内容上，就容易使教师依赖于教学语料的趣味性来提高课堂教学的效果。一旦语料内容没有趣味性，自然就影响学习者对教学语料的兴趣。

教学语料的语义内容总是比语言形式方面的语言知识和言语技能训练更容易直接引起学生的兴趣。但有趣的教学语料只是有助于吸引学生理解语料，第二语言课堂教学的根本任务不是理解教学语料的内容，而是利用理解之后的教学语料进行针对语言形式的言语技能训练。语料内容只是言语技能训练的载体和手段。在第二语言学习过程中，教学语料内容的趣味性会被语言形式方面言语技能的滞后所冲淡。反复的言语技能训练也会使语料的趣味性大大降低。这时很难再通过语料的趣味性来吸引学习者的学习兴趣。因此，有趣的语言材料只是在初次阅读或听辨理解时才会感到有意思，一旦把它当做学习的语料而转入语言形式的操练，再有趣的语料，其内容的趣味性也会大打折扣。

我们认为，趣味性不仅表现在语料本身的内容方面，更重要的是表现在对语料所做的教学处理当中。从教学语料本身的内容选择来看，初级阶段的教学语料内容大都是日常生活中最常见、最常被人们提及的话题。由于“学了有用”，教师和学生大都不会抱怨语料没有趣味性。因此，初级阶段的语料对学习兴趣的影响主要表现在语料的常用性和丰富性方面。中高级阶段的教学目标是通过文化知识的学习，培养和提高学习兴趣，同时掌握第二语言的交际文化，排除交际障碍，学习书面语的表达方式及书面语在口语中的使用。因此，中高级阶段的语料对学习兴趣的影响主要表现在趣味性和文化因素方面。这些都是语料本身的内容选择问题。从语料的教学处理来看，趣味性主要表现为对静态语料的趣味性动态处理，包括对那些本身没有趣味性的语料进行趣味性处理。语料趣味性动态处理的主要方式是交际问题设计中的话题争议性和幽默策略。其中，话题争议性不仅仅是语料趣味性动态处理的问题，也是教材编写中在话题选择方面的重要设计原则。特别是中高级阶段的教材，应该加强话题争议性的语料编写和设计。目前，对外汉语教材大都比较注重语料内容的趣味性、常用性、丰富性和文化性，但没有很好的体现语料内容的争议性。

对语料内容的争议性设计是为了促进学习者对教学语料的关注热情，激发并挑起学习者的表达欲望，以达到让学生有什么非说不可的教学效果。语料内容的争议性设计以引起辩论为设计目标。比如“如何避免离婚”的话题，在教师的引导和组织下，每个学生都可以根据自己的看法，使用语料中所提供的词语和句式各抒己见，以达到言语技能和交际技能训练的目的。因此，在坚持趣味性、常用性、丰富性的基础上，应该进一步加强语料内容的争议性设计和教学处理，为语料的言语技能和言语交际训练提供兴趣和表达欲望的支持。

具有趣味性、常用性、丰富性和争议性的语料必须通过相应的语料处理教学行为转化为学习者的成就感和满足感。而不具有趣味性、常用性、丰富性和争议性的语料也可以通过提问语设计、提问的动态语料处理等教学行为来实现其趣味性、常用性、丰富性和争议性，从而提高学习者的学习兴趣。比如：“如果你问中国人，目前中国最受欢迎的歌手是谁？大概一半以上的人会回答‘是王菲’。确实如此。”该句本身的争议性是显而易见的。但其争议性也仅仅存在于中国人或对中国歌坛比较了解的人之间，对于那些对中国歌坛不太了解的外国学生来说，很难对“王菲是目前中国最受欢迎的歌手”产生争议。因此，为了增强学生的学习兴趣，建立交际的成就感和满足感，教师有必要使用幽默策略，对该句进行“争议性”处理，来设计富有趣味性和争议性的提问语。比如：

你觉得日本目前最受欢迎的歌手是谁？

你觉得韩国目前最受欢迎的歌手是谁？

如果你问日本人，目前日本最受欢迎的歌手是谁？大概有多少人会回答“是＊＊＊＊”？

如果你问韩国人，目前韩国最受欢迎的歌手是谁？大概有多少人会回答“是＊＊＊”？

如果你问北京师范大学的学生，目前在北京师范大学最受欢迎的老师是谁？大概有多少人会回答“是卢老师”？

如果你问北京师范大学的学生，目前在北京师范大学最受欢迎的老师是谁？大概有多少人会回答“是马老师”？

如果你问＊＊班的留学生，上课经常迟到的学生是谁？大概有多少人会回答“是＊＊＊”？

下面是以上语料有关提问语的教学动态处理的一段课堂教学实录：

教　师：目前中国最受欢迎的歌手是谁？

全　班：目前中国最受欢迎的歌手是王菲。

教　师：如果你问中国人，目前中国最受欢迎的歌手是谁？大概多少人会回答“是王菲”？

学生1：大概一半以上的人会回答“是王菲”。

教　师：目前日本最受欢迎的歌手是谁？

学生2：目前日本最受欢迎的歌手是 * * * *。

教　师：确实如此吗？

学生3：确实如此。

教　师：你觉得目前在大阪大学，最受欢迎的汉语老师是谁？

学生4：我觉得目前在大阪大学，最受欢迎的汉语老师是马老师。

教　师：你觉得目前在大阪大学，最受欢迎的汉语老师是谁？

学生5：我觉得目前在大阪大学，最受欢迎的汉语老师是卢老师。

教　师：确实如此吗？

学生6：确实如此。

教　师：如果你问大阪大学学习汉语的学生，目前在大阪大学最受欢迎的汉语老师是谁？大概多少人会回答“是马老师”？

学生7：我觉得大概一半以上的人会回答“是马老师”。

教　师：你觉得呢？

学生8：我觉得大概一半以上的人会回答“是卢老师”。

教　师：谢谢！确实如此吗？

学生9：确实如此。

教　师：如果你问大阪大学学习汉语的学生，目前在大阪大学最受欢迎的汉语老师是谁？大概多少人会回答“是卢老师”？

学生10：我觉得大概学习汉语的学生都会回答“是卢老师”。

教　师：谢谢！如果你问中国人，目前中国最受欢迎的歌手是谁？大概多少人会回答“是王菲”？

全班：如果你问中国人，目前中国最受欢迎的歌手是谁？大概一半以上的人会回答“是王菲”。

教师：如果你问日本人，目前日本最受欢迎的歌手是谁？大概多少人会回答“是他”。（教师指着一个性格开朗的男生问全班）？

全　班：（笑）如果你问日本人，目前日本最受欢迎的歌手是谁？大概没有人会回答“是他”。

第二节 语料动态处理与课堂学习兴趣

上面举例说明了如何针对静态的教学语料，通过语料动态处理来增强有关课文语料的课堂学习兴趣。其中，建立长时学习兴趣的关键是教师对既定教学内容的利用，即通过围绕教学语料而展开的课堂教学活动及其语料动态处理教学行为建立、巩固、提高学习者的学习兴趣。任何内容的语料，不管其趣味性如何，只要教师利用有方，教学有法，都会使课堂教学充满意趣。所以我们认为，第二语言教学的趣味性来自于课堂教学，而并非是教学语料本身。而课堂教学的趣味性应体现在课堂教学的方法、技巧和策略等方面。但课堂教学的趣味性也只是学习者建立学习兴趣的外在因素，只有当学习者在语言学习中获得成功交际而产生成就感和满足感后，才可能引发进一步学习的动机和内在驱动力，从而保持对第二语言学习的长时兴趣。语料动态处理教学行为策略的目标正在于此。

我们调查了几所汉语教学机构的教师评价调查表中学生对教师的评语内容，从中归纳出学习者对教师课堂教学积极评价的三种层次：

A 我喜欢这个老师——这个老师形象好、性格好、有魅力、幽默、老师很有意思。

B 我喜欢这个老师的课——这个老师的课很搞笑、很热闹、课堂气氛好、课很有意思。

C 这个老师的课让我感到很满足——有满足感、成就感。

A 评价是对教师本人的评价，这种评价与教材和课堂教学没有太大关系。它与学生对教师本人的性格价值趋向有关。在这一层面上，学生更多地注重语料及课堂教学之外的因素。

B 评价与教材及课堂教学的关系密切。但是，由于教师过于强调课堂教学活动的趣味性及自身的幽默感，反而在某种程度上屏蔽了学生对教学语料本身的关注。有趣的教学活动可以调动学习者的学习兴趣，但其意义并不在于教学活动本身。它只是为实现某个教学目标而采取的教学手段。

C 评价与教材及课堂教学的关系最为密切，以至于学习者会淡化对教师本人的形象评价，而完全沉浸于教师围绕教学语料所设计和营造的教学气氛中。在不知不觉中，学习者会通过教师课堂言语交际的设计和动态教学处理，产生成功交际后的满足感和成就感。因此，毫无疑问，这一评价才是产生最大教学效果的积极评价。

因此,教学机构在评估教师教学效果的调查中,应当区别学习者对教师本人的评价、对教师课堂教学的评价及满足程度的评价这三个层次,并以这三个层次设计评估项目和标准。同时加大第三个层次在评估中所占的比重,从而避免学习者对教师本人的主观好恶所带来的教学评估的片面性、模糊性和不真实性,由此提高教学评估的科学性。

第二语言课堂教学中每一次成功的言语交际都是实现教学目标的组成部分。成就感可以激励学习者,增强信心,产生兴趣,驱动学习者去追求下一个目标,实现新的满足感和成就感。因此,课堂教学的成就驱动是使学生保持学习兴趣的内在动力。

根据国内外研究,成就动机是课堂学习中最主要的学习动机。这是一种在学习中追求成就和希望成功的内在驱动力。“在有意义的学习过程中,学生能够不断地获得成功,并享受到由成功带来的满足需要的情感体验;而成功的学习经验和情感体验又会促使他们期望在随后的学习中获取进一步的满足。”(方可,2002)动机是在需要的基础上产生的。第二语言学习的最大需要就是使用第二语言进行交际。根据《外国人学习与使用汉语情况研究》(刘珣,1997)一文的调查显示,“对于大部分人来说,学习的首要目的是把汉语作为工具来学习的”。这类学习者几乎都是出于提高言语技能的考虑,把第二语言学习看成是实现自身利益的切实需要。因为学生在课堂上成功回答教师设计的交际提问,完全符合自身追求使用目的语进行交际的愿望和需要,所以这种成功的学习体验所带来的成就感和满足感,可以进一步巩固和强化学习动机,在成就驱动下使学生“期望在随后的学习中获取进一步的满足”。简单来说,对于那些为了在目的语环境中使用目的语而获得生存能力的学生,课堂教学中交际的成就驱动是使他们保持学习兴趣,从而努力学下去的真正动力。

我们不主张教师在课堂上去讨好学生,也不主张对学生一味地严格要求。有人认为教师在课堂上“要全方位地展示自己的长处,千方百计给学生一个良好的印象,让学生认为你是一个很好的老师”。这样做仅仅是在上述的A评价和B评价的层次上。有人主张为了给学生一个好印象,教师要“设计精彩的开场白,使学生觉得你是一个热情的人”。这样做本身是对的,但问题是教师设计的“精彩的开场白”对初级水平的学生来说可能听不懂。如果用英语来讲,对于那些混合编班的其他国家学生来说,又有不公平之嫌。我们认为“给学生一个好印象”,关键还是在于教师通过对教学语料的巧妙处理和围绕教学语料设计的有趣的课堂教学活动,给学生带来言语交际的成就感和满足感。在这一过程中,展示教师的热情和高超的教学水平。

有趣的课堂教学活动的意义并不在于教学活动本身，而是教学活动中的语言游戏成分。也就是以实现言语交际为前提，使用第二语言来“玩词语”、“玩句子”。所谓“玩”，就是通过教师的幽默策略和巧妙的动态设计，针对教学语料中的词语和句式，实现师生言语交际的语言游戏互动。实际上，儿童的母语习得就是在成人和儿童对话之间的许许多多语言游戏当中完成的，那几乎是一种纯粹的语言自身的游戏。因此，我们应该在关注课堂教学活动形式的同时，把在活动当中时刻把握语言的使用和交际放在首位，并通过对交际情景、交际对象、课文语句的巧妙利用和幽默策略，来完成以言语交际为目标的语言游戏。比如“包饺子”，假设教学目的是让学生通过活动学习汉语的补语和“把”字句等语言知识和技能，那么对包饺子这项活动本身的形式就不必太在意，比如场地、材料、器具等等，以能展示包饺子的文化元素为原则即可。当然，我们应该尽量让活动本身具有趣味性和吸引力，但更重要的是通过做饺子的真实过程，在合适的语境中有意识地复习并重复在课堂上所学到的相关词语和表达方式，同时训练学生相关的言语技能。教学活动中应该体现出教师自觉的语言教学行为。因此我们有必要在认识上区分开语言教学的趣味性和语言教学活动的趣味性。这一点在海外汉语教学的文化教学中表现尤其突出。也就是说，在以文化教学促进语言学习，以语言学习促进文化教学的过程中，教师需要加强语言教学意识。

第二语言文化教学必须是在学习者具备了一定的目的语语言能力以后才可能实现，而且第二语言文化完全可以通过学习者的母语来学习。因此我们应该站在语言形式教学的角度来看待文化教学，也就是说，对把汉语作为交际工具来学习的学生来说，语言教学是第一位的，文化教学应跟着语言形式教学走，而不是相反。文化教学的目的应该是为语言教学提供培养和提高学习者对语言学习兴趣方面的支持。反过来，成功的语言形式教学也一定会对第二语言文化的认知兴趣起到促进作用。特别是语言形式教学中的词语文化内涵和交际文化的学习，对保持和提高学习者对第二语言的学习兴趣十分重要。因此我们认为文化教学应该在培养和提高学习者对目的语语言学习兴趣的层面来认识和讨论。这方面的问题更多地集中在中高级阶段的教学中。

学生的学习兴趣与教师的评价也有密切关系。教师针对学习者第二语言学习的课堂表现，对每个学习者应做出客观公正的评价。教师对学生的主观性负评价甚至偏见，不但有失公正，而且会损害学生学习的积极性和对第二语言的学习兴趣。教师对每个学生的客观公正的态度及工作热情是教师实施教学的基本要求。第二语言教师好像是医生，学生好像是患有目的语失语症的病人。就像医生不抱怨病人的病一样，第二语言教师的职责就是一视同仁，客观公正地帮助第二语言学习者能够尽快地同目的语人群正常沟通和交流。事实上，在一个教学班里，由于学习者第二语言水平的差异、文化背景乃至性格的不同等原因，教师常常会产生主观性的偏向，这是教师正常的教学心理。但不能因此影响课堂教学的客观公正性，在对学习者的第二语言水平的评价方面以及课堂教学练习机会的平等方面，要坚持客观公正的教学原则。有时会听到这样的教师忌语"你真笨，连这么简单的问题都不能回答"、"我不喜欢某某国家的学生、"最近你的汉语进步不大"等等。试想，持有这种主观性教学态度的教师很难在教学中创造出理想的教学效果。我们认为对学生的负面评价最好以学习建议的方式提出。比如："你的第一声和第四声的发音还不太好，要多练习。"等等。

有研究表明，第二语言学习与学习者的智力水平并无太大关系。简单来说，第二语言学习就是学习者的发音器官和思维方式逐渐适应目的语的发音和思维方式的过程。加拿大著名语言教学权威麦基在《语言教学分析》里说："智力对于语言学习有无影响？一些研究表明，如果智力算是一个因素，它也不可能是重要因素。学习日常套语涉及简单的模仿，正如安乔利洛（Angiolillo）的低能儿实验所表明的，这确实跟智力没有什么关系。""至于语言的理解，看起来智力的作用要大一些，尤其是在阅读方面，一个人的推理能力和一般知识会大大有助于他从语境里猜测意义。"在这方面，绝大部分第二语言学习者的智力水平不会让我们失望。我们认为在第二语言教学中没有笨学生，只有笨老师。

第三节 多媒体教学手段的利用与课堂学习兴趣

随着信息技术的发展，在课堂教学中多媒体技术得到越来越广泛的重视和应用。相对于传统的课堂教学，多媒体教学大体上有两种应用形式，一是在课堂教学中以多媒体的技术手段辅助课堂教学，另一种是网络教学。研究并发展网络教学是目前第二语言教学的新趋势。但毕竟第二语言教学的基本形式还是课堂教学，因此，如何应用多媒体技术手段辅助课堂教学是多媒体教学研究的基础性课题。

赵金铭先生认为："多媒体汉语课堂教学有下面几个特点：节省板书时间，客观地增加了学生练习的时间；增强直观性，易于理解；体现交际性原则，有利于培养语言交际能力。"（赵金铭，2004）在此基础上，我们认为多媒体课堂教学手段的应用至少应该考虑三个条件：是否增加信息量；是否减轻教师的工作负担；是否提高学生的学习兴趣。多媒体教学可以通过图像或影片形象地显现教学内容，这不仅可以促进并加深学生对语言材料的理解和记忆，同时，通过可视的形象，增加了视觉信息，可以减轻教师讲解和制作教具的辛苦，节省用于解释词语和语言点的教学时间。更为重要的是，可以在一定程度上降低教学语料的抽象乏味，缓解学习者课堂学习的压力，提高学习者的学习兴趣。因此，从这个意义上说，多媒体教学是提高课堂教学趣味性和培养学习者学习兴趣的一种技术手段。

但多媒体教学仅在语言材料的理解认知教学阶段可以满足以上三个条件。如果我们把第二语言学习看成是一种技能训练的话，多媒体教学在许多方面难以完成第二语言听说读写的技能训练要求。即使多媒体技术可以在一定程度上实现技能训练的条件，但它无法满足使用第二语言进行动态的课堂言语交际的要求。因此，虽然多媒体教学是一种新型的教学手段，有其自身的优势和特点，但我们还是要更多地关注课堂教学方法的研究。实际上，第二语言教学的根本教学形式是师生口耳相传的课堂教学，多媒体教学只是课堂教学的一种辅助教学手段。通过广播、电视、网络进行外语教学也仅仅是为了补充学习者由于种种原因不能进入课堂学习的不足，而绝非是一种优于课堂教学的第二语言教学形式。我们不能片面夸大多媒体教学的作用，更不能认为多媒体技术手段的提高与第二语言教学质量的提高之间存在必然的联系。从语料处理教学行为策略角度来说，作为课堂教学的一种辅助教学手段，多媒体教学更多要考虑的问题是如何在语料的认知理解阶段高效处理语料，提高教学效率和学习兴趣。只有在这方面，多媒体教学比传统的课堂教学具有明显的优势。

在传统的第二语言课堂教学中，为了方便学生对教学语料的认知理解，教师需要制作许多图片，甚至把一些实物带到课堂。这既增加教师的工作负担，同时为了在课堂上展示这些图片和实物，也在一定程度上占用了课堂教学时间。多媒体教学在这方面不但能够大大减轻教师的负担，而且在对语料的认知理解处理上也更加便捷丰富，同时还可以把节省下来的时间更多地用于言语技能的训练。比如使用PPT，既可以有静态的图片展示，也可以有动画展示。这必然会在很大程度上提高学生的学习兴趣和教学效率。

尽管随着IT技术的不断发展，类似PPT这样的多媒体教学手段越来越多，但在第二语言课堂教学中师生口耳相传的言语技能训练是任何技术手段都无法替代的。这是语言作为人与人之间的交流工具的性质所决定的。提高学生的学习兴趣应该在对语料的处理和利用上，在课堂的教学策略上下工夫。因此，我们仅把多媒体教学手段的利用看成是提高学生的学习兴趣和对语料认知理解处理的辅助性教学手段之一。

第六章

课堂教学组织管理的教学行为

教师课堂教学行为结构中的课堂教学组织管理行为分为跟教学语料处理有关的和跟教学语料处理无关的。我们在前文中，把跟教学语料处理有关的课堂教学组织管理行为问题，作为语料动态处理教学行为进行了讨论。比如言语技能训练的语料动态处理的策略、语料的有无文字凭借动态处理的策略等。对于跟教学语料处理无关的课堂教学组织管理行为问题，由于跟提问行为有密切关系，所以在“提问的课堂教学组织管理功能及其教学策略”一节中做了初步的分析。这里，我们单辟一章进行详细论述。

第一节 汉语课堂教学组织管理的内容和对象

既然课堂教学是以教师为主导的班级授课，那么就必然存在针对学习者的课堂管理问题。管理科学中的“泰罗制”很值得汉语课堂教学管理行为研究借鉴。“‘泰罗制’强调每个细节的规范，强调从源头到结果每个环节的过程控制，其精髓就是精细化、标准化、数量化和流程化。泰罗认为‘最佳的管理是一门实在的科学，基础建立在明确规定的纪律、条例和原则上。’把生产过程进行细微的动作分解，实行标准化的操作和定量化的管理，使机器大工业时代以装配线为特点的大规模生产成为可能。”(厉以宁，2006)

课堂教学管理的范畴包括在“起止时刻和固定的单位时间”内每个环节的过程控制。就管理对象而言，课堂教学管理涉及教师和学生两个管理层面。教师既是课堂管理中纪律、规范、制度、程序的组织者、实施者、监督者，也是围绕教学语料展开的各个教学环节的设计者和控制者，同时教师自身也必须接受某种教学思想和原则的支配及某教学机构在教学方法、教学模式、操作流程等方面的管理和规范。学生是教师实施管理的客体，但同时也是学习的主体。在教师的教学主导作用下，学生接受纪律、规范、制度、程序的管理，同时也享受公平、有序管理所带来的教学效果。因此学生既是管理的对象，也是教师实施教学优化管理的最终“产品”。

实际上，课堂教学技巧就是教师教学过程的“细微的动作分解”，是教学过程

"精细化"的体现。由于它因人而异,属于经验范畴,所以不能把课堂教学组织管理问题仅仅理解为课堂教学技巧。虽然教学技巧与教师教学行为有关,但技巧属于组织管理者的创造性,是教师课堂教学组织管理行为中具体的教学策略和训练手段。如果没有对"细微的动作分解"的概括和归纳,就会使教学方法、教学模式、操作流程等方面的管理和规范流于粗放,从而影响教学效果的实现。同时就管理层面来说,也形成不了规模化流水线的作业流程,更为重要的是标准化、流程化的管理理念也很难体现出来。如果我们把第二语言教学看成是言语技能和交际能力的训练,那么,就必须研究班级授课的组织管理行为模式和操作流程。

"管理在任何情况下都是科学,这表现在管理都是有规律可循的,有一套科学的理论、方法和工具。管理的艺术性表现在管理的实践性和创造性上。要求管理者在特定的环境和条件下,创造性地运用管理理论并且通过实践达到预期的效果。"(厉以宁,2006)如此说来,课堂教学组织管理首先应该体现其"有规律可循的"科学性,在此前提下才可以谈及教学技巧的艺术性和创造性。正像厉以宁先生所说:"'管理是一门科学'与'管理是一门艺术'这两个命题并不矛盾。"第二语言课堂教学的艺术性首先要以交际能力培养的科学性为基础。课堂教学管理的科学性也必须以交际能力的培养为基础。课堂教学管理不讲规范、不立制度、不重标准、执行不到位必定制约教学效果,同时也使课堂教学管理问题无章可循,甚至仅仅停留在维护课堂秩序的层面。因此必须确立课堂教学组织管理的科学标准,分析如何在规范化、标准化前提下对课堂教学管理进行精细化、数量化、流程化处理。研究如何使用语言学、教育学、心理学和管理学这些学科的研究方法,多角度观察,以使课堂教学管理模式的研究建立在科学精神与职业精神相融合的基础之上。

在汉语课堂教学言语技能训练中,教师的主导地位体现在在一定的教学时间内,组织学生针对教学语料公平高效地展开以交际能力培养为目标的教学活动。在这一过程中,对教材这一客体来说,教师的作用是如何科学高效地利用教学语料;对学生这一客体来说,教师的作用是如何围绕教材语料,公平高效地组织学生进行言语技能训练。长期以来,在对外汉语教学领域,对课堂教学,尤其是课堂教学的组织管理问题重视不够。这导致了所谓课堂教学"教无定法",教学技巧千差万别,新教师上路难等一系列问题。因此,课堂教学组织管理行为和策略研究的目标是通过对课堂教学诸多策略和教学技巧的分析,从语料处理和学生管理两个层面入手,理清教学行为或教学策略与教学语料和学习者的关系,提高课堂教学的效率,缩小不同教师在不同班级之间教学效果的差异,同时也为教师培训工作提供课堂教学的操作模式和范例。

第二语言教学的根本任务简单来说就是花费最短的时间，训练学生最大限度地实现与目的语人群的无障碍交流。课堂教学是以班为人员单位，人数固定且水平相当的集体学习的班级授课，教师必须考虑如何在单位时间内使全体班级成员的水平整体提高。就像提高企业的生产效率和竞争优势一样，课堂教学也同样面临提高教学效率，改善课堂教学管理方法，合理利用课堂教学时间和语料资源，充分调动每个学生的学习积极性，增强学生的参与意识等问题。我们可以在较短的时间内改善教学设施，编写针对性强的高质量教材，但如果教师教学素质和课堂教学管理水平跟不上快速发展的汉语国际推广的要求和全世界汉语学习的迅猛增长的需要，我们就不能最大限度地在较短的时间内提升汉语的竞争力。因此，在提高效率、扩大规模效应等方面，课堂管理与企业管理是一样的。

由于教师的教学行为受到某种教学思想和平行班协同教学的影响，所以，课堂教学组织管理的问题存在两个不同的层面：一是平行班教师之间的组织管理，一是针对以班为单位的学生的教学管理。从语料动态处理角度来说，二者密切相关。下面所讨论的课堂教学组织管理的精细化、标准化、数量化和流程化问题，主要侧重于平行班教师之间的组织管理。这种管理理念在平行班的教师集体备课和教师培训等方面，具有现实意义，同时对以班为单位的课堂教学管理行为，也具有规范意义。

第二节 课堂教学组织管理的精细化、标准化、数量化和流程化

汉语课堂教学言语技能训练的组织管理行为的策略分析是从管理学角度，对课堂教学管理的精细化、标准化和数量化的研究。其目的是引入科学管理的方法、工具和理念，改善教学手段，协调平行班教学行为，提高教学效率。下面从课堂教学管理的精细化、标准化、数量化和流程化等方面对课堂教学组织管理行为策略问题进行初步探讨和分析。

一、汉语课堂教学管理的精细化和数量化

课堂教学管理问题的研究需要从课堂秩序管理、个别学生问题的处理、集中学生注意力等课堂组织技能的研究扩大到语料处理的感知、理解、模仿、记忆、巩固、运用、复习等各个教学环节的管理行为中去。也就是说，语料动态处理的每个环节都涉及教学管理的问题。因此，这里所说的对外汉语课堂教学管理的精

细化主要指的是教师语料动态处理教学行为的动作分解和细节规范。

语料动态处理教学行为的动作分解以语料静态处理的教学行为为基础。语料静态处理的教学行为是从教学语法的角度观察并处理教学语料，比如语言知识的讲授、语言点教学处理、提问语设计、单篇语料教学单元处理、语音、词汇、语法、文字教学等。有关汉语语法和词语的本体个案研究为语料动态处理教学行为的动作分解提供技术保证。语料动态处理的教学行为管理学意义上的规范化和精细化，建立在平行班教师集体备课的基础上。比如每一个语法项目的认定、解释、举证，每一个提问语的设计，每一个词语的再现复习等，都需要进行精细化的细节处理。这种体现科学管理理念的细节规范，为课堂教学语料动态处理言语技能训练中的组织管理教学行为提供"原材料"、"技术资料"和"生产资料"的保证。当然，如果编写教材时能够充分考虑以上问题，那么，将大大有利于语料动态处理的"动作分解"。

模仿、记忆、巩固、运用、复习等就是对言语技能训练环节的动态过程的精细化。但是各教学环节还需要再进行"细微的动作分解"，疏理出各环节中的细节以及该细节的管理策略和管理技巧。这些问题涉及课堂教学管理的具体操作。比如言语技能训练项目的分解，言语技能训练机会的公平管理，提问的等待时间，学生回答反馈的处理，纠错时机，课堂气氛的调节等。崔永华、杨寄洲主编的《汉语课堂教学技巧》收集和整理了课堂教学的300多个技巧项目。从其分类来看，主要是语音、词汇、语法、汉字的汉语本体教学技巧和听力、口语、阅读、写作的课型教学技巧，还没有涉及课堂教学动态管理的教学技巧。但从语料动态处理教学行为的角度来说，课堂教学技巧方面的研究在一定程度上为课堂教学管理的精细化提供了可供观察的基础。

课堂教学管理涉及语料和学习者两个层面，所以课堂教学管理不等于语料处理，课堂教学管理的精细化也不等于烦琐的教学技巧。课堂教学组织管理及其精细化主要是剖析语料动态处理过程中跟学习者有关的各种复杂因素，为实施针对学习者的课堂教学管理行为和策略提供细节规范。

汉语课堂教学管理的数量化与精细化是一个问题的两个方面。数量化需要有科学的调查统计，比如教师对语料进行重复的次数；一篇课文的语言点的数量；对某语言点的练习数量到底应多少为宜，如果说越多越好，那么在一定的教学时间内究竟应该多到什么程度；讲、练比例是多少；复习时间与新课处理时间比例应该是多少；如果考虑教学时间和学生水平，一篇语料的字数长短应该多少等等。目前对这些问题都没有一个科学系统的调查和统计。根据我们前文的调查，复习时间问题就说法不一。这些问题都会对课堂教学的管理带来一定影响，同时也会影响课堂教学管理标准的制订。

二、汉语课堂教学管理的标准化和流程化

汉语课堂教学管理的标准化是要找出语料动态处理教学行为这一动态过程中的心理学依据和教育学、管理学方面的课堂教学组织管理原则。把从教学实践中总结出的许多庞杂的教学技巧、策略和方法归纳并提炼为教学原则。比如教学语料的有无文字凭借动态处理、课堂教学课文朗读示范策略、提问的语料动态处理教学行为等。

从教学评估的角度来说,教学评估应该与课堂教学管理的标准化密切配合。制订评估项目和评价标准的前提是必须首先制订一套基于不同课型特点的教师教学行为的原则和标准,也就是说,要有一套完整的评价指标体系。这样才可以建立起评价制度和操作规程。虽然各种教学方法之间存在一些差异,但必定有许多相同的教学原则和教学行为,这是制订课堂教学评估项目、评定标准和评价指标体系的基础。评估项目和评价标准确立以后,教师在各自的课堂教学中就要体现这些评估项目和评定标准,这样才可以建立起“确定标准—执行标准—检查标准”的教学管理体系。目前的现状是,各种教学方法之间存在的差异性和教师课堂教学的个性化与教学评估的各项评估项目和评价标准之间缺乏应有的联系和相互关照。许多教学机构对教师的课堂教学行为和教学原则并没有统一的要求和标准。有些教学机构建立了由学生评定的教学效果调查制度,但调查中的各项评估项目和评估问题并没有作为教师日常课堂教学的行为标准加以要求和执行。如果从领导评定、同行评定和教师自我评定的角度来说,就更需要建立一套教师达成共识的评价标准和评价指标体系。否则,各种教学方法之间存在的差异性和教师课堂教学的个性化就会影响评定的公平性。有关课堂教学的评估问题,我们在第八章再详细讨论。

在第二语言教学中,相对于认知理解阶段,我们更强调建立在管理学意义上的言语技能训练的操作性和可控性。汉语课堂教学管理行为策略研究是在言语技能训练层面展开的研究。课堂教学管理行为也就是言语技能训练的课堂管理行为。也就是说,只有言语技能训练才存在组织管理的问题。说得更形象一些,知识讲解时,教师只要站在讲台前就可以完成语料认知理解的教学行为。而言语技能训练时,教师则必须走下讲台,到学生中去,组织并管理学生进行技能练习,只有这样才能完成领读、点读、提问、改错等一系列跟技能训练有关的教学行为。可以说,教师站在讲台前还是走到学生中去,这是判断课堂教学管理问题的一个形象化的标准。因此,课堂教学管理的标准化过程就是言语技能训练的课

堂管理行为原则和标准的确立过程。从上文“课堂朗读教学行为的调查”一节对《对外汉语教学课堂教案设计》(教育部对外汉语教师资格审查委员会办公室,2003)中的22篇教案所做的有关朗读示范的调查中就可以看出领读、点读、改错等这些第二语言听说技能训练中必须具备的教学行为所存在的差异。这种差异势必会造成技能训练教学效果的不同。

感知、理解、模仿、记忆、巩固、运用、复习,这是课堂教学最主要的教学行为环节,同时也可以作为课堂教学组织管理的行为标准。因为,如果缺少上述教学过程中的某一个环节,那么,就会出现课堂教学管理的无序状态和教学效果上的差异。在课堂教学管理的标准化和原则化的基础上,不排斥教学技巧的差异性,但从管理学意义上来说,教师富有艺术性和创造性的训练手段和教学技巧必须在课堂教学管理的总体框架下才可以实施。

对于学期制的班级授课来说,时间进度和全班整体公平训练是课堂教学管理标准化必须研究的问题,其中包括一系列言语技能训练教学策略、组织原则和管理标准。这是缩小学生言语技能个体差异和班级教学效果差异的关键。根据课堂教学管理标准化的需要,我们从第二语言教学的特点出发,可以对以下问题制订课堂教学组织原则和标准:

1. 课堂教学组织管理行为的重复原则。
2. 提问的各项功能与提问的组织管理行为原则。
3. 模仿、记忆、巩固、运用、复习等言语技能训练的课堂教学组织管理行为原则。
4. 体现公平原则的言语技能训练机会控制管理教学行为原则。
5. 保持全班紧张度的教学行为原则。

因为课堂教学存在各种复杂的动态因素,所以课堂教学组织原则和标准应该是相对的。我们只有充分考虑到课堂教学的各种动态因素以后,才可以尽量避免某些动态因素对课堂教学组织原则和标准的干扰。比如,如果我们承认第二语言课堂教学中教师的主导地位的话,那么,就应该在具体的行为和策略上体现教师的这种主导地位,这样,才可能避免一些人为的动态因素的干扰,以确立原则和标准。一旦把课堂教学的主导权交给学生,那么,不可控制的动态因素和课堂教学的变量就会大量增加,这样一来,课堂管理就会在一定程度上处于被动或失控状态。比如,前文提过的课堂口头造句练习、课堂讨论、请一个学生主持课堂谈话,还有问学生“这次他说得很好。还有哪个句子有问题?”等等。表面来看,以上做法发挥了学生的主体作用,可同时也由于出现大量的不可预测和不可控制的动态因素，使得教师难以控制和管理课堂教学。因此，我们强调教师的课堂主导作用和教师对课堂的控制能力。言语技能训练的各种教学活动的设计也应该以教师对活动本身和言语技能训练的充分掌控为设计原则。那种“学生中心论”的做法，在言语技能和交际技能的训练中会降低教师的指导和管理作用，同时也不利于平行班教师之间的组织管理和课堂教学组织原则和标准的确立和执行。

对汉语课堂教学管理流程的研究就是为“泰罗制”所强调的从源头到结果每个环节的过程控制和每个细节的规范，提供教学上的操作程序和教学步骤。汉语课堂教学组织流程表现为一系列语料动态处理教学行为。我们根据前文论述的相关内容，试着提出一个课堂教学组织流程：感知——理解——模仿——记忆——巩固——运用——复习。图示如下：（其中包括一些主要教学行为和教学策略）

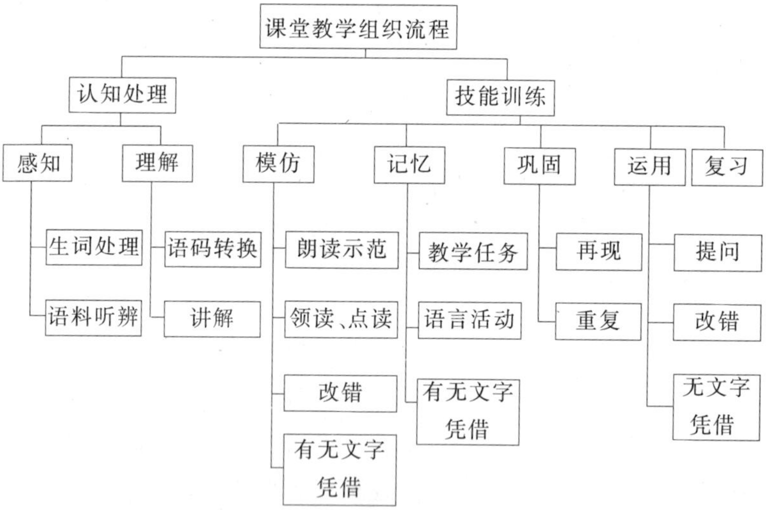

图 10　课堂教学组织流程

目前的汉语教学在充分吸收英语教学研究成果的同时，应该避免出现英语教学中的高投入、低效率的现象。有媒体报道说 2007 年中国雅思英语考生口语成绩世界倒数第一，就很说明问题。汉语课堂教学应该引入科学的组织管理方法和管理理念，从细节管理、过程控制等方面入手研究课堂教学行为。把教学过程进行细致的动作分解，实行标准化操作和流程化管理。在大量调查统计的基础上，对教学中的各个环节进行精细化、标准化和数量化的研究。这样的研究当然不排除教师在教学策略方面的个体差异和教学的创造性，但是，不管是国别差异还是学生个体差异，课堂教学的组织原则和课堂教学管理的一些基本流程和教学策略应该是一致的。我们在这里抛砖引玉，希望学界加强这方面的研究。目前，汉语国际推广的形势非常迫切地需要大批合格的能够适应各种教学环境的汉语教师。在这方面，除了汉语语言本体的知识培训以外，课堂教学管理行为的研究既可以使教学新手尽快上路，也可以使现有的教学全面升级提速。

下面从课堂教学组织管理教学行为的角度，论述课堂教学的公平性、提示、紧张度、重复等几种主要教学控制策略。

第三节 公平性控制策略

公平原则是针对课堂教学的管理对象（学生）而言，要求老师根据一视同仁的教学态度，采用教学控制行为和策略公平地对待不同水平的学生。这与教师对待学生的态度和教学控制行为和策略有密切关系。课堂教学中常见的问题是，教师习惯于给那些水平高的或离教师较近的学生更多的训练机会，反之给那些水平低的或离教师较远的学生的训练机会就会少一些。这样做很容易造成教学效果的两极分化。从教学形式上来说，我们首先建议教室的座位以圆桌形布置为宜，并且教师要离开讲台，走到学生中去。

教学编班人数常常受到教学成本的制约。目前，各教学机构的编班人数基本在 15～30 人之间，个别学校达到 40 人左右。当然也有 10 人左右的小班。表面来看，班级人数少，学习者个体得到训练的机会就多，反之，班级人数多，学习者个体受到训练的机会就少。其实学习者在言语技能训练中得到的训练机会，在客观上取决于班级授课人数的多少，在主观上则完全受教师教学行为的控制。理想的训练机会控制行为应该是以公平为原则的，当然，在课堂教学的实践中，训练机会的公平只能是一个相对的概念。

课堂教学的公平原则体现在训练机会和训练时间两个方面。在教师设计课堂训练手段时，要充分考虑到全班学生的参与程度问题。比如，会话课中让学生用指定话题自由说话或讨论，这种训练手段就常常由于某个学生表达内容复杂，语病较多，或教师不便中途打断而使教师难以控制训练机会，从而影响其他学生的表达机会和教学进度。因此，对某些表达欲望较强的学生，教师有必要控制其说话时间，从而给全班每个学生相对均等的说话机会。另一方面，对于那些表达欲望不太强的学生，教师有必要通过指定回答的提问方式来“强迫”其开口。总之，在整个言语技能训练过程中，教师需要根据公平原则，时刻把握每个学生的练习机会和练习时间。

这里有一个值得注意的问题，训练机会到底指的是什么？通常人们把训练机会理解为学生开口说话或回答教师提问的机会。这样就忽略了听和说这两种言语技能的训练关系。也就是说，教师提问某一个学生，只是把说的机会给了这个学生，而听的机会却还是全班的。让某个学生回答提问，是给了这个学生听和说的机会，而让某个学生复述教师所说出的提问语来提问其他学生，也是给了这个学生听和说的机会。同时，另一个被问的学生也得到了一次听和说的机会。因此，训练机会不仅是指学生回答提问的机会，还包括学生提问的机会。要研究教师对训练机会的控制行为就必须首先明确教师要训练什么。

不同的言语技能训练项目所采取的训练手段不同，教师的训练机会教学控制行为策略也会不同。那些由全班学生集体完成的训练项目，比如教师的领读、听写练习等，不存在训练机会的公平性问题；那些涉及由学生个体完成的训练项目，比如点读、提问、改错等，则必须要考虑训练机会的公平性问题。在众多的教学技巧中，如果有违背公平训练原则的训练手段，我们即认定这种教学技巧不适合在课堂教学中使用。虽然训练手段，也就是通常所说的教学技巧种类繁多，但最主要的训练手段还是以具有交际、训练、检查等作用的提问和朗读训练为主。因此，这里以课堂教学最常使用的提问和朗读这两种教学行为和策略为主，来分析训练机会公平性教学控制行为策略。

一、提问控制策略

提问方式与提问训练机会的教学控制行为策略不同。提问方式是就语料提问语本身的提出策略而言，如提问的语速、提问的重复等；训练机会的教学控制行为策略是就提问语的问题提出以后，针对学习者的师生教学互动而言，它属于教师的教学组织管理行为。训练机会的教学控制行为和策略主要包括提问的施受关系处理行为策略和提问的延时反馈处理行为策略。二者具有互补关系，并都以公平性为教学行为原则。

1. 提问的施受关系处理

提问的施受关系是指师生之间、学生与学生之间的问答关系。对这种问答关系的协调控制就是训练机会的教学控制行为策略。师生之间提问的教学控制行为策略以提问的交际、理解记忆、检查、训练等教学行为策略为基础，以此来协调教师与全班学生之间问答关系。课堂教学中有两种师生问答关系。一种是教师提出问题后，示意全班学生回答或全班集体复述该提问语的问题。这往往是为了帮助学生理解和记忆教学语料，属于理解记忆教学行为策略，不存在训练机会的教学控制行为策略。第二种师生问答关系是教师和学生个体之间的问答关系。为了公平高效地实施交际、训练和检查等教学行为策略，这种师生问答关系，就必须考虑训练机会的教学控制行为策略。由于学习者个体目的语的水平不同，在有限的教学时间内所占用的时间也就不同，由此就需要教师实施训练机会的教学控制行为策略，来控制和调整训练机会，以避免因某个水平较高的学生说话时间过长或某个水平较低的学生不能回答而影响全班的训练机会和教学进度。

公平性不仅仅指学习者和学习者之间的训练机会相对公平，还体现在学习者和教师之间的公平。提问通常是教师问，学生回答。这样一来，学生练习用目的语提问的机会就几乎没有了。这直接影响学生目的语会话交际能力的训练和培养。因此，把提问的机会交给学生，让学生练习使用目的语提问，做问答练习，也是一种体现训练机会的教学控制行为。

学生与学生之间的问答关系首先是在教师的示意和示范下建立起来的。在教师提出问题以后，既可以指定某一个学生回答，进行师生问答，也可以就所提出的问题，指定 A 学生问 B 学生。然后在不同的学生之间重复这一训练过程。从理论上讲，学生之间的问答跟师生问答相比，训练机会会成倍增加。而且，通过学习者之间的这种课堂交际行为也训练了学生使用目的语提问的能力。这里需要强调的是，学生之间的问答一定是在教师提出问题以后。我们不主张由学习者来设计提问语，然后问其他学习者。因为，针对教学语料设计提问语是一项复杂的专业性很强的工作，没有受过这方面的训练或没有提前准备的话，要么提不出问题，要么所提出的问题非常牵强怪异。

还有一个提问的频度次数问题，也就是说，同样一个问题到底提问多少次，或者说，提问多少学生才是合理的提问频度。这个问题与班级人数、教学语料难易程度、课时安排、教学进度、学生目的语水平等因素有关。我们很难找出一个统一的提问频度。班级授课中的提问本身就具有抽查的性质，因此，一般来说，提问频度次数由教师根据以上动态因素决定。但不管怎样，提问频度次数的伸缩性是教师控制课堂教学时间进度和制订训练机会教学控制行为策略的直接而有效的手段。简单来说，如果生词比较多，课文比较长，课堂教学时间紧张的话，就可以减少提问的频度和提问的学生人数。相反，则可以增加提问的频度和提问的学生人数。正因为如此，从增加言语技能训练机会的角度来说，我主张在教材编写和语料选择时，对单篇课文语料长度和生词的数量要加以控制。

2. 提问的延时反馈处理

在提问过程中,由于学生目的语水平或其他原因,常常会出现问而不答,或延时反馈的情况。这种情况会直接影响训练机会的公平性和教学进度。对此,第二语言教学与母语教学具有截然不同的教学处理策略。杨国全(2001)在其主编的《课堂教学技能训练指导》中提出六种教学策略:激发性提示、换角度提示、招呼性提示、鼓励性提示、挑战性提示、奖励性提示。第二语言教学虽然可以借鉴这些策略,但总体来说,从训练机会教学控制行为策略的角度来看,对学生问而不答或延时反馈的教学处理策略与母语课堂教学不同。这主要是由第二语言教学对象的特殊性和言语技能训练的特点所决定的。

第二语言教学提问的反馈延时是指当学习者回答教师或其他学习者的提问时,因没听清或没听懂提问而不能回答,或虽然听懂了,但口语表达滞后而造成拖延课堂教学时间的情况。这是教师实施训练机会教学控制行为策略的障碍所在。为此,教师所采取的训练机会控制行为策略,除了上面提到的第一种师生问答中,教师示意全班学生回答或全班集体复述该提问的问题以外,变师生问答为学生之间的问答也是行之有效的训练机会教学控制策略。除此以外,还有换人策略等。关于提问的延时反馈处理行为的教学策略问题,我们在下面的"复述提问控制策略"和"提问等待的换人控制策略"中详细讨论。

3. 提问的延时反馈控制策略

课堂教学提问中,常常出现教师因等待一个学生的回答或为一个学生改错时间过长,而使全班的教学陷于停顿的现象。这不但影响训练机会的公平,而且也会对所提问的学生造成一定的心理压力。另一种现象则是教师在提问中往往不知不觉地倾向于提问水平高的学生。这也是一种常见的训练机会不公平现象。采取复述提问和换人迂回式提问的教学策略,可以有效地避免这两种不良教学行为。提问的延时反馈控制策略主要是复述提问控制策略和换人策略。

(1) 复述提问控制策略

复述提问控制策略是通过转换交际角色,让反馈延时的学生 A 复述提问学生 B,或者让学生 B 复述提问学生 A。这是检查学生 A 是否听懂提问语的较为有效的手段,同时可避免反馈延时对训练机会的公平性和教学进度的影响。因为,如果学生 A 没听懂提问的话,往往难以复述提问的问题。教师可借此检查出该学生是因为没听清或没听懂提问而不能回答,还是因为虽然听懂了,但口语表达能力有限而造成反馈延时。同时,也增加了学生 B 的练习机会。如果学生 A 确实不能回答提问的问题,也不能复述提问,那么教师就采取换人复述提问策略。即让学生 B 复述提问学生 C。依此类推,最后,再回到学生 A。如果不能复述提问的学生较多,则说明问题设计本身有问题。

一般来说,复述提问比回答提问要容易,因此,让口语水平低一些的学生复述提问比让他们回答更能实现学生的学习成就感。当然复述提问并不仅仅在学生反馈延时的情况下使用,此策略也可针对上课注意力不集中的学生。这种做法以教师始终坚持不按学生顺序提问和监听改错为前提。当学生无法预见练习机会时,某两位学生进行问答练习中,其他学生就不会因事不关己而放松听辨注意力。对同一个问题采取复述提问的方式,一方面可以解决某学生的反馈延时问题,另一方面也可以借此增加其他学生的训练机会,同时,这也是训练学生使用目的语提问的有效教学手段。

进行学生之间的复述提问时,在适当情况下,教师面对全班发问,要求全班一起回答,或针对全班领读提问语、答句和某个词语,进行从点到面,从面到点的教学操控,都可以在一定程度上缓解学生因问答训练所造成的紧张心理。同时,也给水平低一些的学生听辨提问语和答句的更多的机会,增加思考组织答句的时间,使教学做到有张有弛,节奏起伏。比如我们在前文举过的一个教学实例:

教　师:你去过上海吗?

学生B:我没去过上海。

教　师:你呢?

学生C:我也没去过上海。

学生C:你去过上海吗?(教师示意学生C问学生D,转换交际角色,复述提问)

学生D:我也没去过上海。

学生E:你去过上海吗?(教师示意学生E问学生F)

学生F:……(学生F反馈延时)

教　师:他去过上海吗?(教师指着学生F,示意学生G复述提问学生F)

学生G:你去过上海吗?

学生F:……(学生F仍然反馈延时)

教　师:他去过上海吗?(教师示意学生F复述提问学生G)

学生F:你去过上海吗?

学生G:我没去过上海。

教　师:他去过上海吗?(教师指着学生F问全班,同时也是鼓励学生F回答)

全　班:不知道。(学生F一直没有回答,所以全班同学当然不知道)

教　师：你去过上海吗？（回到学生 F）

学生 F：我没去过上海。（现在终于可以回答了，学生 F 有点不好意思）

(2) 提问等待的换人控制策略

教师给每个学生的提问训练时间应该是相对公平的，也就是说，不能因为某一个学生的回答延时而影响全班其他学生的训练时间和练习机会。提问等待的换人控制策略就是学生 A 回答延时，则跳过去，换问学生 B、学生 C 等，然后再回到学生 A。这样既可以保证训练机会的公平，实现训练机会的教学控制，也可以把握教学时间，不至于为一个学生耽误教学进度。提问时可同时采取上述复述提问的策略。换人提问这种迂回式提问的主旨是围绕反馈延时的学生 A，教师在组织其他学生进行问答练习的同时，给学生 A 一个示范式的课堂演练。之后，再让学生 A 回答或由学生 A 提问学生 B。这样，不但不会因教师把握训练机会的公平而影响学生 A 学习的积极性，而且，最重要的是，在教师的组织和示意下，其他学生针对学生 A 就同一个问题不断地复述提问，这给了学生 A 思考问题答案和恢复言语技能记忆的时间。因此，概括来说，换人策略至少有以下课堂组织管理方面的功能：

1）缓解反馈延时学生的紧张情绪。

2）避免提问反馈的等待时间。

3）增加其他学生的练习机会。

4）给反馈延时的学生思考答案和恢复言语技能记忆的时间。

5）活跃课堂气氛。

提问等待时间的问题，也就是如何判断延时反馈的问题。如果我们采取迂回式换人的提问策略，那么，由于换人后还要回到该学生，所以即使不严格考虑提问的等待时间，也不会影响学生的学习心理。一般来说，学生的反馈延时大都是由于言语技能上的障碍所造成的，教师对此不难判断，即一旦学生的提问反馈超出正常的自然交际的反馈时间，我们就可断定为延时反馈。有不少学者提出提问的等待时间问题，比如，有人主张提问等待时间为 3 秒等等。我们认为，严格来说，提问时不应该存在反馈延时的等待问题。或者说，重要的不是提问反馈的等待时间问题，关键是对于延时反馈的教学处理对策。

关于提问的等待时间问题，国内已有多篇论文介绍国外的相关研究成果（张艳莲，2001；刘晓雨，2000；杨国全，2001 等）。据国外研究发现，教师提问后等待学生回答的时间通常不足 1 秒。因此，专家建议将等待时间延长到 3～5 秒。我们认为以训练机会教学控制策略为原则，根据提问语设计的难度、言语技能训练目标、学习者目的语水平等动态因素，教师在课堂教学中应尽量采取复述提问和换人控制策略，缩短提问等待时间。延时反馈的教学控制行为可以解决提问等待时间的模糊性问题。

为了公平对待每一位学生而又不影响教学进度和训练机会的公平性原则，对"问题学生"可采取课下解决的策略。虽然教师在课前要充分备课，尽量预见教学语料的难点和学生可能出现的问题，但是由于学习者学习方法、发音素质、思维方式等不同，课堂教学中可能出现对于学生的课堂提问，由于太复杂或不具有普遍性，教师一时不能或不便回答的课堂教学延时情况。这是一种源自教师的课堂提问反馈延时现象。根据不使用学生母语的课堂教学原则，教师很难在课堂上用汉语解答学生的问题，因此，课下个别解决策略也是解决这种课堂教学延时的有效手段。同时课下解决策略也可以避免课堂上因教师匆忙解答而造成解释不当或解释复杂化。

二、朗读控制策略

朗读教学控制策略与提问的教学控制策略一样，具有同样的体现公平原则的课堂教学组织管理作用。这主要表现为点读、改错、全班参与、教学环节的转换、训练机会的分配、开口率的增加、语料的重复等等。提问教学控制策略中的复述和换人策略同样适用于朗读教学控制策略。朗读教学控制策略以语料的有无文字凭借教学行为策略为前提。也就是说，在有文字凭借和无文字凭借这两种教学行为策略交叉训练的前提下，朗读教学控制行为策略才能够发挥作用。否则，就仅仅是一种机械的重复。比如：

朗读示范：教　师：不看书。大家一起说："春节是中国最重要的传统节日。"

领读：教　师／全　班："春节是中国最重要的传统节日。"

点读：教　师："春节是中国最重要的传统节日。"

学生1："春节是中国最重要的传统节日。"

点读：教　师："春节是中国最重要的传统节日。"

学生2："春节是中国最重要的传统节日。"

点读：教　师："春节是中国最重要的传统节日。"

学生3："春节是中国最中药的传统节日。"

改错：　　教　师：　不对。再说一遍。"重要"。
　　　　　学生3："中药"。
　　　　　教　师：　是"重",不是"中"(教师一边说,一边做第4声和第1声的动作)。"重要"。
　　　　　学生3：　"中药"。
　　　　　教　师：　不对,再说一遍。"重","重要"。
　　　　　学生3：　"中","中药"。
　　　　　教　师：　大家一起说,"重要"。
　　　　　全　班："重要"。
　　　　　教　师："重要"。
　　　　　学生4："重要"。
　　　　　教　师："重要"。
　　　　　学生3："重要"。
朗读示范：教　师：很好。
　　　　　教　师：看书。大家一起说："春节是中国最重要的传统节日。"
领读：　　教　师：
　　　　　全　班："春节是中国最重要的传统节日。"

三、考勤控制策略

公平的教学建立在良好的考勤制度基础之上。保持学生良好的出勤率,既是对学生学习行为的严格要求,也是教师实施课堂教学行为的基本前提。因此,考勤也是一项重要的课堂教学组织管理行为。在这一点上,对外汉语课堂教学与第一语言课堂教学的组织管理行为是一致的。但是限于学生的目的语水平,教师在使用目的语进行考勤管理时通常会遇到障碍。因此,我们主张可以利用语料内容来实施考勤控制策略。

教师考勤的最常见的行为是点名。对初级班来说,我们所关心的是如何把点名的课堂教学组织管理行为与课堂语言教学行为结合起来。也就是通过点名,让初级水平的学生学会听、说自己名字的汉语发音和其他相关语句的练习。

一般来说，日本、韩国等学生的名字基本上是汉字，学习汉语的欧美学生也往往有一个中文名字。让学生听、说自己的名字是初级汉语课堂教学的基本教学任务。为此，教师不能在课堂上只念学生的名字，让学生答“到”。如果教师稍稍变通一下，就可以在考勤的课堂教学组织管理行为中实施如下课堂教学行为。

教师拿着名单逐一问学生的姓名，让学生自己说出自己的名字，教师改正发音。这样做一方面是为了帮助某学生练习的自己名字的发音，另一方面，也是让全班听辨同学的名字的发音。否则，在今后组织课堂教学中，学生就会因听不懂其他同学的名字，而无法回答交际性问题。比如，教师面对全班念出A学生的名字，让B学生回答“他(她)来了吗?”或教师面对A学生，念出A学生的名字，然后问“A同学来了吗?”A学生回答“我就是”。这样的情景反复训练多次之后，学生基本上都可以回答“他来了”、“他没来”、“我就是”这样的简单对话，同时也就记住了其他同学的名字。

充分利用教学语料内容来设计跟课堂教学组织管理有关的提问，这是教师在教学语料静态处理中有必要考虑的问题。比如针对学生的迟到、上课睡觉等问题，结合课文语料设计相关的提问。比如对于初级班里几次没来上课的学生，说一句“好久不见”，就足以表达对该学生的批评。再比如针对课文中的语料“每天晚上他都准时到舞厅”，可以设计“你每天早上都准时来学校吗?”“今天早上你准时来学校了吗?”的交际问题提问语，对于上午第一节课迟到的学生来说，这样的提问语设计具有课堂教学组织管理方面的意义。

我们认为使用根据语料设计的提问语进行提问来控制课堂教学比教师直接使用课堂教学语言来进行课堂教学组织管理效果会更好。这一方面是因为这样的课堂教学控制比较间接和自然，益于维护学生的自尊心。更为重要的是有利于语料的交际运用，同时也可以表现教师的幽默和教学管理的智慧。可以说是一举多得。当然，随着学生汉语水平的提高，教师的课堂教学组织管理方面的教学语言可以逐渐增加。但在初级阶段，教师的课堂教学组织管理方面的教学语言应该控制在最低限度内。因为对于初级阶段的学生来说，任何超出教学语料范围的教学语言都可能是无效的，甚至还会引起学生的焦虑。

第四节　提示控制策略

提示通常是用来设置情景、引起注意、提出练习意图、促进记忆恢复等。提示可分为口头提示、文字提示和图画动作提示等。对无文字凭借提问训练和交际会话提问训练来说,学习者首先面临的是对提问语问题的听辨。前文说过,教学语料中有形的文字对学习者的语音听辨来说,既有帮助作用,又有干扰作用。从有文字凭借语音听辨到无文字凭借语音听辨后的快速反馈,字形的帮助作用和干扰作用同时作用于听辨过程。因此目的语的音、义在学习者大脑中的快速匹配不可能一蹴而就。可以说借助字形来逐步实现音和义的快速匹配是第二语言学习的正常的心理过程。为了适应学习者的这一学习心理,并且把握训练机会的公平,教师可以在学生听辨提问发生困难时,板书提问的句子或词语,给学生适当的字形提示,然后擦掉板书。当然,课堂教学中最常见的教学策略还是口头提示。口头提示也可以由针对学生个体的提示扩大到全班,也就是把口头提示变成教师对全班的领读。这既是对某个学生的提示,同时也是全班学生针对该语言项目的言语技能巩固行为。

提示策略也可以帮助学生缓解因语义内容和言语技能障碍所造成的延时反馈,减少对延时反馈的等待时间。提示是由教师主导的行为,但在学生之间也常常自然发生,比如当学生A回答遇到障碍时,学生B主动给予提示。即使这样,如果发现B学生提示时的发音等言语技能有问题,教师也应一并改正。

语言教学中通过话语提供语境是一种最常用、最方便的语言练习的提示方式。教师提供语境的话语应简单明了,如在餐厅里、在商店里、跟朋友谈话时等。如果教师要描述一个复杂的语境,那么教师应该有把握让学生听懂描述性的语言,因为这种提供语境的话语只是为紧接其后的练习服务的。试想,如果教师的话语不能提供给学生一个可理解的语境,那么又如何顺利展开下面的练习呢?比如,练习语料为"话虽这么说,但做起来难呐",对此句的语境提示可用口头提示的交际方式给出,比如:你以前的女朋友已经结婚了,你应该忘了她,再找一个新的女朋友。学生据此回答"话虽这么说,但做起来难呐"。在教材的练习中,许多练习都以书面的方式给出提示,特别是一些造句练习。比如杨寄洲主编的《汉语教程》第二册上第三十九课的练习(七),要求学生根据提示,用"快……了"、"要……了"、"快要……了"、"就要……了"造句,给出的提示如下:

1. 12月25日是圣诞节,今天已经是12月20号了。
2. 妈妈说她星期六来北京,今天是星期四了。
3. 王老师说第十周期中考试,现在是第九周了。
4. 张东说他今晚七点半来找我,现在已经七点二十了。
5. 这本书一共420页,我已经看了400页了。
6. 爸爸11月8号回国,今天是11月5号了。
7. 运动会9月20号开始,今天是9月17号了。

8. 从美国来的飞机九点到，现在已经八点半了。

再比如：该教材同课中的另一道练习（六）"完成句子"：

1. 已经十一月了，冬天________________。
2. 快春天了，________________。
3. 夏天了，________________。
4. 快到秋天了，________________。
5. 要下雨了，________________。
6. 今天十二月二十八号了，________________。
7. 都十二点了，该________________。
8. 她说十号来，今天已经八号了，________________。
9. 要是你不想去，就________________。
10. 要是你身体不舒服，就________________。

如果把以上练习作为课上练习，以口头方式给出的话，就存在教学的提示控制策略的问题。比如提示是否有文字凭借，如何处理延时反馈等。另外也存在练习机会的控制，如何处理学生的偏误等问题。作为一种书面练习，以上练习中提示的给出方式不存在教学控制的问题。学生只要根据提示，书面完成即可。因此，根据我们对造句练习的看法，如果是听说课，这种有提示的练习比较适合课下作业，由教师批改完成。[①]

图画（包括教具）和教师的动作等是提问训练中设置情景提示最常见的教学手段。图画（包括教具）提示的作用介于有无文字凭借之间，其作用相当于把图10语言记忆编码示意图中大脑的视觉表象形象化地展示出来。但图画本身与言语技能和交际技能的训练关系不大。如果把教具作为一种语言训练手段或教学活动，那么，教具的作用仅仅是形象化地提示大脑的视觉表象。我们不能片面夸大教具的作用。恰恰相反，如果教具使用过多，反而会影响学生对语言本身的关注。因此图画仅仅是辅助性的教学工具。为了活跃课堂气氛，儿童汉语教学中适当增加图画等教具的使用可以提高学生的学习兴趣。作为一种提示方式，"看图说话"的提示作用很强。因此，看图说话在儿童母语的教学中被广泛使用。对于第二语言教学中的初级水平学生的课堂教学来说，应该慎用看图说话这种练习方式。主要的原因是这种练习方式具有自由会话的性质，教学中限于学生

① 由于没有把"该"、"就"与"了"做格式化处理，练习六中的7、9、10小题，学生的造句中很可能没"了"。

的言语表达技能，延时反馈比较多，较难把握技能训练的公平原则。在中高级阶段，学生具有了一定的言语表达技能，看图说话也就具有了会话训练的基础。特别是图画提示的多义性，会促使争议性话题的出现，这有利于言语表达的训练。但即便如此，课堂上，教师也需要把握公平原则。

在语料认知理解和言语技能训练中，图画的提示作用主要表现为一种教学活动的互动方式。换句话说，就是通过图画这种方式，提示练习意图，以实现言语技能训练的教学目标。提示方式不是教师事先准备好的教具，而是现场作画。比如练习汉语可能补语“上”的肯定和否定形式的一个课堂实例，语料为“要不要涂上颜色”，教师在黑板上画一图形，然后拿着彩色粉笔一边做涂抹状，一边提问：

教　师：这里要不要涂上颜色？
学生A：要涂上颜色。
教　师：涂上什么颜色？
学生B：涂上红颜色。
教　师：请你涂上红颜色，可以吗？
学生C：可以。（学生C走到黑板前）
教　师：这里涂上颜色了吗？（教师指着学生没有完全涂上颜色的地方问全班）
全　班：那里没涂上颜色。
教　师：用铅笔涂得上颜色吗？（教师用铅笔，在该图形上一边做涂抹状，一边问全班）
全　班：用铅笔涂不上颜色。

展示图画教具是一种静态的提示方式，而现场作画是一种动态的提示方式。因此，现场作画具有学生参与的互动效果。因此，在没有新出生词的前提下，使用目的语提示学生完成一个教学活动比静态地展示教具更具有言语技能训练的作用。

动作提示也是常见的情景设置提示方式。动作提示有针对语料认知理解的表演性动作提示和针对技能练习的交际性动作提示两种。表演性动作提示往往以理解教学语料为目的，让学习者直观地建立目的语词语与该词语所指代的动作之间的联系，所以大都是教师做动作。比如教师用动作说明“搅”和“拌”的不同。再比如学习“蹲”这个词时，教师可以课堂演示“蹲”的动作，以此让学生理解“蹲”和“半蹲”的不同。交际性动作提示主要是在教师提示下由学生来完成，以练习教学语料为目的。这种教师提示学生来完成的动作是一种动态的提示情景的方式，同样具有学生参与的互动效果。比如练习汉语补语“下”的肯定和否定形式（V得下、V不下），教师可以示意两个学生做出共挤一个座位的动作，然后，问全班或该学生“这里坐得下两个人吗？”学生回答“坐不下”。

情景设置提问策略可以帮助学生提高对提问语问题的理解和听辨，从而在一定程度上缩短学生因听辨障碍所造成的延时反馈。因此，情景设置一定要简单易懂，而且在设置情景或做动作的同时和之后，必须反复重复与动作相对应的词语，使情景动作与语言相结合，建立情景动作与语音的匹配。不能因情景动作而冲淡或影响语言的听辨。

当言语技能受到制约以后，学习者的其他感知方式和感知能力会得到增强。比如听力能力受到限制后，视觉的观察能力就会加强。因此，在课堂上展示图片，教师或其他学生的动作和表现都会对学习者的课堂学习行为产生很大影响。其中，动作对于教学来说既有帮助作用，也有阻碍作用。阻碍作用主要表现为动作对语言的干扰，造成学生注意力转移。比如《北京青年报》2002年4月22日第23版刊登题为“洋机构急吞豪华英语培训”的文章。文中说：

> 美国新橙培训机构总经理吴晓梅认为，全外籍教师除了能够创造良好的外语环境之外，也能够杜绝学员的依赖心理，本土教师与初级学员之间更便于沟通、交流是个误区，实际上，外籍教师会通过各种方式，比划、甚至翻字典告诉你一个词的意思。吴举了这样一个例子，一位外籍教师为了解释“ceiling”一词，爬到了桌子上指着天花板，对学员来说，这远比简单地告诉他天花板叫做“ceiling”有效得多。

那位外籍教师的做法，至少有三个问题值得探讨。

1. 那位外籍教师手指天花板即可，是否有必要爬上桌子提示学生。因为这样夸张的动作干扰学生对语言的注意力。而且，在这个教学动作的同时和之后，如果教师没有对该词语进行“动作—语音”的匹配训练，那么爬到桌子上这个动作就会在学习者的大脑中影响甚至屏蔽“ceiling”一词的音义。

2. 如果教材生词表中开列了“ceiling”这个生词，那位外籍教师的这种以理解教学语料为目的的表演式教学动作就没有必要。

3. 在教学计划中如果没有“ceiling”一词，那位外籍教师就完全没必要使用并解释该词。

第五节 紧张度控制策略

以提高效率为主旨的教师课堂教学组织管理策略，除了训练机会的公平性教学控制策略以外，保持全班紧张度的控制策略也是课堂教学组织管理行为中的一项重要内容。因为教师不可能在训练机会的教学控制策略方面做到绝对公平，尤其是在班级人数较多的情况下，训练机会的公平性就会受到很大影响。因此保持全班紧张度的提问控制策略对提高提问的效率就显得格外重要。目前被认识到并使用较广的保持全班紧张度的课堂教学提问控制策略是不按顺序提问和先提问后点名。

1. 不按顺序提问

不按顺序提问就是教师在选择提问语的回答对象时，根据问题的难易度和每个学生的实际水平，采用一种学生不可预见的方式，指定某一学生回答，而不是按照学生的座位顺序依次提问。训练机会的教学控制策略以公平为原则，充分考虑到全班每一个学生的参与程度。但如果全体学生是一种前后有序参与的话，那么除了当前回答问题的学生和下一个按顺序即将轮到的学生保持一定的紧张度以外，其他学生就可能会因事不关己而放松对提问的关注程度和紧张感。不按顺序提问的教学策略要求教师对教学语料的内容和学生的目的语水平有充分的了解和把握。在不按顺序点名提问过程中，教师既要针对每个学生的水平，自如分配难易程度不同的问题，同时，还要保证训练机会的公平。这种课堂教学组织行为对保持全班的学习紧张度十分有效。可以说，这是第二语言教师课堂教学组织行为的基本功。

为此，教师要走到学生中去，完成如下一些教学行为：(打乱学生 A、B、C、D 的顺序)

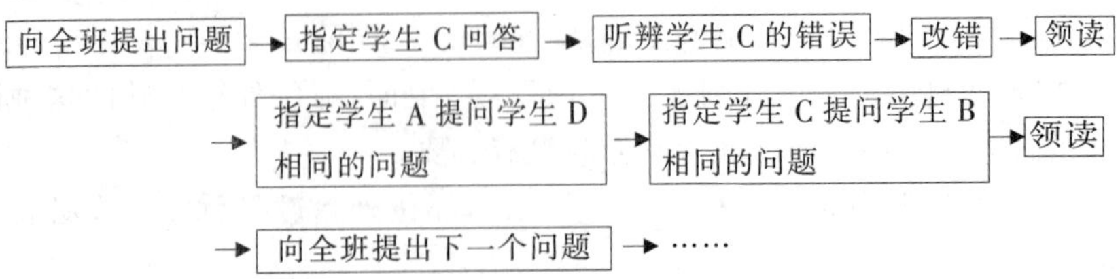

图 11　提问的组织管理流程

在这个过程中，学生A、B、C、D的选择是教师在学生中走动时随机指定的。一般来说，教师走到哪里，哪里的学生就会紧张。教师的目光注视到哪里，哪里的学生就会紧张。反之，则会放松。所以，学生A、B、C、D的选择，不一定是教师附近的学生。也就是说，不但要使教师旁边的学生紧张，离教师较远的学生也会因可能被提问而紧张。这样一来，全班学生都会在不知道什么时候被提问的紧张状态下，保持高度的注意力。否则，一旦因走神而不能回答问题，就有可能面对在教师控制下的其他学生的不断提问。这对学生来说，是一个很没面子的事情。

在人数较多的班级中，不按顺序提问与保证训练机会的公平会形成一个矛盾。教师常常会因为记不清学生的名字和提问过哪些学生而影响到训练机会的公平。对此，我们建议教师走到学生中去，用手势或目光来控制课堂操练。为了防止由于教师照顾不到而造成的个别学生的懈怠，教师打乱提问和点名的顺序，让学生无规律可循，以一种学生无法预期的方式控制训练机会。在这个过程中，教师可用朗读示范、领读、重复提问语等方式来控制训练机会的选择和教学环节的转换。也就是说，利用朗读示范、领读、重复提问语的机会，教师思考并确定下一个提问或点读的学生。

前文说过，提问行为的教学控制策略，既可以是教师指定某一学生回答，也可以是教师指定某一学生提问另一学生。这样，无形中既增加了训练的机会，在一定程度上保证了训练的公平性，更为重要的是保持了全班学生的紧张度。具体操作如下：

教　师：春节是中国的传统节日吗？

学生A：春节是中国的传统节日。

教　师：春节是中国的传统节日。（教师做朗读示范，领读，示意全班一起说）

全　班：春节是中国的传统节日。

学生B：春节是中国的传统节日吗？（教师示意学生B提问学生C）

学生C：春节是中国的传统节日。

我们假设教师在提问学生A时，离得较远的学生C由于自认为处在教师的控制范围之外而放松了学习的注意力，那么此时坐在学生C旁边的学生B在教师的示意下对学生C的提问就会提示并保持学生C的紧张度，同时也增加了一个学生B的练习机会。如此循环，就可以大大增加学生的练习机会，训练机会的公平性也就具有了可操作性。当然，我们也可以通过点名提问的方式来控制学生C的学习紧张度，但这样做就失去了一个学生B的练习机会。相比之下，在有限的教学时间内，我们主张采用既可以保持紧张度，又可以增加练习机会的教学策略。

2. 先提问后点名

先提问后点名就是提问时不预先叫学生的名字，先把问题提出来，然后根据问题的难易程度和每个学生的实际水平指定回答者。这也是保持全班学习紧张度的有效手段。为了避免教师在点名时忘了学生的名字而耽误课堂教学时间，教师与学生之间可以在教学动作上达成一定的默契。教师的手势指到哪里，哪里就是被指定的回答者。这样不但可以加快教学节奏，同时也使全体学生在“不知何时老师就要提问我”的心理压力下，对听辨提问语和其他同学的回答保持高度的关注。因为，在不预先点名的情况下，老师随时会针对上一个学生关于交际问题的回答提问下一个学生。比如：

教　师：他最喜欢什么动物？（课文问题）

学生 A：他最喜欢猫。

教　师：你呢？（从课文问题直接过渡到交际问题）

学生 A：我最喜欢狗。

教　师：他最喜欢什么动物？（指着学生 A 问学生 B）

学生 B：他最喜欢狗。

教　师：你呢？（发现学生 C 有点走神，所以向学生 C 突然发问）

学生 C：我最喜欢大象。

如果学生 B 不注意听学生 A 的回答，在教师突然发问时就会难以回答。对于交际问题提问，先提问后点名的策略需要按情况区别对待。有些交际问题，教师出于课堂管理的需要，可以直接针对某个学生发问，比如上例中对学生 C 的提问“你呢？”这种情况不存在先提问后点名的问题。

有些交际问题，特别是开放式的交际问题，比如：“如果你中了一亿美元的大奖，你怎么花？”如果先点名后提问，那么就可能会因为学生的思考而出现延时反馈从而影响教学时间和教学进度。先提问后点名，不但可以让全班都听清提问语，保持全班学习的紧张度，同时也给每个学生思考和准备回答的时间。这样做，对促进学生使用目的语思考问题和言语技能记忆的恢复会有很大帮助。当被提问的学生不能回答提问或出现延时反馈时，如前所述，为了增加练习的机会，教师可以示意其他学生复述该提问语，对该学生再一次提问。

保持全班学生学习紧张度的教学行为策略还有很多。比如前文提到的对“问题学生”的换人策略，除了有效缓解当前压力和增加其他学生练习机会以外，同样也具有保持全班紧张度的教学效果。另外学生复述提问（学生个体复述、全班复述）、间隔再现提问、朗读示范富于节奏变化等等，都是保持全班学习紧张度的有效的教学策略。

保持学习的紧张度是为了在有限的教学时间内提高教学的效率，使全班每一个学生都最大限度地参与到课堂教学中来。为此，从教学技能角度来说，需要加强教师对课堂的“点（个体）”与“面（全班）”的控制能力和课堂教学节奏的把握。我们主张通过对教学语料的朗读和提问等语料动态处理教学行为来控制课堂教学，尽量减少教师使用教学语言控制课堂。以往对课堂教学组织管理问题的研究，只是提出了教育学意义上的维持课堂教学秩序和保持学生的注意力等课堂教学组织管理原则，并没有提出具体的教学策略。这样一来，课堂教学组织管理问题实际上就容易变成运用课堂教学语言来控制课堂教学的问题。如果从第二语言教学的特点出发来考虑课堂教学组织管理问题，那么言语技能训练的课堂控制问题就不仅仅是课堂教学语言的运用问题，而是如何利用教学语料的动态处理教学行为来控制课堂教学的问题。其实，这也是在课堂教学组织管理问题上第二语言教学和第一语言教学相区别的具体体现。

前文提到，教师课堂教学行为结构中的课堂教学组织管理行为分为跟教学语料处理有关的和跟教学语料处理无关的。以上所述体现公平原则的教学控制行为和保持紧张度的教学控制行为都属于跟教学语料处理无关的课堂教学组织管理行为问题。而作为语料动态处理的朗读、提问等教学行为属于跟教学语料处理有关的课堂教学组织管理行为。这种跟教学语料处理有关的课堂教学组织管理行为作为一种教学策略，同样具有体现公平原则的教学控制和保持紧张度的教学控制的教学效果。比如朗读教学行为中的领读和点读策略，提问的交际功能和检查功能等，在体现公平原则的教学控制和保持紧张度的教学控制等教学策略方面，都可以发挥明显的课堂教学组织管理的作用。换句话说，在进行语料动态处理的课堂练习和言语技能训练的同时，把对课堂的组织管理问题巧妙地融入对语料的语言训练当中，比简单地使用课堂教学语言来管理课堂更能体现出第二语言教学的特点，并最大限度地提高教学效率。因此，对于课堂教学组织管理问题，我们不能仅仅停留在课堂教学语言运用的层面上来讨论。

第六节　重复控制策略

在语料动态处理的技能训练教学行为中，我们强调了重复与反复的重要性。同一个语言形式的多次重复，不但可以提高原始刺激在记忆中保持的牢固程度，而且也可以使学习者能够有更多的机会听辨语料，可以减轻学习者的焦虑感。因此，它是一种积极的教学行为。在此基础上，从课堂教学组织管理行为和策略的角度来看，反复和重复也使教师在利用语料控制课堂方面有了回旋的余地。它不仅是进行语料课堂动态处理的行为和方式，同时在课堂教学组织管理行为中，也是一种有效控制教学节奏、组织学生练习的教学手段和策略。重复可以是朗读示范时对课文语料的重复，也可以是提问时对提问语的重复。重复策略的使用表现在教师重复和学生重复两个方面。

教师重复课文语料主要表现为领读和点读时的重复朗读示范。其作用是建立目的语的发音标准和提供模仿样本。其课堂教学组织管理方面的意义在于创建一个全班每个学生都能参与的教学活动。通过朗读示范的重复领读，使教师可以监听和观察每个学生。在课堂教学开始之初，这种重复领读具有集中学生注意力和制造课堂学习气氛的教学效果。

教师重复提问语是为了促进学生对提问语的听辨。如果没有教师的领读和点读的朗读示范及其重复训练，没有有无文字凭借的反复听辨，提问阶段就会遇到学生在听辨、发音等言语技能上的障碍。提问练习应该明确要求学生在无文字凭借状态下，使用完句回答，否则学生就会依赖教材而把答案读出来，或者为了省事而用词语简略问答，这不利于口语交际技能的训练。正因为如此，学生在无文字凭借的状态下，对提问问题的一次听辨通常会发生模仿困难，同时由于被要求必须使用完句回答，也会产生一定程度的焦虑感。这自然会影响他们回答时的口语表达。这样，以口语技能训练为目的的问答练习，就需要教师重复提问。当然，随着学生水平的提高，根据语料的难易程度，某些提问语教师不必重复，以训练学生对提问语的一次听辨的能力。

教师重复提问语具有保持全班注意力和选择回答者的课堂教学组织管理方面的意义。也就是说，教师可以一边重复提问语，一边考虑指定哪一个学生回答。对提问语的回答可以是全班回答，也可以是点名回答。当然，也可以先全班回答，然后再点名回答。这要看问题的难度而定，也要看问题是开放式问题，还是封闭式问题而定。一般来说，开放式问题必须由一个学生来回答，而封闭式问题可以全班一起回答。但由于回答开放式问题需要思考的时间，所以为了减少教学等待的时间，同时也为了给学生一定的思考时间，教师可以先面对全班重复开放式问题，然后再点名回答。如果被点名的学生不能回答，除了换人策略以外(在换人时，教师同样可以重复提问的问题)，教师可以采取学生重复的策略，也就是前文所说的复述提问。学生重复有全班重复和个体重复两种。全班重复是全班在教师的重复带读下把提问的问题再说一遍，个体重复是教师点名后，由学生 A 向被指定回答的学生B把提问的问题再说一遍。同样,也可以在一对AB学生回答完提问问题后,在教师不重复提问问题的情况下,由学生C向学生D把提问的问题再说一遍。这种连环重复提问的教学策略目的在于使每个学生都能集中注意力。

由于重复使教师在利用语料控制课堂方面有了回旋的余地,因此它就成为教师组织课堂教学中由一个教学行为向下一个教学行为过渡的有效而自然的教学策略。对教师来说,在选择点读和提问对象时,语料和提问问题的重复可以给教师一个选择和考虑的时间,这样就可以避免出现提问对象不合适的现象。比如,有些提问语适合女生回答,有些提问语适合男生回答等。另外,就像我们在论述朗读示范问题时所说的,重复也可以为教师因为专注于听辨学生的答句和改错而忘记下一个提问问题的自身尴尬局面,提供一种不露痕迹的自救方式。这主要有教师对某个学生重复提问语再次提问、指示学生X对学生Y重复提问语再次提问、教师重复某学生的答句做朗读示范并带领全班一起朗读等重复方式,在重复操练的过程中,教师思考下一个提问语,并选择回答对象。

重复作为语料动态处理过程中课堂教学组织管理行为的一种手段和教学对策,是从第二语言言语技能训练的角度出发而使用的,必须根据课堂教学的实际情况与其他教学行为和教学策略一同来使用。我们反对那种没有教学目的和教学意图,没有语义动态介入的和尚念经式的机械重复。

第七节 关于小组讨论

课堂教学组织管理行为主要体现在课堂教学活动当中。也就是说,从教学行为角度来说,课堂教学活动由语言活动教学行为和组织管理教学行为组成。因此,在设计教学活动时,不能仅顾及语言活动而忽视组织管理教学行为。特别是前文所说的体现公平原则的教学控制策略和保持紧张度的教学控制策略。可以说,组织管理教学行为和策略是使语言活动实现高效率和教学效果最大化的保证。不管哪一种教学法,要想提高教学效果,课堂教学组织管理行为是一个绕不过去的问题。

曾妙芬老师在《推动专业化的AP中文教学》(2007)一书中介绍了自20世纪80年代至今外语教学的主要方法——沟通式教学法。沟通式教学法看重语言情景和表达(expression)、理解诠释(interpretation)和语义协商(negotiation of meaning)等学习者的三种沟通层面的能力。重视说者和听者之间的语言互动。在此理论基础之上,曾老师设计了其课堂教学中所使用的学生小组互动教学活动。我们认为沟通式教学法与我们在前文中提到的交际提问语的语料静态处理和动态处理教学行为并不矛盾，但在课堂教学组织管理教学行为层面，我们对沟通式教学法提出几点反思。为了论述方便，下面转录曾老师的"沟通式教学法常用活动"中的一例：

例一

主题：我这个学期上的课

活动步骤

步骤一

上课前老师把讲义提前发给学生，请学生在家把星期一到星期五上什么课和什么时间上课的信息写下来。

说明：

(1)请把星期一到星期五上的课填在表格里；

(2)请填完表格以后，回答一下问题，尽可能用下面三个语法结构回答问题。

(表格从略)

问题

1. 你这个学期一共上了几门课？是什么课？几个学分？
2. 你每天都有课吗？分别是什么课？
3. 你哪一天的课最多？是什么课？说一说你那天上课的情况。
4. 你哪一天的课最少？是什么课？说一说你那天上课的情况。
5. 你星期一到星期五，哪几天上的课一样？有什么课？
6. 你最喜欢什么课？最不喜欢什么课？为什么？

语法结构

语法结构1：……先……，然后再……

语法结构2：……以后，就……

语法结构3：上完……课以后，就去……

步骤二

上课时，老师将学生分成两人一组，并指出小组讨论的重点和步骤。

说明

(1) 你和同学轮流问以下问题：A先问第一题，B回答问题；A问完了以后，B再问A第一题，A回答问题。然后跟第一题一样，再问其他的问题。

(2) 活动结束以后，请报告你们讨论的内容，报告的时候，得比较你们两个人的时间表，且必须用下面的语法结构。

问题

1. 你这个学期一共上了几门课？是什么课？几个学分？
2. 你每天都有课吗？分别是什么课？
3. 你哪一天的课最多？是什么课？说一说你那天上课的情况。
4. 你哪一天的课最少？是什么课？说一说你那天上课的情况。
5. 你星期一到星期五，哪几天上的课一样？有什么课？
6. 你最喜欢什么课？最不喜欢什么课？为什么？
7. 比较你们两个人的时间表，有什么不同？

语法结构

语法结构 1：……先……，然后再……

语法结构 2：……以后，就……

语法结构 3：上完……课以后，就去……

语法结构 4：……跟……（不）一样……

语法结构 5：……比……＋adjective

步骤三

后续活动

（1）老师先请一组同学根据以上的问题做报告，同学报告的时候，其他同学注意听，并且做笔记。

（2）听完一组同学报告以后，老师针对他们报告的内容提问，确定同学是否听懂，或者是否有问题，若以上语法结构使用不恰当，得趁此时加强训练。

（3）依此类推，再请其他组的同学报告，重复以上步骤。

活动要诀

（1）上课前一天，老师就得把讲义发给学生，让他们在家准备好表格内容。学生必须在家查词典写下自己上的课的中文名称，或找中国朋友帮忙。如果上课时才完成这项任务，至少得花 10 分钟的时间帮学生翻译课程名称。这样的任务，其实词典就可以完成，应按充分利用上课时间进行语义沟通的练习。

（2）除了事先提供时间表以外，老师也必须事先列出引导问题，为学生提供准备方向和重点，若只提供表格，而无任何其他引导问题及语法结构重点的使用，则上课讨论效果必然大打折扣。

(3) 上课分组活动开始以前，教师必须把分组讨论重点、语言结构和功能的使用说明清楚，特别是强调每组学生讨论时，必须注意根据引导问题比较两者时间表的异同，并使用规定的语言结构。此点若不说明清楚，则学生必然拘泥于两人独立的时间表，做平铺直叙的报告，而无法向自己既有的语言程度挑战，掌握语言比较的功能，结果必然在语言学习的效果及功能的掌握上大打折扣。除非是学生已经明显达到高级中文水平，可以自由发挥，畅所欲言，不需循序渐进的问题引导；否则，适当地提供引导问题，勾勒出讨论及准备的方向及重点，对中级中文水平学习者而言，都是非常必要的。

从以上教学活动可以看出曾老师娴熟的教学技巧和独具匠心的教学设计。从言语技能训练的角度来看，充分体现出了对语言项目的重复训练策略以及巧妙利用情景设置进行课堂教学互动。不过，我们认为该教学活动的目的不在于表格本身，而是对教师所设计的那六七个问题及答案的言语技能和交际能力的训练。假设不使用表格这样的教学方式，在课堂上直接提问那六七个问题，学生也完全可以当场回答。至于课程名称，可以用"某某老师的课"来代替(老师的名字不用翻译成中文)。这样的话，就可以把小组讨论变成在教师控制下的全班讨论。这将大大提高对正确的语言形式的引导和控制。我们从课堂教学组织管理的角度观察其教学行为，提出以下几点质疑，以期商榷。

质疑 1：该教学活动所占课堂教学时间是多少？教师如何控制每个学生报告的时间？如果学生人数较多，在考虑给学生个体改错的前提下，即使教师对不同小组提出不同问题的话，教学时间是否够用？

质疑 2：学生重复分组报告在形式和内容上会不会枯燥单调？

质疑 3：如果教学活动建立在学生完成家庭作业的基础之上，那么部分学生课前没有准备好表格内容的话，教师怎么办？如果那些没有准备好表格的学生趁小组讨论或其他学生报告之际，完成表格的话，就失去了小组讨论的本来意义。况且一旦出现这种情况，对该教学活动本身就会带来直接的影响。

质疑 4：如何保证学生讨论时在没有教师监控的情况下不使用母语？

质疑 5：该教学活动与教学语料的关系？学生讨论时，相关词语的言语技能从何而来？而这恰恰是听说课的训练重点。

质疑 6：如何平衡一组中的两个学生报告的表达机会？

质疑 7：学生用中文分组讨论时，教师如何改错？

质疑 8：报告的时候，要求学生比较两个人的时间表，且必须使用规定的语言结构。问题是如果学生不使用指定的语法结构，怎么办？

根据以上语言训练项目，假设所有涉及的教学语料都是学过的或当前正在学的，围绕提问的问题，我们所设计的教学活动如下：

1. 由教师设计好两个包括学生现有课程名称的上课时间表。
2. 对表中的课程名称做朗读教学处理。
3. 针对该上课时间表提出上面的六七个问题。
4. 提问学生 A 的某天或一周的上课时间表。
5. 就学生 A 的回答提问学生 B。
6. 指示学生 C 提问学生 D 相同的问题。并依此类推。
7. 针对教师设计的两个时间表或 A、B 两个学生的时间表，就教师设计的六七个问题，逐一提问不同的学生。

以上教学活动在时间和进度的控制上，教师完全占主动地位。避免了由于学生没有准备好表格而影响课堂教学计划的情况。另外在教师的直接控制下，避免了学生在分组讨论时使用母语。如果学生人数较多的话，通过问题的分配，可以保证每个学生享有相对公平的练习机会。

小组讨论最大的弊端在于从课堂教学组织管理的角度来说，教师难以同时控制和了解各小组的情况，而且无法及时改错。即使是分组讨论，然后推举代表发言的形式，也很难保证练习机会的公平。第二语言教学言语技能训练的教学行为原则是语料内容为语言形式训练服务。小组讨论的内容和结论都只是语言形式训练的材料而已，重要的不是所讨论的内容，而是通过内容训练全体学习者的语言能力。因此，从教学观摩的角度来看，我们不仅要观察教学活动本身，而且需要观察该教学活动在多大程度上利用教学语料对言语技能进行训练，以及在利用教学语料对言语技能进行训练时，课堂教学组织管理的效率和全体学生的参与程度。小组讨论虽然在学生的互动和沟通方面具有优势和长处，但从课堂教学组织管理教学行为角度来看，还有待进一步完善。

第七章

课堂教学行为与教学技能

提高汉语教学质量和教学效果的关键是教师。无论是中国国内的汉语教学，还是海外汉语教学，教师都是决定教学成效的决定性因素。但恰恰就在这个问题上，出现了世界汉语教学“师资瓶颈”的问题。笔者在中国、泰国、韩国、日本参加汉语教师培训的过程中也认识到广大汉语教师在教学方法上迫切需要突破和创新。除了文化知识、汉语语言本体知识、第二语言教学理论以外，许多教师更迫切需要提高把汉语作为第二语言的课堂教学技能。而教学技能离不开教学语料的动态处理和课堂教学组织管理问题。为此，综合以上教学理念和教学方法，根据本人的听力和口语课教学的教师培训教案，并结合中国和海外汉语教师的教学实际，提出“听力和口语课堂教学技能培训计划”，以期为解决师资瓶颈问题抛砖引玉。

面对由“汉语热”所引发的汉语师资问题，除了大力加强师资培训工作，举办各类教师培训班以外，还必须对培训课程本身进行系统研究。目前许多高校都在举办汉语教师的师资培训。从培训对象来看，包括：

1. 对外汉语教师研修班，对象为在职的汉语教师。目的是提高现有教师的专业素质。
2. 海外汉语教师培训班，对象为世界各国的汉语教师。目的是提高国外汉语教师的教学水平。
3. 对外汉语教师岗前集训班，对象为有志于对外汉语教学工作的各类人员，主要以文科专业研究生和本科生为主。目的是培养兼职教师或汉语教师志愿者。
4. 汉语国际教育专业硕士生。

以上各类汉语教师培训，无论是学员的素质、培训内容，还是培训手段和方法都存在一定的差异。仅就学员的素质和知识结构来看，对非中文专业的从业教师需要进行汉语言本体知识的培训，特别是对于海外的汉语教师培训来说，这方面的培训内容是必不可少的。问题是这样的培训内容不太可能在短时间内提高汉语教师汉语言知识的素养，更不能直接作用于他们的课堂教学。因为，按照语言本体要素划分的培训内容与教学实际的差距比较大。比如汉语语音教学、汉语语法教学、汉语词汇教学等语言要素教学。实际上，在汉语教学各教学机构的课程安排中，很少有专门的汉语语音课、汉语语法课、汉语词汇课。这样一来，造成培训内容与汉语教学实际脱钩。从长远来看，汉语语言知识的学习有助于教师教学素质的提高，但这样的培训内容对提高教师当前的教学水平收效不大。特别是对于非汉语专业的新教师来说，汉语语言知识的培训无助于他们的课堂教学操作。因此，如果我们把汉语课堂教学看成是“对正确的语言形式进行反复的言语技能训练”的话，那么汉语语言本体知识的培训仅在提高汉语教师的汉语语言知识的素质方面发挥作用。

如此说来，提高和培养教师的教学素质，仅仅靠汉语语言本体知识的学习是不够的。我们需要把培训内容的重点放在第二语言教学的课堂教学行为问题上。在把汉语作为第二语言教学的课堂上，除了汉语本身的问题以外，绝大部分是教育学意义上的第二语言教学方法的问题。教学方法的问题与学习者的学习行为和教学行为都有密切关系。第二语言学习理论主要研究学习者第二语言习得过程，是对学习者学习过程的观察和分析。作为教师，如果不了解学习对象，其课堂教学效果也会大打折扣。第二语言学习理论更多地关注于学习者的第二语言认知理解过程、中介语的产生和偏误分析、跨文化交际等问题，其研究的对象和范畴是学习者及其学习过程，属于学习心理的研究范畴。如果我们把汉语教学看成是技能训练的话，那么仅仅分析学习过程是不够的。教师培训内容必须要在汉语语言本体知识和第二语言学习理论的基础之上，关注课堂教学中教师的教学行为问题。

教学技能与教师课堂教学行为有密切关系。教师培训的重点是对教师教学行为的分析、观摩、示范和研讨，通过教师的课堂模拟操练，将其教学行为进行“动作分解”，把第二语言教学应当具有的课型意识、交际意识、改错意识、管理意识（公平意识）、朗读意识、重复意识等各种教学意识充分地体现于每一个教学动作中，并且围绕听和说的技能训练提高教师的课堂组织管理能力。

教师培训的内容包括语言材料处理（教材的使用）、第二语言学习理论（学习者）、教学技能（教师）。其中，前两者属于知识和教学素质的培养，教学技能则是直接来源于课堂，并作用于课堂的实际操作。如果我们想在短时间内解决师资瓶颈问题的话，就必须重视教师课堂教学技能的培训。

在教师培训课程中，针对课堂教学实践的分课型的语言技能教学十分重要，分课型的语言技能教学强调教学法、训练方法和教学技巧的实践。比如口语课教学、听力课教学等。其中，有关教师教学技能的部分主要是从言语技能本身的特点出发，提出听力技能的训练方法、口头表达技能的训练方法、口头交际技能训练方法（周健、彭小川、张军，2004）或者初级口语的教学原则、初级口语的教学环节、听力课课堂教学环节与教学步骤(周小兵、李海鸥,2004)等等。我们认为以往的教师教学技能训练要么属于教学原则层面,要么属于教学技巧层面。不能系统地梳理和概括出课堂教学中教师的带有普遍意义的教学行为。比如朗读示范、提问、改错、重复、课堂组织管理等课堂教学行为,虽然散见于各种教学技巧或教学原则中,但并没有把这些教学行为作为教师课堂教学必备的教学技能来加以分析和训练。更何况,某些教学行为,比如课堂组织管理行为没有纳入到教师教学技能的培训当中去。因此,分课型的语言技能教学培训不仅要从言语技能本身的特点出发训练教师的教学技能,还要从教师课堂教学行为的角度出发训练教师的教学技能。处理教学语料和组织课堂教学这两个方面的教学行为需要教师对自身教学技能的反复训练才能实现自由转换。

对于言语技能的训练需要从观察技能本身的习得规律入手,分析技能习得过程中出现的各种现象和问题。同时,还需要观察和思考学习者技能习得过程中出现的各种现象和问题,与技能传授者的传授方法是否有关。换句话说,在观察和分析学习者自身技能习得过程中出现的各种现象和问题的同时,还要分析其中是否有传授方法不当的原因,找出传授方法的不足。如果我们能够从教师自身找原因的话,那么教学方法和教学行为就是不容回避的问题。班级授课的特点决定了任何一种教学方法必须要保证有效地作用于每一个学习者。因此,在教师传授技能的同时,还必须要保证能够熟练地操控每一个学习者。这是教学技能的问题。跟语言知识、文化知识和第二语言学习理论相比,教学法和教学技能的培训可以直接作用于课堂教学,并发挥显著作用。就像言语技能需要模仿和反复训练一样,教师的教学技能同样也需要反复不断地模仿和操练。因此,教学技能的培训必然包括课堂教学观摩、教学示范、模拟课堂教学(试讲)等内容。

海外一些本土教师使用翻译法或语法讲解的传统教学方法,解决学生认知理解方面的问题,其教学目标自然不属于我们这里所说的言语技能训练范畴。如果有教学分工,与之搭班授课的中国教师则需要具备针对言语技能训练的相关课堂教学技能。如果没有教学分工,语料的认知理解和言语技能训练就都需要由中国教师来完成。本书在听说技能方面的教学行为研究正是以此为基点。

对某一种教学行为的熟练操作形成相应的教学技能。教学技能的养成跟教师自身的课堂教学经验有关。有一定教学经验的教师应该已具备一定的教学技能,但由于教学意识的不同,相关教学技能未必健全。比如公平意识、重复意识、改错意识等不够充分的话,相应的课堂教学行为就会薄弱。因此,在教师培训工作中,对有教学经验的教师有必要通过教学观摩、演示、示范、试讲等方式,对各种教学意识和教学行为进行分析和研讨,以期统一认识,达成共识。在此基础上，才能针对某一教学行为进行相关教学技能的训练。

教学中新手常常置自己于各种教学风险中。所谓教学风险是指课堂上出现由于教师自身的不当行为，造成课堂停顿或无法应付的局面。比如，仅仅给学生一个话题，然后让学生就该话题展开讨论，很可能会面临讨论不起来的教学风险；提问时提问语分配不当，会面临水平低的学生答不上来的教学风险。

对教学新手来说，课堂教学方面常见的问题是顾此失彼、讲练比例失当、练习机会不公平、重复训练和朗读改错意识不强、课堂教学语言新出生词、生词处理时间过长、交际情景和交际提问语设计缺乏现场感、学生开口率低、过分依赖PPT等。其中涉及课堂教学组织与管理的课堂控制能力和相关教学技能问题最突出。因此，除了教学原则和教学行为策略的分析与研讨以外，在模拟和试讲中对教学新手的教学技能培训更强调教学行为策略的演示和教学动作的反复分解操练。为此需要制订一套对教学行为和教学技能的评估模式。（详见第八章）

笔者在中国、泰国、韩国、日本参加汉语教师培训的过程中认识到广大汉语教师在教学方法上迫切需要突破和创新。除了文化知识、汉语本体知识、第二语言教学理论以外，许多教师更迫切需要提高把汉语作为第二语言的课堂教学技能。对广大汉语教师志愿者和教学新手来说，迫切需要掌握既能够切实提高汉语学习者言语技能和交际能力，又能很快上手，便于课堂操作的教学方法和教学技能。通过多年的教师培训经验和培训效果的反馈，我们尝试提出汉语教师听力和口语课堂教学技能培训计划。（该计划曾在韩国京畿道外国语研修院首届汉语教师培训班上使用。）该计划以课堂教学组织流程为纲（详见第六章），以主讲教师的讲解、示范、演示和研修教师的模拟、试讲、研讨为主要设计思路。

听力和口语课堂教学技能训练计划包括教师课堂口语表达训练、教学法及课堂教学技能训练与研讨、集体备课制度等三个方面的问题。

1. 教师课堂口语表达训练包括以下几个方面：

（1）听力和口语表达训练（针对母语非汉语教师的言语技能训练项目）

（2）语音、朗读示范训练（侧重于课堂教学组织管理技能）

（3）教学用语训练

2. 教学法及课堂教学技能训练与研讨包括以下几个方面：

（1）观摩录像、教学示范和试讲

（2）中介语辨音和纠错能力训练

（3）语言点认定

（4）教学语料提问语设计与动态处理

（5）课堂教学组织管理与教学法研讨

3. 集体备课制度主要探讨教师合作问题

听力和口语课堂教学技能培训计划的适用人群分为汉语为母语的汉语教师和汉语非母语的汉语教师。对于母语为汉语的教师，该培训计划可做适当删减，即适当省去听力和口语的言语技能训练项目。其他培训项目二者皆同。考虑到接受培训的汉语教师在平时的教学中都有很丰富的教学经验，特别是教学活动的设计都很擅长，所以，在听力和口语课教学的培训计划中，把提问语的设计和提问的课堂教学组织管理作为教学活动的重点加以训练。从教学法的角度来说，语言活动的设计更强调课堂教学的问答互动。由于相关语料的提问语问答互动设计数量太大，无法具体而详细地列出。关于提问语问答互动的设计样本，可参阅本书第三章和第四章。培训计划侧重于教学演示、示范和试讲。计划中用于课堂教学技能训练的语言材料分为难易两种，以便区分不同难度的教学语料针对不同水平的学习者的教学处理。其中，有关教学语料处理和课堂教学组织管理方面的详细问题，不在本章中列举，有关问题可参考本书的相关章节。

该培训计划力图方便教师的课堂操作，强调课堂教学互动和学生的参与程度，增强学生运用汉语成功交际的成就感和满足感，同时，要求教师具有课型意识、交际意识、改错意识、管理意识（公平意识）、朗读意识、重复意识。课堂教学步骤和教学环节参考前文的相关章节和本章的附录，这里不再赘述。

第一节 教师课堂口语表达技能训练

教师课堂口语表达训练的教学目标是在一定程度上提高汉语非母语教师自身的汉语听力和口语水平，同时，通过教学示范和试讲，针对授课教师展示的教学法展开研讨。这样的设计是为了把汉语听力和口语表达训练和授课教师的教学示范结合起来。也就是通过汉语听力和口语表达训练的教学示范，展示授课教师的教学方法。因此，在训练中，学习者既是汉语的学习者，又是汉语教学法和教学技能的观摩者和学习者。对于有教学经验的教师，可以通过试讲进行交流。授课教师指出某教师试讲中的问题，提出教学建议并展开教学研讨。对于没有教学经验的教师，可以通过模仿进行试讲训练。教师课堂口语表达训练的内容主要包括汉语听力和口语表达训练、语音、朗读示范训练、教学用语训练。对母语为汉语的教师只做汉语听力和口语表达训练的教学示范（示范课观摩）和朗读示范训练。

一、汉语听力和口语表达训练与教学用语训练(从略)

(此部分也是教学技能的演示和示范)

二、语音、朗读示范训练

1. 主题:(1) 语音:准确。
   (2) 朗读示范:准确而流畅,语速符合课堂教学需要,抑扬停顿有致,体现汉语的节奏,能清楚表达意思和情感。
   (3) 领读、点读教学策略。
2. 时间安排:
   (1)研修生试讲:模拟课堂教学朗读示范,立于讲台处。(20 分)
   (2)讲师授课:课堂朗读示范、领读、点读要领。(60 分)
   (3)作业布置:口语表达训练语料的朗读示范,设计提问语迷你教案。(10 分)
3. 学习内容:
   (1) 讲师演示朗读示范、领读、点读。
   (2) 研修生模拟课堂朗读示范,讲师讲解课堂朗读示范、领读、点读要领。
   (3) 讲师按教学目标要求纠错。
4. 教学材料:

A (易)

举例

(一)

A 您好! 您是中国人吗?

B 是,看来你是韩国人。

A 是的。我是高中二年级的学生。

B 你说汉语说得很流利,跟中国人说的一样。你去旅行吗?

A 是。跟老师和同学们一起去北京旅行。

B 夏天是中国的旅游旺季。你们打算去中国的什么地方?

A 我们打算去天津和北京。

B 祝你们旅行愉快!

A 谢谢您,再见!

B 再见!

（二）

我帮妈妈接待客人

今天我家来了几位爸爸的朋友。妈妈要做菜，还要忙着接待客人，真够忙的。我对妈妈说："妈妈，让我来接待客人，您去做饭吧。"我帮妈妈拿出茶杯，倒上水，笑着请客人喝茶。接着，我又拿了几个苹果对客人说："请吃苹果吧！"等妈妈的饭菜做好了，我又一样一样地帮着端到桌子上去。客人们都说："这孩子真有礼貌。"今天我虽然有点儿累，但是心里很高兴。

B（难）

举例

① 从西方到东方，世界各国大都有追星族。追星族以年轻人为主，他们把自己喜爱的歌星、影星、球星等看成是心中的偶像，花费大量时间和精力，去搜集有关明星的照片、VCD和相关报道，并把能亲眼欣赏到明星的风采看成是无比自豪的事情。

② 王静是高中二年级的学生，香港明星刘德华是她的偶像。每次刘德华来内地举办演唱会，她一场不落，必去观看。一次，刘德华的演唱会结束后，她和许多歌迷站在剧场的门口，等待刘德华的出现。天空下着小雨，雨夜中，一张张打开的雨伞就像是一张张期盼的脸。

③ 刘德华终于出现了，歌迷们控制不住内心的激动，纷纷拥挤上去。站在最前面的王静跑过去向这位大明星献上了一束鲜花。由于她过分激动，手中的雨伞竟然掉在了地上。刘德华来不及说一声"谢谢"，就被狂热的歌迷们围了起来。雨水淋湿了王静长长的披肩发，但她感到万分幸福。

④ 由于王静几乎把所有的课余时间都用在了追星上，她的功课受到了很大影响。她的父母十分焦急。离高考还有一年多，假如女儿这样下去，明年能考得上大学吗？

⑤ 现在社会舆论已把"追星"这个词看成是一个贬义词了。家长们希望孩子能在努力学习的同时，参加一些有意义的团体活动，丰富业余生活，健康成长。

第二节 教学法及课堂教学技能训练与研讨

在上一单元培训的基础之上，本节从观摩录像与教学示范、辨音和纠错能力训练、语言点认定、教学语料提问语设计、课堂教学组织管理与教学法研讨等几个方面对课堂教学技能进行训练与研讨。

一、观摩录像与教学示范——教学步骤和教学环节研讨

1. 主题:通过观摩教学和教学示范,观察教学步骤和教学环节,了解汉语听力和口语课堂教学训练方法。研讨汉语听力和口语课堂教学方法。
2. 时间安排:
   (1) 研修生作业发表:口语表达训练语料的朗读示范,提问语迷你教案试讲。(20 分)
   (2) 讲师授课:观看录像与讲解。(60 分)
   (3) 作业布置:制作汉语学习者朗读录音,辨析发音错误。(10 分)
3. 学习内容:观摩录像。
4. 教学材料:汉语教师教学录像。

二、辨音和纠错能力训练

1. 主题:(1) 能听懂学生说的汉语中介语。对学生提问、答话、意见做出适当回应。
   (2) 训练研修生辨音、改正和说明学生汉语语音错误的能力。
2. 时间安排:
   (1)研修生作业发表:汉语学习者朗读录音发音错误辨析。(20 分)
   (2)讲师授课:辨音和纠错能力训练。(60 分)
   (3)作业布置:对指定的语言材料设计语言点。(10 分)
3. 学习内容:
   (1) 听辨研修生提交的朗读示范录音带,全班会诊。
   (2) 讨论总结不同国别学生学习汉语常见的发音和语法错误。
   (3) 改错技能讲解和训练。
4. 教学材料:研修生提交的朗读示范录音带。

三、语言点认定

1. 主题:(1) 语言点认定原则及教材语言点处理。
   (2) 语言点格式化与语法错误的预防。
2. 时间安排:
   (1) 研修生作业发表:对指定的语言材料设计语言点。(20 分)

(2) 讲师授课：语法教学与格式化教学处理。(60分)
(3) 作业布置：教学语料提问语设计。(10分)

3. 学习内容：
(1) 教材语言点考查。
(2) 语言点格式化教学处理。
(3) 语料认知的动态处理。

4. 教学材料：现行汉语教材。

四、提问语设计

1. 主题：利用教学语料内容，训练汉语学习者的言语技能和运用汉语的交际能力。

2. 时间安排：
(1) 研修生作业发表：教学语料提问语设计。(20分)
(2) 讲师授课：提问语设计原则及训练。(60分)
(3) 作业布置：提问语迷你教案设计试讲。(10分)

3. 学习内容：
(1) 讲师做提问语设计示范。
(2) 研修生分组用指定语料做提问语设计。
(3) 讲师按教学目标要求纠错。

4. 教学材料：每组两人，共六篇语料。语料从研修生现用教材中选取。
提问语设计举例：使用听力和口语训练中的教学语料做提问语设计演示。

五、课堂教学组织管理与教学法研讨

1. 主题：在提问语设计的基础上，研讨针对保持和提高学生学习兴趣的课堂教学提问的组织管理，以及如何公平高效地训练学生运用语言进行交际。

2. 时间安排：
(1) 研修生作业发表：提问语迷你教案设计、试讲。(20分)
(2) 讲师授课：提问的课堂教学组织管理原则。(60分)
(3) 作业布置：讨论提问的课堂教学组织管理原则。(10分)

3. 学习内容：
(1) 研修生模拟课堂提问，研讨提问的课堂教学组织管理原则。

(2) 提问的功能与动态处理。

4. 教学材料:听力和口语训练中的教学语料。

第三节 集体备课制度

集体备课以预见、发现和解决教学中遇到的实际问题为主要目的,有点类似于医院的"专家会诊"。实际上是教师集体对语料的静态处理,当然也包括解决课堂语料动态处理中遇到的各种问题。通过对语料处理的细节设计和对教学疑点、难点的讨论,教学新手的教学技能会得到快速提高。所以,在教师培训计划中,增加模式集体备课的相关内容是十分必要,也是十分受培训教师欢迎的。这一点在我们的教师培训工作中已得到证明。

集体备课制度与课程设置和分班模式有关。按照学生的水平和人数,把学生分为水平相近的不同的教学班,这样,就分出若干个处于同一水平的班级,也就是所谓的"平行班"。每个平行班使用相同的教材,由不同教师授课,并采用相同的测试和考试内容。这样一来,若干个平行班之间就可能存在教学进度和教学效果的差异。同时,从教学管理的角度来说,由于不同班级的教师教学效果不同,也带来公平性问题。为此,就有必要建立平行班教师的集体备课制度,以求平衡教学进度,缩小教学效果的差异。

集体备课制度与听说法的课程设置有关。来源于直接法的听说法开设两门课:语言结构课(大班)和实践训练课(小班)。教师分两种:一种是本国教师,叫做高级教练(Senior Instructor),也就是"大班教师",教语言结构、课文、英语和外语对比,每周 5 课时;另一种是外国教师,叫做训练教官(Drill Master),也就是"小班教师",教自己的本族语,进行语言实践训练,即口语课或会话课,每天至少两节。学生课后住在语言宿舍里,不准讲英语,只准讲外语。教学原则是重复、翻译、轮流说话、复述、对话练习、复习等。由大班分出来的若干个小班即是所谓的平行班。我们假设同一水平的学生人数为 100 人。25 人为一个教学单位,共分为 A、B、C、D 四个班级,谓之"大班",由本国教师负责语法结构讲解和语法练习。在此基础上,再分为 A1、A2、B1、B2、C1、C2、D1、D2 等 8 个小班。每个小班 12 人左右,由目的语国教师负责语言实践训练。为了协调这 8 个小班的教学进度和教学效果,就需要大班教师和所有小班教师集体备课。在北师大举办的美国普林斯顿大学的暑期汉语培训班(普北班)就建立有这种集体备课制度。近年,北师大汉语文化学院建立了"1+X"的教学模式,"1"为一个年级同一课型的课程负责人,"X"为各班教师。课程负责人负责检查"X"教师的课,对其提出教学建议,并不定期举行教师集体备课。

"大班"教师的作用类似医生,"小班"教师的作用类似护士。医生的工作是治病,"大班"教师的工作就是解决第二语言的本体知识和"诊断"教学中学生可能出现的各种"语病"。护士的工作是治疗、康复和预防,那么"小班"教师就是通过言语技能和交际技能的训练过程,进一步"治疗"学生在学习中出现的各种语言本体和言语技能等方面的问题,同时经过反复的训练,"预防"学生今后出现同样的错误。当然,如果没有大小班之分,那么一位教师在第二语言课堂教学中就同时承担"医生"和"护士"的两种教学任务。目前,某些海外教学机构采用同一个班级由本国教师和中国教师配合授课的教学模式,但从实际情况来看,除教学进度互相配合以外,在很大程度上没有实现讲、练配合。造成这个问题的关键是缺乏集体备课制度。

在海外汉语教学机构中任职的中国汉语教师普遍担任口语课或综合课的教学任务,教学对象往往是初级水平的汉语学习者。这就要求教师在初级汉语口语教学方面具有比较丰富的教学经验。目前某些教学机构语言课的课程设置和教师资源配置普遍没有达到优化组合。汉语的口语教学在许多国家都表现得比较薄弱,中国籍的汉语教师使用学生母语授课的现象非常普遍。这样,中国教师的口语优势就没有充分发挥出来。比如,某些生活在日本当地的华人汉语教师由于具有会说日语的便利,在课堂上大量使用日语授课。这在很大程度上影响了汉语口语教学的效果。

当然,某些教学机构没有大小班之分。但只要同一水平的不同班级使用同一教材,那么各班教师就存在教学进度和教学内容的协调问题,自然也就存在教师之间的教学沟通和交流。从教师培训的角度来说,对于教学新手的教学技能、教学协作意识和合作精神的培养是必不可少的。因此,我们主张并提倡教师之间的互相听课和教学观摩。

一、集体备课的内容

为了各班之间的进度配合和相互协调,教师们必须对每篇教学语料,包括课文、生词、语法项目、练习、测试等进行集体讨论,并就其中的问题和教学设计达成一致。对教学语料所做的任何增加、删减和修改也必须协调一致。另外,统一考试的试题也需要在集体备课时决定下来。备课时常常涉及的问题主要有:

1. 句型和语言点的认定

句型认定是指一些固定搭配格式和临时搭配格式的确认。比如:"快……了"、"以……为……"、"对……来说"等,一般认定为固定搭配。"……不错,就是……"、

"先……然后……"等可以认定为临时搭配。比如对"你来念一遍"一句中的"来"，可以认定为表示选择行为主体的"（由）……来……"的搭配格式。备课时，要对这些句型从教学语法的角度加以讨论和集体确认，以便统一教学的语法项目。同时在集体确认句型的过程中，在学生所学词语范围内找出若干支持该句型的例句，为教学提供讲解和练习的语料。虽然教材中列出了一些语言点和语法项目，但是，备课时需要教师的集体确认。这主要是为了加深并统一教师对语言点和语法项目的认识，为课堂讲解和练习提供充分的依据和教学策略，从而加强课堂讲解和练习的准确性、针对性和计划性，避免随意性和差异性。同时，备课时还需要找出那些教材中没有开列而对学生来说是学习难点的语言项目，加以集体讨论。

2. 提问语的设计

就教学语料的课文问题和交际问题提问语进行集体设计和讨论，避免出现牵强费解的提问语，同时预测学生答句中可能出现的各种情况。（参见本书相关章节）

3. 课堂教学策略研讨

备课时，除语料中语音、词汇、语法等语言要素本身的讨论以外，还需要就各语言要素的教学问题，特别是教学策略的问题进行商讨。课堂教学策略研讨包括语法讲解策略、生词处理策略、改错策略、提问策略、课堂管理策略、课文朗读策略、跨文化交际策略等。当然，各种教学技巧的相互交流也是必要的。其中，教材中的各项练习的教学处理也在商讨范围内。比如哪些练习需要课堂操作，怎么操作，哪些练习作为作业处理，课堂测试的方式和测试内容等等。

集体备课时，教师可就各班学生在上课时的具体表现和出现的问题交换意见，并共同商讨教学对策。学生出现的问题常常是教学上的问题的反映。关注学生的问题是提高教学质量的一个重要方面。但我们不能被动地等待学生提出问题，集体备课的一个重要内容就是预测学生的难点和可能提出的问题，事先做好预案，并在课堂教学中提前加以解决。比如，教材的生词表中虽然开列出了本课的生词，但这并不意味着没有列入生词表的词语对学生的理解来说就没有问题。以前学过的词语或语法项目在当前的课文中再现，由于语言环境的改变，就可能出现学生理解上的障碍。比如以前学过的"如果……那么……"与当前所学的"如果……就……"这两种搭配就可能出现问题。小班的课程属于"语言实践训练"，因此，小班教师要尽量避免与大班的语言结构讲解的重复，把教学重点放在言语技能和言语交际技能的训练上。为此，集体备课和语言结构讲解的教学预案中，必须充分预测学生在理解和使用语言材料中可能发生的问题。

4. 课堂教学观摩和讨论

为了更直观地改进课堂教学，集体备课时，教师们可以解析课堂教学录像，分析教学行为策略方面的问题，找出课堂教学的问题所在，集体预防和共勉。严格意义上的听说法要求小班教师在每篇课文授课之前，参加大班教师的语言结构课。这样可以充分了解大班的授课情况和学生的问题所在，以便有的放矢地进行语言技能训练。课堂教学策略研讨和教学观摩对于提高教师的教学技能具有非常直接的作用。必要的话，可请观摩课的授课教师就课堂教学环节、教学步骤、教学策略等问题做详细的解析和示范。（详见第八章）

5. 教师互助

由于教师的知识结构和各自的专业领域不同，在集体备课中难免会出现教学语料中涉及的语音、词汇、语法、文化等知识和语言理论等问题。对此，大家互相虚心请教，取长补短，共同进步。直接法或听说法教学模式中的两类教师各有教学分工。对大班的"高级教练"来说，必须具有丰富的目的语语言知识，通晓学生母语和目的语之间的对比和中介语分析。对小班的"训练教官"来说，由于其主要工作是语言实践训练，对他们的要求是必须掌握标准而流利的目的语发音和说话能力，具有教学法意义上的口语或会话教学训练技能，同时具有教学协作精神。因此，良好的集体备课制度，不但可以加强教师之间的沟通，同时对于发现教学中的各类问题，特别是语言本体问题并展开研究，也十分有益。

海外有众多的华人和留学生，小班"训练教官"的教师资源十分丰富，但能满足"训练教官"教学素质的人才并不多。因此，对这部分教师（TA）的课堂教学技能的培训工作十分重要。一般来说，在一定时期内，可以逐渐形成一支相对稳定的教师队伍。因此，教师培训工作就可以纳入到集体备课中去。特别是对兼职教师来说，除了专门的岗前培训以外，集体备课也是提高兼职教师业务素质和教学技能的不可忽视的培训方式。从这个意义上来说，在集体备课时，课程负责人担负有教师培训的任务。

二、集体备课与教材问题

按如上教学模式，"大班"和"小班"必须使用相同的语言教学材料，同时保持相同的教学进度。因此，在单位教学时间的课时之内，各单篇教学语言材料的字数必须保证可以按计划一次完成。否则，会直接影响大小班之间的进度配合和相互协调。假设每篇课文（教学语料）平均为 200 字，大小班的单位教学时间各为 90 分钟，那么对于大班来说，必须保证在 90 分钟之内完成这 200 字教学语料的语言规则和语义内容的说明和讲解。对于小班来说，必须保证在 90 分钟之内完成这200字教学语料的言语技能练习。因此，教材设计最好能够保证可以同时满足以上大小班教学的需要。现在的问题是，有些教材的课文偏长，一次课堂教学不能全部完成，所以，在集体备课时，要对课文的单篇语料做教学单元划分，以明确每个课时内的教学内容和教学进度。

某些教材编写本身存在一些问题，比如语法项目的认定（不同教材语法项目认定不同）、语法项目的编排顺序（如"更"和"比"的出现先后）、语法项目解说（如补语的超前集中解说）、练习设计的课堂操作（如造句）等，这些教材中所存在的值得研讨的问题需要在集体备课时加以解决。否则，在课堂上，对教材过多的负面评价会影响学生使用该教材的信心。总之，在集体备课时，对教材中有关下一次课要处理的内容，包括生词、课文翻译，语法项目及说明、练习题解答等都要集体讨论一遍。发现问题后，及时处理。

某些教材练习形式较为传统单一，多以语法结构方面的替换练习、翻译练习为主，言语技能练习和交际练习的设计相对不足。这在一定程度上不利于训练课的教学。因此，根据课时适当增加一些课堂练习，也是完全有必要的（这与课文语料的增加和删减不同）。如果有教材练习之外的练习设计的话，集体备课时，可与大家共同分享，并使之完善。对此，课程负责人可以针对教材中的练习设计和练习的课堂操作提出适当的建议和方案。

我们认为理想的听说教材在词汇方面应该具有相对封闭的词汇训练范围和无限开放的词语交际组合。在语法方面应该具有明确的句型示例和科学的句型分布。在练习方面应该具有体现语料理解、语法结构认知、技能训练、交际能力培养等丰富多样的练习方式。在词汇方面最大限度地实现词语的重复和循环利用。另外，还要有若干套科学的测试样本。这可以在一定程度上减轻教师集体备课的负担。

第四节　海外汉语听说课教材编写和教学对策

在汉语国际推广的新形式下，汉语作为第二语言教学已经从过去的在良好的语言环境中以教授来华留学生为主的对外汉语教学，发展为在海外缺乏汉语环境下的"本土化"汉语教学。因此，以往立足于中国国内的汉语教材和课堂教学模式，在很大程度上不能适应快速发展的形势需要。这对于教师的课堂教学技能也提出了更高的要求，教师培训工作也随之在一定程度上发生了变化。

海外汉语教学由于缺乏汉语环境，课时有限，学习者听说汉语的机会和学习汉语的主动性都受到制约。面对这样的现实,我们必须在有限的课堂教学时间内,最大限度地利用语言材料,提高单位时间内的教学效率,使学习者在有限的时间和有限的词汇范围内,充分实现“想说就说”所带来的交际成就感和满足感,增强学习者的学习兴趣和学习动力。为此,除了针对海外汉语教学的实际,提高教师的听说课课堂教学技能的培训工作以外,教材编写也应该适应这种缺乏汉语环境下的“本土化”汉语教学的需要,把教材编写与教材使用密切结合起来。而教材使用的问题自然就离不开教师采用什么样的教学行为来处理教学语料的问题。从教师的角度来说,一本教材的优劣更多地体现在是否方便课堂教学的使用和操作。因此,教材编写就不仅仅是针对学习者的语言材料的编写,编写者在充分考虑教材的系统性、科学性、趣味性、交际性等因素的同时,还必须要考虑教材使用的另一个主体——教师。由于教师的教学素质、专业领域、教学思想、教学技能不同,使用相同教材的教学效果肯定会存在一定的差异。说得严重一点,一个语法专家未必就是一个教学专家,一个优秀的语文课教师也未必就是一个优秀的对外汉语教学的教师。其中,课堂教学技能与使用教材、处理教学语料的能力是决定教师课堂教学效果的关键。因此,如果教材编写忽视教师这个关键因素的话,也会对教学效果带来很大影响。

如果说提高教师的课堂教学技能是一项系统工程的话,那么,除了加强教师培训工作以外,另一个办法就是编写便于教师课堂操作的教材。也就是说,在教材编写工作中,要充分考虑到教师在使用教材时的各种问题,尝试通过教材来规范教师的教学行为,提高教师的课堂教学技能,同时减少教师在使用教材时的备课负担和教学工作量。这样,就可以把教材编写、备课(语料静态处理)、教材使用(语料动态处理)、教师教学技能、教师培训等问题作为一个相互关联的系统加以统一规划和配合。因此,基于这样的教学理念,针对海外汉语教学的实际情况,我们提出以下汉语听说课教材编写的原则和教学对策。

一、词汇的封闭性与有限生词限制下言语交际的开放性相结合

无论初级汉语教学,还是中高级汉语教学,由于缺乏语言环境,语法和词汇很难在现实生活中得到补充和再现,所以,课堂教学中新出现的任何一个计划外生词,对学习者来说,都是课堂教学中的交际障碍。以全书16篇课文中每篇课文总字数200字左右,每课生词平均25个左右计算,教材总生词数为400个。那么,教材中的所有练习就必须限定在这400个词语范围之内。这就是所谓的教材词汇的封闭性。

在词汇封闭性限制下,我们还要保证最大限度地实现练习的丰富性和交际

的实用性，这就需要在有限的词汇范围内，对语言材料和练习进行言语交际的开放性处理。也就是通过对课文生词和语法项目的重新编排和再利用，设计出与课文内容不同的交际性练习和语言材料。对于教材编写来说，这是一项十分艰巨的工作。这样做的重要意义在于保证了语法项目和词语在有限的词语范围内实现最大限度的重复，使学习者对语言材料的记忆和各项言语技能，特别是交际能力在短时间内迅速提高。

生词量和课文长短应该与课时安排相适应。目前国内出版的汉语教材普遍存在课文长，生词数量多的问题。在课时有限的情况下，这无疑增加了教学和学习的难度。我们认为丰富学生的汉语词汇量当然重要，但如果没有充分的听说言语技能方面的训练和内化过程，学习者很难建立对生词的言语技能的记忆。因此，如果我们承认教师有责任帮助学生记忆生词的话，那么就必须在有限的课时内严格限制新出生词，以保证对课文生词进行充分的言语技能训练。从这个意义上说，我们不主张教材中为了编写练习的方便而出现“补充生词”和“补充阅读材料”的做法。

我们以《想说就说·初级汉语》(*Let's Speak*)前四课练习(包括单元练习)“读短文，判断对错”中的“短文”为例。前四课出现的生词如下：

第一课：

夏子、日本、人、不、中国、今天、她、去、机场、回、的、汉语、很、好、司机、你好、你、哪儿、首都、哪国、我、留学生、真、谢谢、明天

第二课：

小丽、行李、多、和、都、大学、学生、高兴、这、书包、对不起、请、坐、对、哪个、真的、也

第三课：

第一次、在、没有、有、朋友、一个、月、号、一起、学校、叫、什么、名字、夏天、孩子、大、小、美丽、认识、国庆、几、开学、行

第四课：

来、办、入学、手续、教务科、在、层、大厅、先、填、表、然后、交费、这儿、就是、那儿、张、看、知道、问、一下儿、说、做

在不出现新生词的前提下，根据以上生词编写的各课练习中的短文如下：

第一课：

我是日本人，我不是留学生。明天我回日本。今天我不去机场，明天去机场。我的汉语不好。

第二课：

我是日本留学生。我的汉语不好。今天回日本，我很高兴。去机场的人很多，我的行李也很多。

第三课：

日中大学是一个美丽的大学。这个大学有很多中国留学生。我在学校认识一个中国朋友，他的名字叫国庆。5月8号我和他一起去中国。这是我第一次去中国。

第四课：

今天我去教务科，办回中国的手续。办手续的人不在。我问教务科的人，办手续的人明天来不来，教务科的人说，他也不知道。

单元练习：

我在大厅办手续。一个日本人问我："请问，我去日本，在这儿办手续吗？我的汉语不好，不知道问谁。"我说："对，就在这儿。我也去日本。你第一次来中国吧？"他说："是的。我在中国没有朋友，今天认识你，我很高兴。"

二、重复性教学理念——词语的循环利用

重复是"学而时习之"思想在第二语言教学教材编写中的具体体现。通过各种不同方式的重复，在有限的词语范围内设计出无限的交际表达形式，充分体现出词语在不同语境中的不同用法，实现对所学词语的循环利用，以使语言知识和言语技能得到全面内化。重复的方式多种多样。除了集中再现重复（复习）以外，在教材设计和课堂教学中的间隔重复再现是最主要的重复方式。所谓间隔重复再现就是在新语料的恰当语境中，把以前学过的相关词语或语法项目通过与当前语料的巧妙结合再现出来。这种再现主要是在练习中通过新旧语料的各种不同编排方式来实现。比如提问语设计、听句子选择正确答案、听句子选择恰当的答句、短文阅读等等。

以往对词语的重复再现大多体现在课文中，把前面课文中出现过的某些词语在后面的课文中再现出来，有些再现甚至仅仅停留在话题的再现上。这种再现方式所能再现的生词非常有限。我们主张对前面学过的词语要进行全面的再现，包括每一个学过的词语。当然，不同词语的再现频率不同，但只要我们具有再现意识，那么一旦遇到合适的语境，就可以随时把学过的词语与当前语料结合起来，进行间隔重复再现。这要求教师必须随时记住以前学过的每一个词语和语法项目。对教师来说，这是一项教学的基本功，也是备课的一项重要内容。

因此，我们主张在教材编写中，不光在课文中再现学过的词语，而且更为重要的是在练习中把以前学过的词语最大限度地与当前语料相结合，实现间隔重复再现的最大化。这样一来，就给教材编写提出了更高的要求。也就是说，教材编写者在保证不出现新生词的前提下，在有限的词语范围内，要设计出丰富的各种不同类型的练习来。这样做，虽然加大了教材编写难度，但对于海外的汉语学习者及广大教师来说，无疑是降低了学习和教学的难度。

三、丰富的听说技能和交际能力的综合训练

口语教学应该是听说技能和交际能力的一种综合训练。通过大量的练习，包括课后练习、单元练习和总复习题，对听说技能和交际能力进行充分地训练，以体现语言是一套经过反复训练而养成的习惯的教学理念。每一个练习项目都应有与之相对应的言语技能训练目标。

我们认为最有效的听说练习方式是提问的问答练习。在提问的各种训练功能中，交际功能是最重要的功能。在课堂上对语言材料进行充分的交际性利用，这是海外缺乏汉语环境下的最有效的课堂教学对策。

在教材课后练习中需要设计课文问题和交际问题两种提问语。依据"教学内容为言语技能训练服务"的原则，一方面要尽最大可能根据课文内容对课文中的每一个词语和语法项目都设计出自然有效的提问语，另一方面，要根据课文问题，最大限度地设计出自然的具有现场感的交际问题。要求学生在无文字凭借状态下，用整句回答提问。根据教学时间，同一提问问题可进行教师和学生之间、学生和学生之间的重复问答练习。比如：

A：你的生日是什么时候？
B：我的生日是1990年4月11号。
课文问题：他的生日是什么时候？
他的生日是1990年4月17号吗？
他的生日是不是1990年4月11号？
交际问题：你的生日是什么时候？
今天是你的生日吗？
明天是你的生日吗？
今天是 * * 的生日吗？
……

许多教材中都有诸如"根据课文内容，回答下列问题"的练习方式，但存在的

问题是：

1. 数量少。

2. 偏重于课文内容的理解，忽视词语的言语技能训练。

3. 缺乏交际性问题设计。

四、为教师提供便于课堂操作的教学资源

教材是最直接的教学资源。如何编写适应海外非汉语环境下的汉语教材，是当前汉语国际推广新形势下所面临的重要课题。其中一个重要问题是初级汉语教材的“本土化”。这里所说的“本土化”指的是话题设计、表达功能、教学内容的“本土化”，从课文场景、出场人物、生活环境等方面加强教材的实用性和交际性，尽量使学生能在当地的社会环境中用汉语进行交流，并为将来的中国之行打下基础。为了便于学生对课文内容的理解，课文之间可以采用戏剧方式，话题具有情节连贯性。

从师资的角度来说，海外的汉语教师大部分是非汉语专业出身，其中大多也不具有教育学背景，具备第二语言教学专业技能，特别是对外汉语教学专业技能的教师就更少。因此，从教学法的角度来考虑，如何设计便于教学新手使用的汉语教材也是一个不容忽视的问题。针对这些问题，我们提出以下教材编写对策：

1. 为新教师准备便于课堂操作的教学模式或教学步骤参考示例。

2. 丰富的练习资源，标准化的练习方式和考试试题，减少教师的工作量。

3. 本土化的话题情景设计，便于展开交际性练习。

4. 在教师用书中配备课文和生词翻译，便于那些掌握学生母语不太好的教师利用。

我们提出的提高学生汉语口语会话能力的课堂教学原则是：“科学朗读输入、严格改正错误、快乐交际互动、词语不断重复。”我们相信一本好的汉语教材加上一个好的汉语老师可以使学生享受到用汉语“想说就说”的交际成就感和满足感。这也是建立和保持学习者汉语学习兴趣的最内在的驱动力。

第五节 对海外汉语教学新手的几点教学建议

如果不考虑文化教学，仅就听说课言语技能训练的课堂教学来说，对于那些没有机会参加教学技能培训的教师，特别是一些海外汉语教学新手来说，在陌生的教学环境中如何尽快进入角色，开展汉语教学，这是包括大批海外汉语教学志愿者在内的教学新手所面临的迫切而现实的问题。为此，针对汉语听力和口语

课堂教学，并结合本人多年在海外不同教学机构进行汉语教学的经验，提出几点教学建议，以供教学新人参考，并就教于学界大方。

1. 关于教材

教材是教学之本。在课堂教学之前，首先需要决定的就是选定教材。如果教学机构指定教材的话，就必须根据该教材制订教学计划。如果教材自选的话，就需要先了解该教学机构的教学目标和课程计划，然后根据该教学机构的课程安排，找到若干相应的教材。寻找教材的途径有：教师本人自备的若干教材，同行保存的教材，图书馆里的教材。教材选定以后，可以通过教学机构的有关部门订购，也可以复印给学生。教学计划是根据教材和课程安排来制订的。制订教学计划时，教师需要考虑的问题是：

(1) 教材：适合学生的水平，并符合教学目标，保证学期内可以基本完成。

(2) 一个班的学生人数：订购或者复印多少教材。

(3) 教学目标：通过一个学期的教学，使学生达到什么样的汉语水平。

(4) 教学时间：一周多少课时。

(5) 教学进度：每次课完成多少教学内容。

(6) 教学内容：语料的静态处理。

(7) 练习设计：教学活动方式和教材课后练习的处理。

(8) 测验和考试：测验和考试的方式。

(9) 撰写教案。

2. 关于学生

从教学法角度来说，首先需要区分儿童汉语教学和成人汉语教学的差异。儿童与成人最大的不同是关于世界的知识（百科知识）的不同。这既涉及到教学语料的内容选择，同时课堂语言训练活动的方式也有很大不同。儿童汉语课堂教学更强调语言活动的游戏性和参与性，教学策略与成人教学有所不同。但言语技能训练的教学行为原则与成人汉语教学是一致的。

教学对象本身不存在多少差异。在教师眼里，学生都是听不懂、说不出汉语的“病人”。在学生汉语学习的“成长”过程中，教师的工作就是最大限度地及时听懂学生的中介语并准确改错。其间，教师需要不断地“预防”、“治疗”、“纠正”学生的偏误，其中最重要的是“预防”。各国学习汉语的学生在无文字凭借状态下提高汉语听说技能这一点上是完全一样的，只是所表现出的汉语偏误有所不同而已。教师备课时的所谓“备学生”，主要体现在对学生偏误的分析和预防。有人说：“不论是国内有着丰富教学经验的老教师，还是教师行业的新人，他们在国外课堂上开始教授汉语时所面临的困难和问题是一样的。因为授课对象发生了变化。"(张桂元,2008)如果片面夸大学生的差异和授课对象的变化,教学法和教学规律的研究也就不存在什么价值了。国外课堂上开始教授汉语时所面临的困难和问题并不表现在授课对象的变化,而仅仅是教学环境的改变而已。关于教学对象,教师需要考虑的问题是:

(1) 该国家学生汉语偏误的表现。

(2) 学生汉语语言环境及背景(家族中有无会说汉语的成员,有无去中国的经历等)。

(3) 学生学习汉语的动机。

(4) 学生人数与训练机会的控制。

3. 关于同行

国外课堂上开始教授汉语时所面临的困难和问题是教学环境的陌生和改变。因此,在新的教学环境中,与教学同行首先就工作进行及时沟通和交流十分重要。关于教材、课程安排、教学计划、教学进度、教学设备、考试方式、学生情况等等,都需要请教本校教师或课程负责人。有条件的话可以去听本校教师的课,了解学生的情况。但问题是有些本校教师大多使用学生的母语授课,解决学生关于汉语语言知识的问题。而中国教师的教学任务常常是口语技能的训练,按照我们前文所述,这属于两种不同的教学方法和教学技能。

前文我们讨论了集体备课制度,但很多教学机构没有这样的制度,这就需要新教师主动就教材、教学计划等问题向教学同行请教。特别是有平行班或大小班之分的课堂教学,在教学进度和时间安排方面必须要与其他同行相互配合,协调一致。

考试方式是新教师必须在上课前明确的问题。如果有其他的平行班教师使用相同教材授课的话,就必须考虑期末考试方式的协调。如果规定为各班统一考试的话,教师要就考试方式和考试内容达成一致。在考试方式和其他教学要求决定以后,需要在第一次上课时向学生加以说明。如果教师的外语水平有限的话,可请人翻译或展示考试示例。有些教学机构把是否事先向学生明确考试方式作为教师评估的一项评估问题。

另外,教室、复印室、多媒体设备等教学设施和设备的情况也必须向同行或课程负责人请教。比如课前到哪里取录音机,复印室在哪里等。课前要先找到每一个教室的所在位置,并对课表进行确认。需要向同行和课程负责人请教的问题如下:

(1) 教学计划,包括教材、课程安排(课表)、教学进度等。

(2) 学生的大体情况。

(3) 教室、教学设备等,需要实地考察。

(4) 考试方式。

(5) 各位同行的专业领域,便于今后请教。

4. 关于第一次课

第一次课与今后的每一堂课都是一样的重要。从教师的课堂教学行为角度来说,每一堂课的教学行为不可能有很大的不同。我们不必过分关注于第一次课如何如何,也不必"全方位、多层次、多角度地展示自己的长处,千方百计给学生一个良好的印象,让学生认为你是一个很好的老师"(杨惠元,2007)。正如前文所说,学生对教师的评价和对教师的课的评价是两个不同层次的问题。教师关注的应该是课,而不是教师自身。再精彩的开场白,也不如立竿见影地在第一次课就让学生体验到听懂和说出一些简单的汉语,给他们所带来的成就感和满足感。

教师的机智、幽默或机敏等个人品质不仅仅体现在能够随口叫出学生的名字,更重要的是体现在课堂教学语言活动的设计当中,体现在师生言语技能训练的互动当中,体现在交际提问的巧妙设计和问答当中,体现在教师对每一个学生训练机会的控制和把握当中。这些问题在本书中已经做了详细的阐述,请参考相关章节。

如果说第一次课与今后的课有什么不同的话,那就是了解学生的名字、教师的简单自我介绍、介绍教材和对考试方式、考试时间、考试范围、成绩的评价方式、作业和课堂教学要求的说明。特别是对今后需要学生配合的一些课堂教学活动的要求,比如,在第一次课上就需要明确告诉学生,在回答教师提问的时候,一定要使用完全句来回答。再比如关于课下预习和复习的要求等也需要教师详细说明。总之,如果是一个教学新班的话,教师在第一次课时需要做的事情如下:

(1) 教师简单自我介绍。

(2) 对照学生名单,逐个了解学生的名字,并对该学生说"你好"。

(3) 组织学生互相了解彼此中文名字的叫法,以便开展今后的课堂交际练习。

(4) 介绍教材,并说明教学进度和学习方法。

(5) 介绍并说明课堂教学活动的要求。

(6) 说明作业和课堂测验的要求。

(7) 说明考试方式、考试时间、成绩评价方式等有关考试事项。

(8) 介绍教学同行的教学合作和教学分工。

(9) 开始学习第一课。

附录:《想说就说·初级汉语》"教师用书"中的"教学步骤"参考示例和课堂教学建议。仅供参考。

本教材学期为一学年。适用于一周一次的听说综合训练课(如果一周两次课,可使用半学年)。根据200字左右叙述体和对话体课文字数,按照每周180(90×2)分钟或90分钟课堂教学时间和30人的教学班计算,使用本教材每篇课文的教学步骤和时间分布大体如下:(仅供参考)

读(D)、听(T)、讲(J)、问(W)、练(L)、复习(F)

模式A:一周两课时(90×2分钟)

A1

D 1. 领读生词,点读、改错。(14')

T 2. 学生不看课文,听课文录音;教师朗读。(2')

J 3. 学生看课文,教师领读课文,并说明语法和课文意思。(18')

T 4. 听课文录音;教师朗读。(学生看书和不看书的反复听辨)(2')

D 5. 学生不看课文,教师领读、点读、改错。(25')

T 6. 听课文录音;教师朗读。(学生看书和不看书的反复听辨)(2')

W 7. 课堂提问练习。(课文问题和交际问题的提问)(25')

T 8. 听课文录音;教师朗读。(学生看书和不看书的反复听辨)(2')

A2

D 1. 复习生词,点读、改错。(15')

T 2. 听课文录音;教师朗读。(学生看书和不看书的反复听辨)(2')

D 3. 学生不看课文,教师领读、点读、改错。(20')

T 4. 听课文录音;教师朗读。(学生看书和不看书的反复听辨)(2')

W 5. 课堂提问练习。(课文问题和交际问题的提问)(24')

T 6. 听课文录音;教师朗读。(学生看书和不看书的反复听辨)(2')

L 7. 教材中的其他练习。(25')

模式 B：一周一课时(90 分钟)

F　0. 复习。(学生看书和不看书的反复听辨；提问)(15’)
D　1. 领读生词，点读、改错。(9’)
T　2. 学生不看课文，听课文录音，或教师朗读。(2’)
J　3. 学生看课文，教师领读课文，并说明语法和课文意思。(15’)
T　4. 听课文录音；教师朗读。(学生看书和不看书的反复听辨)(2’)
D　5. 学生不看课文，教师领读、点读、改错。(15’)
T　6. 听课文录音；教师朗读。(学生看书和不看书的反复听辨)(2’)
W　7. 课堂提问练习。(课文问题和交际问题的提问)(15’)
L　8. 教材中的其他练习。(15’)

根据实际情况，以上教学步骤的顺序和时间分布可以适当调整。

课堂教学建议：

1. 尽量减少使用学生母语，尽量减少语法知识讲授时间，做到“精讲多练”。
2. 除课堂教学指示语以外，不出现学生没学过的生词。尽量在新课文中再现以前学过的词语和句式。根据课文内容，在不出现新生词的前提下，教师可按照重复原则，自行设计课文问题和交际问题及与之相关的课堂教学活动。
3. “课堂提问练习(W)”必须以“听(T)”、“讲(J)”、“读(D)”为前提。否则，提问时会遇到学生在理解或言语技能上的障碍。
4. 先说提问语，然后不按顺序点名提问。
5. 尽量公平地给每个学生练习的机会。
6. 加强教师的领读意识和改错意识。课堂教学的改错原则是：发现错误、改正错误、说明错误、全班一起朗读。
7. 可以通过控制点读和提问的人数来控制教学进度。
8. 可以用听录音和全班领读的方式进行教学环节的转换。

第八章

课堂教学行为评估分析

课堂教学行为评估是针对教师在课堂教学中实施教学行为和教学策略的各种表现的评价。评估的客体是教师，评估的主体是专家、同行、学生，评估的手段和方式是调查表或评估报告，评估的内容包括评估项目、评估问题、评估标准、评价指标等。盛炎先生在《语言教学原理》(1996)中说："第二语言教学评估是决定整个第二语言教学设计方案的价值。评估不是测试的同义词，它是一个系统而复杂的过程。评估内容包括教学过程中的所有因素，如教学目标和目的、教学内容、教学环境、教学设施、教学方法、教材、教师、学生、教学效果等。"因此，教学评估实际上就是对整个教学过程，包括总体设计、教材、课堂教学等方方面面问题的考查和评价。从这个意义上来讲，教学评估一直被认为是教学机构检查教学效果的重要的教学管理方式。我们认为在教材被指定以后，教材、教学目标和目的、教学设施、教学环境、教学内容等就处于一种稳定状态，也就是说，它们作为静态的非变量贯穿于日常教学中。而课堂教学始终处于动态过程中，教师、学生、教学方法等因素就在动态的课堂教学中表现出各自的特点和风格。因此，教学评估在很大程度上应该是对教师的语料处理课堂教学行为和课堂教学组织管理行为的评价。

陈光磊先生认为"对外汉语教学评估是一项系统工程。建设这一系统工程，我们认为可以把课堂教学的评估作为重点和中心。这是因为课堂教学在对外汉语教学的全部活动中是最富有实践性和效应性的一个环节"。(陈光磊，2004)语料处理课堂教学行为和课堂教学组织管理行为的研究围绕课堂教学的方方面面观察教师的课堂教学行为，并从行为、策略、操作单元等层面对教学行为进行动作分解。这就为评估的量化和评价指标的制订提供了依据和参考。比如朗读示范、领读、点读的次数统计，有文字凭借和无文字凭借的频度调查，提问语的数量和提问人次，课文问题和交际问题所占比例，各教学行为的时间分布等等。"如果说全程性课堂教学评估是一种宏观的、总体的教学评估，那么单堂课教学评估就是微观的、具体的教学评估。"(陈光磊，2004)因此，我们认为对语料处理课堂教学行为和课堂教学组织管理行为的观察和研究是建立教学评估体系的基础。

一般来说，教学评估方式主要有专家评估、同行评估和学生评估三种方式。

专家评估侧重于教学效果的检查和教学设计方案价值的判断。同行评估侧重于教学经验的交流和教学法的探讨。学生评估主要是使用教学评估表格，通过问题设计，反映学生对教师教学的认可与否。学生评估被国内外教学机构广泛采用，并成为评价教师课堂教学效果的重要参考依据。“在一定程度上，教学对象即学生所作的评估是对课堂教学的水平、质量和效果最实在甚至是具有决定意义的鉴定。”(陈光磊，2004)这种评估方式的关键是调查问题的设计。如何通过对调查问题的设计，尽量避免由于某些学生的主观性评价所造成的不公平，这是有关教学评估表的问题设计的一个值得深入研究的问题。我们认为在现有的学生评估方式的基础之上，有必要导入针对教师课堂教学行为的专家评定、同行评定、教师自我表现评定的综合评价方式。其中，教师自我表现评定使用教学机构统一规定的经过全体教师集体讨论的评价项目和评价问题。专家评定和同行评定都必须建立在对教师的课堂教学进行观摩的基础之上。当然，这并不意味着把教学观摩仅仅看成是一种教学检查和考核。在日常教学中，课堂教学观摩活动也应是教师之间交流工作经验，互相取长补短的一种常规活动。从教师培训的角度来说，课堂教学观摩更是教学法课程中的重要一环。当然，根据课型不同，年级不同，教学方法不同，评估项目和评估问题也会不同。

周军在《教学策略》(2003)一书中指出“目前课堂教学评价存在的主要问题”是“没有统一的各类评价指标和操作规定”、“定性定量相结合的原则不能广泛实施”、“忽视对课堂的教学过程和教学效率的评价”。由于对评价指标、定量分析、课堂教学行为等因素的研究不够充分，传统的教学评估方法更多的是一些“内容正确，说解简明，指点精要，方式恰当，数量足够，切实有效，交际实用，层次分明，节奏紧凑，全面落实，认真执行”等笼统概括性的评价标准。这样一来，评价者的主观性判断就会在很大程度上影响评价的信度。

陈光磊先生在谈到“建立一套完整的评估体系”时说：“目前，我们的教学评估还仅限于向学生发放问卷，由学生对课堂教学和任课教师进行评定。其实，这只是教学评估的一种形式。仅以这一种形式对教师的教学活动进行评估，得到的结果有时并不一定可靠。……我们认为，应当建立一套完整的评估体系，将领导评估、同行评估、自我评估与学生评估有机地结合起来。”(陈光磊，2004)我们完全同意陈先生的看法。但不管哪一种评估方式，都离不开评估者对教师教学行为的观察和评定。因此，对教师课堂教学行为的研究是教学评估的基础。从这个意义上来说，我们提出的课堂教学行为评估的问题既是从教学评估的角度对课堂教学行为的观察，同时也是从课堂教学行为的角度对教学评估问题的思考。对教学行为本身的分析是各种评估方式都无法回避的问题。下面从三个方面分析课堂教学行为评估的有关问题:课堂教学观摩、课堂教学行为评估项目和评价标准、课堂教学行为评估问题设计。

第一节 课堂教学观摩

无论是教师培训课程中的课堂教学观摩,还是同行交流经验的课堂教学观摩,还是检查教学效果的领导课堂教学观摩,课堂教学观摩的关键都是"观摩什么"。一般来说,课堂教学观摩应该集中在教学方法的观摩上。但在课堂教学观摩的教学实践中,我们发现一些教师不知道观摩什么。特别是某些实习教师,把注意力放在所观摩的课堂教学的内容方面,甚至作为学习者参与到授课教师的教学中去。比如授课教师带领学生读课文时,一些观摩教学的教师也跟着一起读,忽视对授课教师的教学环节、教学步骤、教学行为、教学策略等有关语言形式训练教学方法方面的观察。课堂教学观摩的过程实际上就是复制任课教师教案并观察学生表现的过程。如果把注意力只放在教学语料的内容方面,就会忽略任课教师的各项教学行为和教学策略,自然也就无法复制该任课教师的教案。

赵金铭先生说:"教案是教师以某种教学理论为指导,根据自己的理解,将教材中有关材料重新编排、处理和加工,使之更利于学生理解、吸收和掌握。所以,教案是教师在授课前以课时或以单元为单位编制的教学具体方案。……是一种训练型的课程操作程序。"(教育部对外汉语教师资格审查委员会办公室,2003)由此可见,从教案到课堂教学,都是教师对教学语料的再创造,是教师处理教学语料的一整套"课程操作程序"。因此课堂教学观摩就是要透过语料本身,来观察教师对教学语料的"处理和加工"和"课程操作程序"。

不同的教师在处理相同的教学语料时,必定有各自的教学设计和不同的教学策略。作为观摩者,不仅要观察其课堂教学的总体设计,还要观察其处理教学语料和组织课堂教学的各种教学行为和策略。也就是说,观察教师如何把静态的教学语料设计成课堂的动态教学语料,语料的处理方式和操作策略,语料认知处理的准确性和简捷性,技能训练的手段和效果,教学环节的设计和时间分布,学生的参与程度和课堂教学组织管理策略等。从语料的静态处理和动态处理教学行为到课堂教学的组织管理教学行为都是课堂教学观摩的内容。

教师的授课往往自成体系,对一堂课的观摩难免造成盲人摸象。因此,我们认为教学观摩最好是对一个教学单元的完整观摩。仅就一堂课的教学观摩来说,主要集中在语料处理的教学行为和课堂教学组织管理教学策略方面。

听说课的课堂教学通常是由一系列的教学活动组成。教学活动必须是学习者参与其中的活动，比如朗读、提问、游戏、小组讨论等。任何形式的教学活动都是组织学生对教学语料进行练习的方式。因此，教学活动本身的形式设计必须能够适应语言训练的要求，而不是单纯追求教学活动本身的趣味性和娱乐性。对教学活动的观察，应看该教学活动在多大程度上训练学生对教学语料的运用，教师如何操控该教学活动公平高效地组织学生完成对教学语料的训练。因此，对教学活动要从教学活动本身的设计、教师对活动的组织管理、教学语料的运用和学生的参与四个方面来进行观察和评估。

按照教学环节和教学步骤，授课教师的各种教学行为和教学活动都可以围绕教学语料分解为几大部分。比如处理生词、讲解语法、朗读课文、提问练习等等。课堂观摩不仅要找出这些教学环节，而且更重要的是各教学环节中所包含的教学行为。也就是说教师是通过什么样的教学行为，对教学语料展开操作程序。在这个过程中，教师又是如何通过课堂组织管理行为和策略，组织全班学生进行言语技能的练习。有时，在课堂教学观摩之前，授课教师会提前给观摩者提供一份简要的记载教学环节和语言训练项目的教案。这为我们大致了解该授课教师的课堂教学面貌提供了参考。接下来，在观摩中，我们就可以依据这份教案，来深入观察授课教师处理语言材料、操控课堂和学生的各种动态的教学行为和教学策略。

教学观摩不仅要观摩教师，而且要观察学生的各种课堂表现和反应。特别是在教学互动和教学活动过程中，学生对教师的某种教学行为的反应。通过学生的反应，可以了解授课教师的某种教学行为的效果和反馈，观察出教师的教学行为是否恰当。比如，教师的某个提问，大多数学生都不能回答，则说明该提问语的语言形式训练还不够，或者是提问语的设计有问题。再比如某位新教师处理生词时，每解释完一个生词的词义，就会用该生词提问：

拉肚子——你们常常拉肚子吗？
吃亏——在中国你吃过亏吗？
挨揍——在中国你挨过揍吗？

首先，提问语本身不太恰当，明显缺乏课前的设计。其次，在处理生词阶段进行提问练习，教学目标不太明确。通过观察发现某个被提问的学生，正在忙于查辞典，还没有查到要查的生词，这时面对教师的提问，他不得不开口回答“在中国我挨过揍”。显然，这个学生没有搞懂“挨揍”的意义。如果授课教师善于观察的话，就应该注意到这个学生正在查辞典这个细节，而去问其他学生。因此，通过教学观摩，我们发现，从提问语设计到提问的动态处理都说明该教师的课堂教学设计和准备不足，教学技能有待进一步提高。

教学技能的交流必须通过演示和示范才能直观地表现出来。教学演示分教案演示和课堂教学演示两种方式。前者表现为文字或多媒体形式的教学实录，后者的表现形式为实际的课堂教学演示和示范。前者是静态的，后者是动态的。通过教案演示，我们可以比较系统地了解教师的整体授课情况，并能清楚地看出教师对教学语料的静态处理。但课堂教学组织管理行为是无法通过教案演示来观察的。而通过对课堂教学演示的观摩，我们能细致观察教师对教学语料的课堂动态处理及课堂教学的组织管理行为。因此，课堂教学演示能更直观地反映教学效果。如果说集体备课是针对教学语料的静态处理行为的话，课堂教学演示则是对教学语料动态处理教学行为的直观表现。因此，有关教学法的研讨，不能仅仅停留在教学理论的讨论上，更应该在教学技能的层面开展广泛的课堂教学演示和课堂教学观摩的交流活动。根据我们对听说课课堂教学的理解和本书中有关教学行为的观点，听说课课堂教学观摩要点如下：

1. 课型特点的体现方式
2. 教学步骤和教学环节及其转换方式
3. 教学难点和语言点的认定及讲解说明
4. 教材练习语料的教学处理
5. 问答互动等教学活动的练习策略
6. 朗读策略
7. 改错策略
8. 重复策略
9. 课堂教学的组织管理策略
10. 课堂教学语言

以上几个方面可以概括为这样几个教学意识：课型意识、语法意识、交际意识、改错意识、管理意识（公平意识）、朗读意识、重复意识。我们可以从这十个方面对课堂教学进行教学评估。在此基础上，可进一步从各项所占时间比例、次数、人数等方面制订评估的量化细则和标准。这方面的研究还有待深入，相关的调查和统计也需要数据和理论支持。对于没有教学经验的对外汉语教学专业的研究生来说，必须通过课堂教学观摩来向有经验的教师学习，同时增加对课堂教学的感性认识。另一方面，也可以通过对比同课型的老教师的课堂教学，在教学新手的课堂教学观摩中，发现课堂教学当中的问题。通过这样的对比，才可以提高对第二语言课堂教学的认识。

第二节 课堂教学行为评估项目和评价标准

评估项目是观察课堂教学时，对教师教学行为的分类，也就是评估者对教学行为的观察角度。由于评估者对教学行为的认识不同，观察角度和对教学行为的分类不同，评估项目也就不同。对比不同教学机构的教学评估调查表，我们就不难发现这一点。陈光磊先生把评估项目分为8个大项目和34个子项目（见表5）(2004)。弗兰德斯的FIAS系统把教室师生交互行为分为十大类（见表4）。评价标准是对每一个评估项目的评价要求和分级，也就是评价指标。评价标准需要做量化的统计和分析。在学生评定教学评估调查表中，有评价指标的分级，比如“很好、好、较好、中等、较差、差、很差”等。在同行或专家课堂教学评估的评估项目表中，许多评价标准还只是一些原则性的描述（见表5)。周军认为：“没有统一的各类评价指标，也不可能有统一的评价操作规定。目前，没有评价制度和不按操作规定评价的现象普遍存在。有些评价者并不按指标项目的权重量分，只打总分；有的以目为纲，主观臆断；有的掺杂个人的感情色彩。产生如此种种情况的重要原因之一，就是没有统一的评价制度和操作规定，缺乏必要的制约机制所致。”（周军，2003)

对教师课堂教学行为的评估主要是定性和定量两个层面上的问题。长期以来许多教学机构沿用的课堂教学的评价方法是听课后评课者各自谈印象，最后由主持人或权威人士综合，做出结论性评语。这种评价方法属于定性评价，目前仍有许多学校采用。这样的传统评价方式，如果评价因素和评价标准明确、评得认真，也能收到较好的效果，但由于评价者的素质、感情和观察方法等因素的不同，往往是仁者见仁，智者见智，各种意见难以综合，即使有主持人或权威人士一锤定音，也难免带来很大的随意性。定量方法引入课堂教学评价的研究和实践之后，定性定量相结合已成为评价原则。（周军，2003)

在对教师课堂教学行为进行定量的统计分析方面，弗兰德斯在1970年出版的《分析教学行为》一书中提出的弗兰德斯教室观察系统（FIAS）也许可以为我们提供借鉴和参考。弗兰德斯的FIAS教室观察系统在众多过程——结果研究的系统中，是最知名也是使用最广泛的系统。这个系统重视师生口语的交互作用和师生口语行为的客观量化记录。因此，利用FIAS从事教学研究所得最有名的结果是所谓三分之二规则，也就是说教学过程中，有三分之二是教师和学生在讲话，而所讲的话中，有三分之二是教师讲的。（周军，2003)弗兰德斯教室观察系统（FIAS）是基于对第一语言课堂教学行为的分析所得出的结论。因此，所谓“三分之二规则”也是第一语言课堂教学的情形。第二语言课堂教学是否也是“三分之二规则”，还有待进一步的课堂调查分析。

据周军先生介绍，FIAS系统把教室师生交互行为分为十大类，对每一种行为，观察者根据发生次数每三秒画记一次，然后将画记的数字进行配对统计，制成表格，进而分析教室师生口语行为的数量，比较各种行为的比例。我们可以尝试把弗兰德斯的FIAS教室观察系统引入对外汉语课堂教学师生口语行为的研究，但由于FIAS系统更多的是基于第一语言教学的实践，因此，使用FIAS系统时，就会遇到那十大类教室师生交互行为的设计标准和行为分类的问题。所以有必要在课堂教学评估问题设计方面，根据汉语教学的特点，对FIAS系统加以改进。不管怎么说，FIAS系统在一定程度上可为教师课堂教学评估提供量化的数据和评定依据的参考。弗兰德斯的教室师生口语行为的十个类别如下：

表4　弗兰德斯的FIAS教室观察系统师生口语行为类别

<table>
<tr><td rowspan="7">教师讲</td><td rowspan="4">反应</td><td>1. 接纳学生的感受：以一种非威胁的态度，对学生的感觉和态度予以接受或澄清，学生的感觉可能是积极的，也可能是消极的，可预测性和回忆性的感觉都包括在内。</td></tr>
<tr><td>2. 称赞或鼓励：称赞或鼓励学生的行为，包括缓解紧张但不伤人的笑话，点头或说“hm hm”及“继续下去”(go on)等。</td></tr>
<tr><td>3. 接受或使用学生的观念：澄清、建立或发展学生建议的观念，当老师引入更多自己的观念时，则属于第五类。</td></tr>
<tr><td>4. 问问题：以教师的观念为本，就内容或程序询问学生，并期待学生回答。</td></tr>
<tr><td rowspan="3">自发</td><td>5. 讲演：就内容或程序陈述事实或意见，表达自己的观点，提出自己的说明，引述权威而非学生的意见。</td></tr>
<tr><td>6. 指示：指令或命令，希望学生顺从。</td></tr>
<tr><td>7. 批评或辩护权威行为：纠正学生的行为，大叫学生出去，解释教师为何采取这种措施。</td></tr>
<tr><td rowspan="2">学生讲</td><td>反应</td><td>8. 学生讲——反应：学生对教师的反应，教师引导内容，诱发学生发言或组织情境，学生没有表述自己意见的自由。</td></tr>
<tr><td>自发</td><td>9. 学生讲——自发：学生主动说话，表述自己的观点，引发新的话题，自由地发展自己的意见和思想，问深思熟虑的问题，超越当时的情境。</td></tr>
<tr><td>静止</td><td></td><td>10. 静止或疑惑：暂时停顿，短时间的安静，以及观察者对师生的沟通不了解。</td></tr>
</table>

从上表来看，弗兰德斯的FIAS教室观察系统就评估项目而言涉及教学行为和学习行为。就其评价项目的表述而言，教学行为更多的在于评价教师的教学态度。因此，在评价标准上不是很明确。正如周军先生所说："FIAS所转化成的数据，必须和大样本结果相互比较，才能真正显示它的意义。而且我们虽然可以从数据材料中，了解个别或团体的教学风格，但是无法分析是因为哪些具体言语行为所以得此数据，因此在深度上也有其限制。但总的来说，由于它对教学过程师生口语行为的客观量化记录，这使得它能有效克服当前我国教学评价中存在的一些明显问题。当然，在应用上，它也有着诸多限制。"（周军，2003）

目前，对外汉语课堂教学评估的现状是很多海内外教学机构只有学生评定，没有专家评定、同行评定和教师自我评定。当然，导入专家评定、同行评定和教师自我评定的前提是必须制订一套基于不同课型特点的教师教学行为的评估项目和评价标准，也就是说，要有一个较为完整而科学的教育学意义上的教学行为分类、定量标准和评价指标体系。更为重要的是需要建立起评价制度和操作规程。各种教学方法之间必定有许多相同的教学原则和教学行为，这是制订课堂教学评估项目、评定标准和评价指标体系的基础。而且，评估项目和评定标准的制订必须与教师培训和集体备课等有关教师活动相结合。一方面由教师按照不同课型的教学目标集体讨论决定各项评估项目和评定标准，一方面由教师在各自的课堂教学中体现这些评估项目和评定标准，这样才可以建立起"确定标准—执行标准—检查标准"的管理体系。正如前文所说，这方面的相关研究可纳入课堂教学组织管理研究范畴。就目前的现状来看，教师课堂教学的个性化和不同教学方法之间的差异导致评估项目和评定标准很难一致。教学评估的管理体系也就难以建立起来。因此，完善现有的由学生进行评定的课堂教学评估问题设计也许更现实一些。

教学评估就是对教师教学行为的评价。同行或专家评定的前提是应该有一套针对相同课型和教学目标的教师达成共识的教学行为分类和评价标准。评估项目与这些教学行为标准相一致。因此，在加强教师教学行为研究的同时，还必须结合课堂教学的实际，制订相应的评估项目。对此，陈光磊先生开列的评估项目具有指导意义。下表是陈光磊先生拟制的主要供同行或专家进行课堂教学评估的评估项目表：

表5 课堂教学评估表(同行或专家用)

评估项目		标准和要求	评分
教学目标的实现	1. 对总体目标	充分理解,切实贯彻,全面完成教学任务	
	2. 对根本目标	要求明确,努力达到,注重提高交际能力	
	3. 对具体目标	全面落实,认真执行,完满完成教学任务	
教学内容的传授	1. 语言知识的讲解	内容正确,说解简明,指点精要	
	2. 言语技能的操练	方式恰当,数量足够,切实有效	
	3. 交际能力的培养	设置有效语境,运用语用规约,进行交际实践	
	4. 文化背景的说明	介绍适时适量,运用中外对比,说解正确贴切	
	5. 教学内容的组合	精讲多练,交际实用,文化导入	
教学方法的运用	1. 教学法与课型的匹配	适应课型的特点和要求	
	2. 教学法与学生的对应	适合学生的水平和要求	
	3. 教学法所具有的成效	具有启发性、生动性和趣味性	
	4. 教学设施的使用	合理、熟练、有效	
教学环节的安排	1. 教案的设计	合理、精确、可变通	
	2. 教学的过程	起始——展开——结束的顺序完整、明确	
	3. 旧课的复习	及时,注意承前启后	
	4. 新课的导入	自然,力求方式新颖	
	5. 生词和语法的教学、技能训练等环节的组合	组配合理,层次分明,节奏紧凑	
	6. 教学小结	进行适时,讲练精要	
	7. 进度安排	时间分配合理,进度恰到好处	
课堂教学的组织	1. 课堂秩序	学生安定,精力集中	
	2. 调动学生的学习情绪	发挥学生的学习积极性、主动性、创造性,对程度不同的学生既区别又平等地对待、因材施教	
	3. 组织交际性练习	把课堂作为交际场所,提供语境和话题,展开不同形式的交际实践	
	4. 课堂气氛	调节适度,既认真紧张又活泼愉快	

续表

教学技能的掌握	1. 教学语言	普通话标准、规范；教学用语简练，语速适当；声音洪亮，话语清晰；媒介语使用正确、恰当	
	2. 板书运用	整体布局合理，整齐美观；书写规范，字迹端正	
	3. 辅助手段	准备充分，使用合理，具有实效	
	4. 教师形象	精神饱满，仪表端庄，态度和蔼，举止优雅，善于以姿态助说话	
作业布置与评改	1. 题型设计	类别多样，内容新颖，分布合理	
	2. 程度把握	难易适度，循序渐进	
	3. 练习量度	数量足够，不过多或过少	
	4. 作业评改	评改及时，态度认真，评析精确	
教学效果的反映	1. 学生对应知应会内容的掌握	能理解，会模仿，能记忆，会使用	
	2. 学生考试成绩	考题合理，优、良、中、差成绩的分布合比例	
	3. 学生对课堂教学的意见	（可拟制学生对课堂教学评估意见表以收集有关信息）	

上表明确提出了第二语言课堂教学的评估项目和标准要求。教学评估项目基本涵盖第二语言教学的几大方面，只是缺少更为细致明确的教学行为方面的评估项目类别和量化标准，评估项目的标准和要求表述也显得笼统，容易导致评价的主观化，比如教学环节的安排第 5 项“生词和语法的教学、技能训练等环节的组合”的评估项目应该是第二语言课堂教学最核心的教学行为系统，完全可以再做更细致的项目分解。其标准和要求也只是“组配合理，层次分明，节奏紧凑”，没有评价的等级差别和量化指标，在评估过程中，难以避免评价的主观性。

由此看来，除了建立符合第二语言课堂教学规律的评估项目，对教学行为评估项目进行细分以外，还必须对教学行为评估项目本身进行教学策略等方面的具体分类。这样做的目的是使对教学行为的评估细致化、具体化，便于课堂教学观摩时评估的量化操作。

第三节　课堂教学行为评估问题设计

评估问题是关于评估项目的调查问卷中的问题。多用于学生评定的课堂教学效果的调查。因此评估问题大都是从学生对课堂教学的感受和印象出发来进行设计。从课堂教学的实践来看,课堂教学评估问题设计与教师课堂教学行为同样有着密切关系。通过对课堂教学评估问题设计的观察,我们可以大致了解某教学机构从自身的教学目标出发,本着设计者对课堂教学的理解,对教师课堂教学行为方面的要求和规范。比较若干教学机构的课堂教学评估问题设计后,我们发现既有共性也有差异。其中的问题还是第一语言教学和第二语言教学的观念差异。也就是说,在突出第二语言教学的言语技能训练、语料处理的教学行为、教师的课堂教学技能等方面,许多课堂教学评估问题设计还有待改进和完善。对课堂教学评估问题设计的研究有其教育学理论上和教学评估实践上的必要性和现实意义。通过对评估问题的调查和统计,可以大致了解教师课堂教学的面貌和受学生欢迎的程度。下表是陈光磊先生拟制的学生用的课堂教学评估表:

表6 课堂教学评估表(学生用)

评估项目	很好	好	较好	中等	较差	差	很差
	7	6	5	4	3	2	1
1. 这门课的内容是不是有意思							
2. 这门课对提高汉语水平是不是有帮助							
3. 老师讲得是不是明白易懂							
4. 老师讲得是不是生动有趣							
5. 老师讲话的速度是不是适当							
6. 老师的板书是不是清楚整齐							
7. 课堂模仿练习做得怎么样							
8. 课堂交际练习做得怎么样							
9. 课后作业的内容、数量是不是适当							
10. 老师批改作业是不是及时							
11. 老师是不是热心这门课的教学							

续表

12. 老师对同学是不是亲切、热情							
13. 老师对同学提出的问题是不是很好回答							
14. 总体上说你对这门课的内容是不是感兴趣							
15. 总体上说你对这门课的内容是不是学会了							
16. 总体上说你对这门课的老师是不是满意							

目前许多教学机构采用类似以上的学生评定调查表。只是评估问题的设计有所不同。从上表可以看出，所谓评估项目其实就是评估问题。这些评估问题都是针对教师和课这两种评价对象。作为学生评定调查来说，由于学生难以细致地分析和评判教师的课堂教学行为，所以，评估问题也大都是就学生的主观感受来设计，而且学生评定都有评价的等级差别。调查后，按照全班学生总人数和回答问卷的人数计算回收率，并在各调查项目中标明学生人数，或者统计出教学评估的成绩。在上面开列的陈光磊先生拟制的主要供同行或专家进行课堂教学评估的评估项目表中则没有这样的等级差别，其评估项目的标准和要求都是按照最高标准的语言描述。我们认为作为同行评定、专家评定和教师自我评定，评估表中的许多问题设计可以针对教学行为再进一步细化。学生评定也可从学生的观察视角增加有关课堂教学行为方面的问题设计，使学生对课堂教学具有可观察性和可描写性。尽量使问题具有一定程度的封闭性，减少过于开放的问题设计，尽量增加评价的客观性和评价信度。下面是日本大阪大学外国语学部的“学生定”调查表，仅供参考。

表一：

Q’1 根据授课时间，你的出勤率是多少？

(1) 90％以上　　(2) 89～80％　　(3) 79～70％

(4) 69～60％　　(5) 59％～

Q’2 你对该课的预习和复习时间平均一周几个小时？

(1) 4 个小时以上　　(2) 3～4 小时　　(3) 2～3 小时

(4) 1～2 小时　　(5) 不到 1 小时

Q'3 是否能很好地理解授课内容？

(1) 很好　(2) 好　(3) 不好说　(4) 不好　(5) 很不好

Q'4 教师的说明是否容易懂？

(1) 很好　(2) 好　(3) 不好说　(4) 不好　(5) 很不好

Q'5 教师通过授课是否尽量把握学生的想法、意见和感想？

(1) 很好　(2) 好　(3) 不好说　(4) 不好　(5) 很不好

Q'6 是否感受到教师的热情？

(1) 很好　(2) 好　(3) 不好说　(4) 不好　(5) 很不好

Q'7 授课的难易度怎么样？

(1) 非常难　(2) 难　(3) 合适　(4) 容易　(5) 非常容易

Q'8 授课内容的量怎么样？

(1) 非常难　(2) 难　(3) 合适　(4) 容易　(5) 非常容易

Q'9 授课的系统性怎么样？

(1) 非常多　(2) 多　(3) 合适　(4) 少　(5) 非常少

Q'10 授课是否执行了教学大纲？

(1) 很好　(2) 好　(3) 不好说　(4) 不好　(5) 很不好

Q'11 课程的结构和时间分配是否合适？

(1) 很好　(2) 好　(3) 不好说　(4) 不好　(5) 很不好

Q'12 受该课程激发，是否对更高的科目有兴趣？

(1) 特别有兴趣　(2) 有兴趣　(3) 不好说

(4) 没有兴趣　(5) 完全没有兴趣

Q'13 在该课程中是否获得了很多知识或技能？

(1) 很多　(2) 多　(3) 不好说　(4) 不多　(5)很少

Q'14 对该课程的综合评价怎么样？

(1) 很好　(2) 好　(3) 不好说　(4) 不好　(5) 很不好

表二：

Q'1 你觉得该课程你的成绩怎么样？

(1) S 或 A(100～80)　(2) B(79～70)

(3) C(69～60)　(4) 不合格(59～0)

Q'2 教师的课堂语言是否容易懂？

(1) 很容易懂　(2) 容易懂　(3) 不好说

(4) 不容易懂　　(5) 很难懂

Q'3 板书是否恰当?

(1) 很好　(2) 好　(3) 不好说　(4) 不好　(5) 很不好

Q'4 教师对授课是否做了充分的准备?

(1) 很好　(2) 好　(3) 不好说　(4) 不好　(5) 很不好

Q'5 教师课外指导的态度如何?

(1) 很好　(2) 好　(3) 不好说　(4) 不好　(5) 很不好

Q'6 教师是否能很好地把握学生感到很难的问题?

(1) 很好　(2) 好　(3) 不好说　(4) 不好　(5) 很不好

Q'7 教师是否清楚明了地回答学生的问题?

(1) 很好　(2) 好　(3) 不好说　(4) 不好　(5) 很不好

Q'8 该课布置的习题量如何?

(1) 非常多　(2) 多　(3) 合适　(4) 少　(5) 非常少

Q'9 小测验对学习的帮助作用如何?

(1) 很好　(2) 好　(3) 不好说　(4) 不好　(5) 很不好

Q'10 该课程使用的教材怎么样?

(1) 很好　(2) 好　(3) 不好说　(4) 不好　(5) 很不好

Q'11 该课程配备的资料如何?

(1) 很好　(2) 好　(3) 不好说　(4) 不好　(5) 很不好

Q'12 多媒体教材(摄像、录音、OHP、幻灯等)使用的效果如何?

(1) 很好　(2) 好　(3) 不好说　(4) 不好　(5) 很不好

Q'13 上课时学生给老师写的提问、意见、感想的纸条(comment sheet)对学习的帮助如何?

(1) 很好　(2) 好　(3) 不好说　(4) 不好　(5) 很不好

Q'14 作业对于促进自发性学习的效果如何?

(1) 很好　(2) 好　(3) 不好说　(4) 不好　(5) 很不好

Q'15 学生的课堂参与机会多不多?

(1) 非常多　(2) 多　(3) 合适　(4) 少　(5) 非常少

Q'16 学生的课堂发言(presentation)时间与授课时间的比例如何?

(1) 很好　(2) 好　(3) 不好说　(4) 不好　(5) 很不好

Q'17 是否明确指出成绩评价的标准?

(1) 很好　(2) 好　(3) 不好说　(4) 不好　(5) 很不好

Q'18 教师之间的合作如何？

(1) 很好　(2) 好　(3) 不好说　(4) 不好　(5) 很不好

Q'19 是否愿意向其他学生推荐该课程？

(1) 很愿意　(2) 愿意　(3) 不好说

(4) 不愿意　(5) 很不愿意

Q'20 该课程对毕业论文的写作是否有作用？

(1) 很有作用　(2) 有作用　(3) 不好说

(4) 没有作用　(5) 完全没有作用

盛炎先生在谈到"第二语言教学评估"的课堂活动评估问题时指出"课堂上的师生活动是很复杂的现象。研究教学效果的学者迄今还没有从各种成功因素中概括出具有普遍性的东西。因此，课堂教学评估的研究也只是初步的。"同时盛炎先生根据自己对课堂教学的认识对有关"教学法、课堂活动"的评估提出了一些问题设计："教学法是否跟教学目标一致？每一项具体活动是否跟特殊目标一致？教学法本身是否一致？每一个具体步骤是否合乎逻辑顺序？是否由简单到复杂？是否由已知到未知？是否由技巧操练到真正的交际？每一个步骤是否长短合适？所问的问题是否既具有'挑战性'而又不过分困难？所给的例子和范式是否充分？表述是否清楚、有趣味？进度是否合适？纠错方法是否得当？练习的时间是否充分？学生个人活动、成对活动、小组活动是否符合教学任务的特点和目的？"盛炎先生对教师的评估问题设计是"教师是否充分了解教学目标？教师的作用是否跟整个教学指导思想一致？教师有无机会跟同事交换意见？有无机会听同事的课？是否了解学生的特点(包括年龄、性向、动机、跟其他人交流的兴趣等)？学生的态度是否已在教学计划中考虑？对学生活动的反馈是否让学生知道？是否了解学生之间的差异？"(盛炎，1996)总体来说，盛炎先生的评价问题设计是基于课堂教学面貌的总体评价，还需要制订详细的评价等级和评价指标。

我们认为，为了避免教学评估的主观性和随意性，增加评估的客观性和可操作性，在设计同行评定、专家评定和教师自我评定的课堂教学行为评估问题时，除了制订"很好、好、较好、中等、较差、差、很差"等这样的评价等级以外，还可以把"是否……"、"是不是……"、"……怎么样"等评价表述改变为"有无……"，在进一步研究某一课堂教学行为在课堂教学中的量化标准、分布比例和时间分布的基础上，也可以制订相应的评价指标。但这样做的前提是评价者与被评价者必须对某一课堂教学行为的合理性及其效能统一认识，并达成共识。这就需要对课堂教学行为本身展开深入的研究。正是基于这样的认识，本书从教学语料的静态处理教学行为、教学语料的动态处理教学行为和课堂教学组织管理教学行为等几个方面对教师的教学行为和教学策略进行了初步的分析和探讨。

第四节　教学评估模式

评估模式中的评价对象是教师、课(教材处理)，教学效果(学生)。针对不同的评价对象，评估的问题设计也就不同。对教师的评价主要是教学技能和教学素质；对课的评价主要是教师处理教学语料的教学行为和教学策略；对教学效果的评价主要是学生的课堂表现。学生的课堂表现主要是语言活动中的言语技能表现和课堂组织管理中的参与性表现。换句话说，对教学效果的评估要从教师对语言活动本身的控制和课堂组织管理能力这两个方面来进行评价。总的来说，以上这三种评估角度是对教师的各种教学行为的综合评价。制订教学行为的评估模式，离不开对教学行为本身的观察和评价。据此，我们把教学评估模式分为主观判断评估和客观存在评估两种教学模式。其中涉及的教师课堂教学行为和策略以本书论述的教学行为和策略为基础。

模式一：主观判断教学评估模式

主观判断评估模式是对教师的教学态度及某一教学行为和教学策略实施效果的主观性评判。这种主观性评判的依据主要是评价者对评价对象的主观感受和态度。陈光磊先生拟制的课堂教学评估表应该属于这种主观判断评估模式。(参见表 5 和表 6)对此，陈光磊先生做了详细的分析，并且从改进教学的角度出发，提出多渠道进行教学评估，建立一套完整的包括领导评估、同行评估、自我评估、学生评估在内的评估体系。

从目前海内外教学机构的现状来看，学生评估仍然是评定教师教学行为的主要教学评估方式，只是评估表的问题设计不尽相同。由于学生是一个学期内课堂教学整个过程的直接参与者，他们对评价对象最有发言权，所以主观判断评估模式适用于教学客体(学生)对评价对象的评判。当然，由于“一些班级学生人数较少，一两个学生的评估偏差有时会影响对某一教师的整体评价”。(陈光磊，2004)而且，某些学生对教师本人的主观好恶，也会影响对该教师的课的评价。所以，主观判断评估模式只能是评估的方式之一。

专家评估和同行评估也可以在课堂教学观摩的基础上运用主观判断评估模

式，但目前的评估问题设计和评估项目的分级表述用语往往模糊不清，这在很大程度上也会影响评价的公正性，同样存在如何避免主观偏颇的问题。在评价指标难以准确量化的情况下，我们只能通过详细设置评价标准的等级差别来提高评估的信度。

在教师培训工作中，我们也可以用主观判断评估模式来评价受训教师的教学行为和教学技能。下面是笔者根据韩国京畿道外国语研修院制订的母语非汉语进修教师听力与口语课程主观判断教学评价标准和评价等级。其中，评价角度中的“语言与教学能力”项目就是对教学行为和教学技能的评估。“课堂参与”和“作业发表”是对其受训课堂表现和态度的评估。三个评价角度中的评价标准按三组分数差制订不同的评价等级。

Evaluation Criteria

-for Chinese teachers -

Subject:听力与口语　　　　Instructor：卢华岩

表7　母语非汉语进修教师“听力与口语”课程主观判断评价表

Section 评价角度	Marks 分数	Criteria 评价标准
语言与教学能力	60—41	•朗读示范准确流畅，抑扬停顿有致，体现汉语的节奏。 •能熟练运用恰当而准确的汉语组织课堂教学。反馈适当。 •自然语速条件下词语、句子的准确听辩。及时的反馈速度。 •具有辨音、纠正和说明学生汉语语音错误的能力。 •公平有效地训练学生运用汉语交际。
	40—21	•朗读示范比较准确，基本体现汉语的节奏。 •能运用汉语组织课堂教学。具有一定的反馈和应变能力。 •课堂教学语速条件下词语、句子的准确听辩。可以反馈。 •具有基本的辨音、改正和说明学生汉语语音错误的能力。 •公平有效地训练学生运用汉语在一定的话题范围内进行交际。

续表

语言与教学能力	20—0	•有朗读示范，基本体现汉语的节奏。 •能运用汉语组织课堂教学。反馈和应变能力一般。 •课堂教学语速条件下词语、句子的大意听辩。反馈较慢。 •具有初步的辨音、改正和说明学生汉语语音错误的能力。 •公平有效地训练学生运用汉语简单地进行交际。
	Total in this section(分数)：60	
课堂参与	60—41	•主动积极发言，回答问题。 •主动积极做教学示范。 •主动积极配合他人。
	40—21	•点名后积极发言，回答问题。 •点名后积极做教学示范。 •点名后积极配合他人。
	20—0	•点名后不积极发言，回答问题。 •点名后不积极做教学示范。 •点名后不积极配合他人。
	Total in this section(分数)：60	
作业发表	40—21	•准备充分、完整。 •正确无误，有条理。 •主动积极发表作业。
	20—11	•准备不太充分、不太完整。 •大部分内容正确无误，有一定的条理。 •点名后积极发表作业。
	10—0	•准备不充分、不完整。 •小部分内容正确无误，稍有条理。 •点名后不积极发表作业。
	Total in this section(分数)：40	
Total of all sections(总分数)：160		

模式二：客观存在教学评估模式

客观存在教学评估模式是就规定的某一种教学行为在课堂教学中是否出现

及出现次数的判断和统计。也就是对规定动作的评估。这一评估模式是建立在对第二语言言语技能训练课堂教学行为达成共识的基础上的评价模式。就像给跳水、体操等运动员评分一样，对于技能水平的评判，要考虑“规定动作”和“自由动作”及二者的优化组合。如果说教学技巧或教学策略关注于教师个性化的“自由动作”，那么教学行为评估研究首先要关注的是教学“规定动作”。所谓教学“规定动作”是指讲解、朗读、模仿、提问、重复、复习、板书、组织管理等一系列第二语言言语技能训练课堂教学中必不可少的教学行为。所谓教学“自由动作”是指各种教学行为中的教学策略或教学技巧。比如朗读教学行为中朗读示范、点读、领读等教学策略。一种教学行为可能对应多种教学策略或教学技巧，因此，还要观察教学策略或教学技巧与教学行为的组合是否实现最优化的教学效果。因此，对于课堂教学中有无这些“规定动作”教学行为及其相应的教学策略实施情况的判断和统计就是客观存在教学评估模式。

对于教学客观存在评估模式的分析主要是“规定动作”的项目分解问题。这实际上是对教学行为的分类。也就是说，我们能否把讲解、朗读、模仿、提问、重复、复习、板书、组织管理等教学行为看成是“规定动作”？课堂教学的“规定动作”应该包括哪些课堂教学行为？与某种“规定动作”教学行为相对应的教学策略是什么？教学策略或教学技巧与相应的教学行为的优化组合是什么？这就需要评估者根据课型、教学目标、教学目的、教学原则等对此进行讨论和修正，从而对教学“规定动作”进行规定，以统一评估标准。对于领导评估、同行评估和自我评估来说，这样的讨论和修正对降低评估的主观性和片面性是很有必要的。学生评估也可以从这个角度加以改进。

教学行为的“自由动作”是教师在“规定动作”的基础上对某一教学行为所采取的具体教学对策和策略。这是教师展现和发挥创造性、想象力和教学风格的自由空间。比如听力训练中是听后理解还是理解后听属于教师的“自由动作”，而有无文字凭借的音义结合训练则属于教学行为或教学策略的“规定动作”。再比如朗读教学行为中，朗读示范、领读、点读可以是与朗读教学行为相对应的优化组合。那么，朗读示范和领读可以是“规定动作”，而当领读过程中全体学生没有出现发音问题时，点读就可以作为“自由动作”。

我们可以把朗读教学行为分解为朗读示范、点读、领读等教学策略。把提问教学行为分解为课文问题、交际问题、扩展问题等教学行为策略。把朗读和提问这两种教学行为共同分解为有文字凭借和无文字凭借这两种教学策略等等。其中，根据课堂教学的实际情况和不同训练阶段的训练目标，教学策略方面的“自由动作”是处于灵活机动状态的。这要看教学行为与教学策略优化组合的教学效果来进行评定。教学评估表中的评估项目和教学行为应该属于"规定动作"，相应的教学策略属于与教学行为优化组合中的"自由动作"。由于某些教学策略属于与该教学行为的最优化组合，比如，如果认为朗读示范策略是朗读教学行为的最优化组合，那么对于这样的教学策略，我们也不能按照"自由动作"一概而论。也就是说，虽然大部分教学策略属于"自由动作"，但根据教学需要和与教学行为优化组合的程度，某些教学策略即可以被认为"规定动作"，也可以被认定为"自由动作"。无论是"规定动作"教学行为评估，还是"自由动作"教学策略评估，客观存在评估模式都属于语料的动态处理教学行为和课堂教学组织管理行为的评估范畴。下表就是根据本书中分析的各种教学行为和教学策略所设计的客观存在教学评估模式表。

表 8 客观存在教学评估模式表

<table>
<tr><th>评估项目</th><th>教学行为</th><th>教学策略</th><th>有无</th><th>教学比例
(时间)</th><th>分数
5—0</th><th>总分</th></tr>
<tr><td rowspan="14">语料动态处理教学行为和教学策略</td><td rowspan="4">生词处理</td><td>说明</td><td></td><td></td><td></td><td rowspan="4"></td></tr>
<tr><td>领读</td><td></td><td></td><td></td></tr>
<tr><td>点读</td><td></td><td></td><td></td></tr>
<tr><td>改错</td><td></td><td></td><td></td></tr>
<tr><td rowspan="4">语法说明</td><td>格式处理</td><td></td><td></td><td></td><td rowspan="4"></td></tr>
<tr><td>例句</td><td></td><td></td><td></td></tr>
<tr><td>练习设计</td><td></td><td></td><td></td></tr>
<tr><td>改错</td><td></td><td></td><td></td></tr>
<tr><td rowspan="6">朗读处理</td><td>朗读示范</td><td></td><td></td><td></td><td rowspan="6"></td></tr>
<tr><td>领读</td><td></td><td></td><td></td></tr>
<tr><td>点读</td><td></td><td></td><td></td></tr>
<tr><td>有文字凭借处理</td><td></td><td></td><td></td></tr>
<tr><td>无文字凭借处理</td><td></td><td></td><td></td></tr>
<tr><td>改错</td><td></td><td></td><td></td></tr>
</table>

续表

语料动态处理教学行为和教学策略	提问	课文问题				
		交际问题				
		扩展问题				
		有文字凭借处理				
		无文字凭借处理				
		改错				
课堂教学组织管理教学行为和教学策略	重复	间隔重复				
		集中重复				
		反复				
	公平控制	复述提问				
		提问等待				
		情景设置				
		语料利用				
	保持紧张度	无顺序提问				
		先提问后点名				
	改错	完句问答				
		全班参与				
		容忍度				
学习兴趣培养	保持学习兴趣	语料趣味性处理				
		成就感与满足感				
		多媒体利用				

续表

语料静态处理教学行为和教学策略	语料教学单元划分	领读单元划分				
	提问语设计	补足还原处理				
		生词再现				
		言语技能设计				
		肯定否定设计				
	语言点认定	格式搭配				
		词语语言点认定				

参考文献

著作

常玉钟(1993)《口语习用语功能词典》,北京:北京语言学院出版社。

车文博(1987)《心理学原理》,黑龙江:黑龙江人民出版社。

陈田顺(1999)《外汉语教学中高级阶段课程规范》,北京:北京语言文化大学出版社。

崔希亮(2001)《语言理解与认知》,北京:北京语言大学出版社。

崔永华(2005)《对外汉语教学的教学研究》,北京:外语教学与研究出版社。

崔永华、杨寄洲(2002)《汉语课堂教学技巧》,北京:北京语言文化大学出版社。

崔永华(1997)《词汇文字研究与对外汉语教学》,北京:北京语言文化大学出版社。

D. John McIntyre Mary John O'Hair. 丁怡、马玲等译(2002)《教师角色》,北京:中国轻工业出版社。

戴桂芙、刘德联(1996)《对外汉语教学法研究》,北京:北京大学出版社。

丁声树(1980)《现代汉语语法讲话》,北京:商务印书馆。

方可(2002)《教学原理与方法论》,上海:上海文艺出版社。

高彦德、李国强、郭旭(1993)《外国人学习与使用汉语情况调查研究报告》,北京:北京语言学院出版社。

顾嘉祖、陆昇(1990)《语言与文化》,上海:上海外语教育出版社。

国家对外汉语教学领导小组办公室(2002)《高等学校外国留学生汉语言专业教学大纲》,北京:北京语言文化大学出版社。

国家教育委员会师范教育司(1996)《教师口语》,北京:北京师范大学出版社。

国家教育委员会师范教育司(1994)《教师口语训练手册》,北京:北京师范大学出版社。

何自然(1992)《语用学概论》,湖南:湖南教育出版社。

黄伯荣、廖序东(1991)《现代汉语》,甘肃:甘肃教育出版社。

黄锦章、刘炎(2004)《对外汉语教学中的理论与方法》,北京:北京大学出版社。

姜丽萍(2007)《教师汉语课堂用语教程》,北京:北京语言大学出版社。

教育部对外汉语教师资格审查委员会办公室(2003)《对外汉语教学课堂教案设计》,北京:华语教学出版社。

李秉德(1997)《教学论》,北京:人民教育出版社。

李晓琪(2006)《对外汉语听力教学研究》,北京:商务印书馆。

李杨(1997)《对外汉语教学课程研究》,北京:北京语言文化大学出版社。

刘镰力(1997)《汉语水平测试研究》,北京:北京语言文化大学出版社。
刘珣(2000)《对外汉语教育学引论》,北京:北京语言大学出版社。
刘珣(1997)《对外汉语教学概论》,北京:北京语言文化大学出版社。
刘珣(2002)《汉语作为第二语言教学简论》,北京:北京语言文化大学出版社。
吕必松(1990)《对外汉语教学发展概要》,北京:北京语言学院出版社。
吕必松(1993)《对外汉语教学研究》,北京:北京语言学院出版社。
吕叔湘(1983)《吕叔湘语文论集》,北京:商务印书馆。
吕叔湘(1991)《现代汉语八百词》,北京:商务印书馆。
吕文华(1999)《对外汉语教学语法体系研究》,北京:北京语言文化大学出版社。
沈开木(1996)《现代汉语话语语言学》,北京:商务印书馆。
盛炎(1996)《语言教学原理》,重庆:重庆出版社。
施良方(1994)《学习论》,北京:人民教育出版社。
索振羽(2000)《语用学教程》,北京:北京大学出版社。
谈振华(2000)《课堂教学理论读本》,北京:社会科学文献出版社。
W. F. 麦基(1990)《语言教学分析》,北京:北京语言学院出版社。
王还(1995)《对外汉语教学语法大纲》,北京:北京语言文化大学出版社。
王建勤(1997)《汉语作为第二语言的习得研究》,北京:北京语言文化大学出版社。
王钟华(1999)《外汉语教学初级阶段课程规范》,北京:北京语言文化大学出版社。
新日本制铁株式会社(株)(1997)《日本姿与心》,日铁ヒューマンデベロプメント学生社。
徐子亮(2000)《汉语作为外语教学的认知理论研究》,北京:华语教学出版社。
许嘉璐(1999)《语言文字学及其应用研究》,广东:广东教育出版社。
许嘉璐(1996)《中国语言学现状与展望》,北京:外语教学与研究出版社。
杨国全(2001)《课堂教学技能训练指导》,北京:中国林业出版社。
杨惠元(2007)《课堂教学理论与实践》,北京:北京语言大学出版社。
杨惠元(1996)《汉语听力说话教学法》,北京:北京语言文化大学出版社。
于根元(1996)《二十世纪的中国语言应用研究》,北京:书海出版社。
曾妙芬(2007)《推动专业化的 AP 中文教学》,北京:北京语言大学出版社。
张和生(2006)《对外汉语教师素质与教师培训研究》,北京:商务印书馆。
张亚军(1990)《对外汉语教法学》,北京:现代出版社。
张正东(1999)《外语教学技巧新论》,北京:科学出版社。
赵金铭(2004)《对外汉语教学概论》,北京:商务印书馆。
赵金铭(2005)《汉语与对外汉语研究文录》,北京:外语教学与研究出版社。
赵金铭(1997)《新视角汉语语法研究》,北京:北京语言文化大学出版社。
赵金铭(1997)《语音研究与对外汉语教学》,北京:北京语言文化大学出版社。
赵贤洲、李卫民(1990)《对外汉语教材教法论》,上海:上海外语教育出版社。
赵永新(1997)《汉语语言文化对比与对外汉语教学》,北京:北京语言文化大学出版社。

周健、彭小川、张军(2004)《汉语教学法研修教程》,北京:人民教育出版社。
周军(2003)《教学策略》,北京:教育科学出版社。
周思源(1997)《对外汉语教学与文化》,北京:北京语言文化大学出版社。
周小兵、李海鸥(2004)《对外汉语教学入门》,广东:中山大学出版社。
朱纯(1994)《外语教学心理学》,上海:上海外语教育出版社。
佐伊基(Arnold M. Zwicky)(1989)《社会语言学演讲录》,北京:北京语言学院出版社。

论文

卞福英、邢桂丽(2005)教师提问与外语课堂教学,《山东商业职业技术学院学报》第1期。
陈光磊(2004)对外汉语教学评估问题探讨,《第七届国际汉语教学讨论会论文选》,北京:北京大学出版社。
金传宝(1997)美国关于教师提问技巧的研究综述,《课程教材教法》第2期。
赖志金(2008)文化是语言的支撑,《人民日报海外版》12月8日第6版。
李海燕(2001)从教学法看对外汉语初级口语教材的语料编写,《语言教学与研究》第4期。
李惠然(1990)中日语言、文化之对比,《语言与文化》第6期。
李泉(1996)对外汉语课堂教学的理论思考,《中国人民大学学报》第5期。
李艳红(1999)国外阅读理解教学与研究中的"出声思考法"探析,《外国中小学教育》第4期。
李逸安(2001)关于对外汉语教学的思考,《清华大学学报(哲学社会科学版)》第3期。
厉以宁(2006)科学管理的复兴——评〈16节科学管理课〉,《人民日报海外版》8月14日第8版。
刘晓雨(2000)提问在对外汉语课堂教学中的运用,《世界汉语教学》第1期。
刘勋宁(1988)现代汉语词尾"了"的语法意义,《中国语文》第5期。
鲁健骥(1984)中介语理论与外国人学习汉语的语音偏误分析,《语言教学与研究》第3期。
陆俭明(2004)增强学科意识,发展对外汉语教学,《世界汉语教学》第1期。
陆俭明(2005)汉语教员应有的意识,《世界汉语教学》第1期。
马欣华(1988)课堂提问,《世界汉语教学》第1期。
盛炎(1984)课堂语言教学中如何控制外语的使用,《对外汉语》第2期。
孙德坤(1992)关于开展课堂教学活动研究的一些设想,《世界汉语教学》第2期。
孙瑞(2004)交际能力理论与对外汉语口语教学,《伊犁教育学院学报》第3期。
宋冰(2009)汉语传播提升中国软实力——访世界汉语教学学会会长许嘉璐,《人民日报海外版》1月12日第6版。
谭春健(2004)"理解后听"教学模式探讨,《云南师范大学学报(对外汉语教学与研究版)》第4期。
田善继(1995)非对比性偏误浅析,《汉语学习》第6期。
王还(1990)再谈现代汉语词尾"了"的语法意义,《中国语文》第3期。
韦丽春(2004)论大学英语教学中的课堂提问技巧,《广西中医学院学报》第4期。

温洁(1993)"预设"在对外汉语教学中的运用,《汉语学习》第1期。
吴丽君(2004)口语词汇与书面语词汇的教学重点,《北京地区第三届对外汉语教学学术研讨会论文选》,北京:北京大学出版社。
肖英(2002)注重语言形式还是注重意义?——评第二语言习得中的理解策略和运用策略,《扬州大学学报高教研究版》第2期。
于龙、于全娟(2005)课堂提问在第二语言习得中的作用,《山东外语教学》第4期。
张洪霞(2005)对比分析、中介语与错误分析,《语言文学研究》第1期。
张斐斐(2008) 雅思还是托福,你说呢?,《人民日报海外版》12月20日第8版。
张艳莲(2001)大学英语课堂教学中教师提问的艺术,《河北职业技术师范学院学报》第3期。
赵金铭(1994)教外国人汉语语法的一些原则问题,《语言教学与研究》第2期。
赵金铭(1998)论对外汉语教材评估,《语言教学与研究》第3期。
钟剑波(2003)第二语言课堂教师提问与交际教学,《山东师范大学外国语学院学报》第1期。
齐雁冰(2002) 洋机构急吞豪华英语培训,《北京青年报》4月22日第23版。
张桂元(2008)效在课上,功在课前,《人民日报海外版》12月15日第6版。

教材

北京语言学院来华留学生三系(1994)《初级汉语课本》,北京:北京语言学院出版社·华语教学出版社。
戴桂芙、刘立新、李海燕(1997)《初级汉语口语》,北京:北京大学出版社。
戴悉心、王静(2005)《汉语口语教程》,北京:北京语言大学出版社。
董燕、遠藤光暁(2001)《話す中国語》,日本:朝日出版社。
伏学凤、李晟宇(2009)《走近汉语—初级听说》,北京:北京师范大学出版社。
郭鹏(2002)《中级汉语综合表达》,日本:大阪外国语大学出版社。
卢华岩(2007)《汉语听力课本(一年级下)》,北京:中国社会科学出版社。
卢华岩(2008)《話し放題中国語》,日本:金星堂。
卢华岩(2009)《話し放題中国語(缩写本)》,日本:金星堂。
卢华岩(2009)《想说就说(*Let's Speak*)·汉语听说教程初级》,新加坡:圣智学习出版公司。
潘兆明(2005)《汉语中级听力教程(上、下)》,北京:北京大学出版社。
任雪梅、刘晓雨(2001)《走进中国》,北京:北京大学出版社。
杨寄洲(1999)《汉语教程》,北京:北京语言大学出版社。
赵菁(2000)《汉语听说教程(上、下)》,北京:北京语言大学出版社。

著者已发表的相关论文

1. (1999)对日汉语教学中言语交际的话题分析,日本明海大学《外国语学部论集》第11集。
2. (2001)由"到"义动词"上/下"构成的动宾组合,《语言教学与研究》第5期。

3. (2001)从白话文运动看现代汉语口语研究,《北京师范大学学报》第 5 期。
4. (2001)第二语言教学中的客观性原则,《北京师范大学学报》第 11 期。
5. (2002)试论对外汉语教学中的词语文化内涵,《北京师范大学学报》第 11 期。
6. (2002)试论对外汉语课堂教学中的造句练习,《语言文字应用》第 12 期。
7. (2003)"都…了$_2$"格式的语义语用分析,《北京师范大学学报》第 8 期。
8. (2005) 对外汉语课堂教学中语料的有无文字凭借处理分析,《语言学与应用语言学研究》(第一辑),北京:中国社会科学出版社。
9. (2006)对外汉语单篇语料的教学单元分析,《语言文字应用》第 12 期。
10. (2007)句末"点儿"的语法功能和认知模式分析,《语言文字应用》第 S1 期。
11. (2007)浅析对外汉语课堂教学朗读策略,《语言学与应用语言学研究》(第二辑),北京:中国社会科学出版社。
12. (2008)对外汉语教学语料处理的教学行为策略研究,《语言文字应用》第 3 期。

后 记

从 1999 年给研究生讲授对外汉语教学法开始，我对教学法的思考和研究至今已有十个年头了。其间，除了多年海外汉语教学和国内留学生汉语教学工作及研究生教学法课程之外，还赴泰国参加了国家汉办与泰国教育部民校厅合作举办的汉语教师培训班，给 160 多名泰国中、小学汉语教师讲授体现快乐学习理念的教学方法和技巧。另外，赴韩国参加了为期一个月的首届韩国京畿道地区中等汉语教师培训班，讲授汉语课堂教学法。在北京师范大学汉语文化学院从事多届暑期海外教师进修团的对外汉语教学法课程的教学。担任北京师范大学汉语文化学院的香港中小学暑期普通话教师语文能力进修班的课堂语言运用与实习课程的教学工作，并主持该课程设计。在日本参加了由大阪领事馆教育室主办的“关西地区汉语教师培训班”，主讲汉语课堂教学法。通过这些海内外汉语教学实践和汉语教师培训经历，在考察了包括美国在内的海外多所大学和中学汉语课堂教学现状的基础上，我对汉语课堂教学的认识逐渐清晰起来。对其中诸多教学问题的认识也越来越系统和完整。在这个过程中逐渐积累并形成了以研究对外汉语教材使用和语料处理教学行为问题为核心的博士论文。在此基础上，又增加了“课堂教学组织管理的教学行为”、“课堂教学行为与教学技能”、“课堂教学行为评估”分析三章和“语料动态处理与课堂教学语言”一节，修改为现在的书稿。

在对外汉语教学法研究领域，许多前辈在基础理论和教学实践的研究方面都为本书的研究提供了基础和实例，教育学和心理学的相关研究成果也为本书的研究提供了理论支持。但在研究中也发现，我的许多教学想法在现有的对外汉语教学理论甚至在第二语言教学理论中找不到相关的论述。比如“语料的有无文字凭借教学处理”、“语言点格式化教学处理”、“单篇语料的教学单元划分”等。有些问题，比如“课堂教学组织管理教学行为和教学策略”与现有的论述也有许多不同看法。为此只能根据自己的教学实践，参考借鉴语言学、心理学和教育学的相关理论及各类汉语教材进行分析研究。因此，这只能算是个人的一点研究心得而已。另外，本书始终力图突出汉语教学作为第二语言教学的性质和特点，以期在许多具体问题上把对外汉语教学与第一语言教学（语文教学）区别开来。因此，本书在引证一些专家和教师的观点和实例中，抱着学习的态度，既有赞成也有不同的主张。对于与本人相异的观点和做法只是就问题谈问题，并无不敬之意。

根据书稿中的教学理念，特别是针对“海外汉语听说课教材编写和教学对策”一节所提出的汉语教材编写原则，本人编写了一套初级水平的汉语教材，先后在日本和新加坡出版。本书相关论述，可参见该教材实例。

在研究之初，我只有一个不甚完善的对外汉语教学法的讲义。对于汉语课堂教学中的许多问题还只是零散的不成系统的感性认识。后来，聆听了我的导师许嘉璐先生的一次次讲座和授课，导师系统的治学思想和严密的分析论证给了我很大的启发和开导。我开始对我所研究的题目进行系统的疏理和理论上的探索。在这个过程中，思路逐渐清晰起来。特别是先生对于“学而时习之”的深刻阐述，更加深了我对第二语言教学言语技能训练的认识和思考。

在成稿过程中，陈绂先生对本书倾注了很大心血。对于文中的许多困惑，陈老师都给予了悉心的指导和帮助。“这是你多年来研究并坚持的，应好好展开”，陈老师的鼓励让我深深感动。还有王魁京老师也为本书提出了许多宝贵的意见和建议。在此我向各位先生致以深深的谢意。

书稿中的主要观点和内容曾在海内外各类汉语教师培训班中讲授并示范，受到教师们的广泛认可和采纳。由于所论及的一些观点和教学行为策略与现行的教学理论有所不同，所以，非常希望征求学界对本研究的意见和建议。同时也希望有关部门和各教学机构能多多开展课堂教学的观摩活动，就课堂教学的方方面面的问题展开研讨。

在汉语国际推广工作日益兴盛的大好形势下，希望有更多的学者和汉语教师关注汉语课堂教学的教师教学行为问题。同时也真诚地期待关心汉语课堂教学的同行们对本书的研究提出批评和指正。

卢华岩

2009年2月11日于日本大阪大学